编 委 会

白　娜：文山学院教师

张德欣："中国文旅创新创业新智库丛书"总编

郑敏庆：台湾亚太休闲创意产业发展智库理事长

吴　峰：讯狐国际科技（北京）有限公司董事长

马勇伟：浙江隐墅文旅集团董事长

吕　玄：泛华集团生态旅游规划设计院院长

董艳丰：中景恒基投资集团副总裁

宋海全：四川文投旅游发展有限公司董事、副总经理

林　丹：乡志连锁精品民宿品牌联合创始人

卢　卡：途远集团区域总经理

王　聪：江苏理工学院文化与旅游学院常州旅游产业创新发展中心负责人

陶梦园：江苏理工学院文化与旅游学院教师

康　敏：石家庄学院经济管理学院教师

杨雪礼：文山学院教师

华　夏：文山学院教师

田湖垒：文山学院教师

罗圆梦：文山学院教师

阎　震：青岛酒店管理职业技术学院教师

高等院校应用型人才培养"十四五"规划旅游管理类系列教材

民宿经营与管理

主　编◎白　娜

副主编◎张德欣　郑敏庆　吴　峰　马勇伟

　　　　吕　玄　董艳丰　宋海全　林　丹

　　　　卢　卡　王　聪　陶梦园

Operation and Management of Lodging Houses

华中科技大学出版社
http://press.hust.edu.cn
中国·武汉

内容提要

本教材以民宿经营与管理实践的过程为步骤，主要内容有民宿开办及选址、民宿设计、民宿营销推广、民宿运营与品牌价值、民宿服务与管理、社区服务及安全管理、民宿经济与旅游发展。教材的特点：一是以应用型为主导。教材有别于研究型高校人才培养中以知识发展为主线的学科逻辑体系，重点构建应用型高校人才培养中与行业（产业）发展相适应的实践应用知识逻辑体系。二是对接行业实践。教材得到了行业内一线专家学者的赐稿，能从行业实践中把握民宿要义并总结经验，以实践逻辑为行文主线，通过知识框架和应用实操训练，将知识转化为能力。三是产教融合理念。教材是人才培养的源头活水，只有产教融合的教材才能支撑产教融合课程，是旅游管理大类人才培养产教融合的教材创新实践。四是以学习者为中心的"出口导向"设计。本教程每章的学习目标、任务点都对接民宿行业岗位的实践需要。学习目标支撑课程目标、毕业要求及任务点，有利于学习目标的达成。

图书在版编目（CIP）数据

民宿经营与管理 / 白娜主编. —武汉 ：华中科技大学出版社，2024.4（2025.1重印）
ISBN 978-7-5772-0589-2

Ⅰ.①民… Ⅱ.①白… Ⅲ.①旅馆—经营管理 Ⅳ.①F719.2

中国国家版本馆CIP数据核字（2024）第072455号

民宿经营与管理　　　　　　　　　　　　　　　　　　　　　　　　　白娜　主编
Minsu Jingying yu Guanli

策划编辑：王雅琪
责任编辑：洪美员
封面设计：原色设计
责任校对：刘　竣
责任监印：周治超

出版发行：华中科技大学出版社（中国·武汉）　　　电话：(027)81321913
　　　　　武汉市东湖新技术开发区华工科技园　　　邮编：430223
录　　排：孙雅丽
印　　刷：武汉市籍缘印刷厂
开　　本：787mm×1092mm　1/16
印　　张：14.25
字　　数：318千字
版　　次：2025年1月第1版第2次印刷
定　　价：49.80元

本书若有印装质量问题，请向出版社营销中心调换
全国免费服务热线：400-6679-118　　竭诚为您服务
版权所有　侵权必究

出版说明

党的十九届五中全会确立了到2035年建成文化强国的远景目标,明确提出发展文化事业和文化产业。"十四五"期间,我国将继续推进文旅融合、实施创新发展,不断推动文化和旅游发展迈上新台阶。国家于2019年和2021年先后颁布的《教育部关于深化本科教育教学改革全面提高人才培养质量的意见》《国家职业教育改革实施方案》《本科层次职业教育专业设置管理办法(试行)》,强调进一步推动高等教育应用型人才培养模式改革,对接产业需求,服务经济社会发展。

基于此,建设高水平的旅游管理类专业应用型人才培养教材,将助力旅游高等教育结构优化,促进旅游类应用型人才的能力培养与素质提升,进而为中国旅游业在"十四五"期间深化文旅融合、持续迈向高质量发展提供有力支撑。

华中科技大学出版社一向以服务高校教学、科研为己任,重视高品质专业教材出版,"十三五"期间,在教育部高等学校旅游管理类专业教学指导委员会和全国高校旅游应用型本科院校联盟的大力支持和指导下,在全国范围内特邀中组部国家"万人计划"教学名师、近百所应用型院校旅游管理专业学科带头人、一线骨干"双师双能型"教师,以及旅游行业界精英等担任顾问和编者,组织编纂出版"高等院校应用型人才培养'十三五'规划旅游管理类系列教材"。该系列教材自出版发行以来,被全国近百所开设旅游管理类专业的院校选用,并多次再版。

为积极响应"十四五"期间我国文旅行业发展及旅游高等教育发展的新趋势,"高等院校应用型人才培养'十四五'规划旅游管理类系列教材"项目应运而生。本项目依据文旅行业最新发展和学术研究最新进展,立足旅游管理应用型人才培养特征进行整体规划,将高水平的"十三五"规划教材修订、丰富、再版,同时开发出一批教学紧缺、业界急需的教材。本项目在以下三个方面做出了创新:

一是紧扣旅游学科特色,创新教材编写理念。本套教材基于旅游高等教育发展新形势,结合新版旅游管理专业人才培养方案,遵循应用型人才培养的内在逻辑,在编写团队、编写内容与编写体例上充分彰显旅游管理应用型专业的学科优势,全面提升旅游管理专业学生的实践能力与创新能力。

二是遵循理实并重原则,构建多元化知识结构。在产教融合思想的指导下,坚持以案例为引领,同步案例与知识链接贯穿全书,增设学习目标、实训项目、本章小结、关键概念、案例解析、实训操练和相关链接等个性化模块。

三是依托资源服务平台,打造新形态立体教材。华中科技大学出版社紧抓"互联网+"时代教育需求,自主研发并上线的华中出版资源服务平台,可为本套系教材作立体化教学配套服务,既为教师教学提供便捷,提供教学计划书、教学课件、习题库、案例库、参考答案、教学视频等系列配套教学资源,又为教学管理提供便捷,构建课程开发、习题管理、学生评论、班级管理等于一体的教学生态链,真正打造了线上线下、课堂课外的新形态立体化互动教材。

本项目编委会力求通过出版一套兼具理论与实践、传承与创新、基础与前沿的精品教材,为我国加快实现旅游高等教育内涵式发展、建成世界旅游强国贡献一份力量,并诚挚邀请更多致力于中国旅游高等教育的专家学者加入我们!

华中科技大学出版社

前言

随着旅游业的不断发展,民宿新业态不断成熟,旅游管理大类学科平台下关于大住宿业的探讨越来越多,成为热点问题。当前民宿的教材与专著研究处于一个需要不断成熟和提升的阶段。文化是旅游的灵魂,情怀是民宿的温度,特色是民宿的生命线,互联网是民宿的温床,共享经济是民宿的土壤,"民宿+X"是民宿的爆点。在当前文旅融合背景下,民宿已经跳脱出传统住宿业的功能式消费模式,经历了品牌式消费,过渡到了参与体验消费时代,民宿将全面步入"民宿+智能化""民宿+场景""民宿+文化""民宿+康养""民宿+亲子""民宿+电商""民宿+旅游"等民宿新时代。本书紧跟时代步伐,抓住民宿实质,把握民宿核心,从应用型的角度完成对民宿经营与管理的阐述,具有一定的理论意义和现实应用价值。

另外,随着劳动分工从单一工种向复合工种的转变,社会更加需要综合职业发展的人才,信息化时代需要终身学习的习惯养成,未来需要跨职业、跨行业、跨产业的一专多能型人才,人才培养既要符合社会需求,又要符合未来个人职业发展的需要,因此对人才培养的供给侧结构提出了严峻的考验。教材是教育的源头活水,教材的改革与创新会从根本上解决教育改革问题。目前,旅游管理大类高等教育教材存在的问题:依据传统的课程形态,使得教材功能单一,并且教材之间内容重复现象普遍;课程与课程之间联系疏松,条块化课程与学科知识结构形式的教材使得学生缺乏利用知识转化为能力的实践历练;以一本教材的单一课程为单元组成的专业课程体系,虽然体现了人才培养的框架设计,但是教材与教材之间协同不够,对人才培养目标的达成度支撑力度不足。具体表现在:教材的核心知识点在实践中难以应用;学生学习被动,受研究型高校学科知识体系下教材的束缚性很大,不利于调动学生自主学习的积极性,导致学生重考试,功利性强,知行难合一,学习境界不高;学生动手能力差,对实践的重要性认识不足。教材结构与内容设计的创新可以有效地解决这些问题。

本教材首先得到了高校、企业、行业领域的专家学者赐稿,他们具有较强的行业实践经验,能够分别从擅长的领域进行撰写,符合实践性和应用型的发展需要。其次,本教材将传统研究型教材的学科知识理论体系解构成实践性的应用型、流程化可操作的知识体系,更好地适应了旅游管理大类课程改革对应用型教材发展的新要求。再者,本教材以学习者为中

心,构建了从业态现象到概念认知、从理论到实践、从实践操作回归到理论提升的符合学习者知识内化和迁移的科学规律。本书既可以作高等学校旅游管理大类教材,也可以作为行业培训的指导用书。

本书编写具体分工如下:第一章由林丹、董艳丰、白娜、宋海全、张德欣完成;第二章由吕玄、王聪、华夏完成;第三章由董艳丰、白娜、卢卡、吴峰、阎震、陶梦园完成;第四章由董艳丰、康敏、王聪、杨雪礼完成;第五章由郑敏庆、白娜、王聪、阎震、陶梦园完成;第六章由郑敏庆、马勇伟、张德欣、白娜完成;第七章由马勇伟、张德欣完成。另外,本教材由张德欣组织搭建编委团队并担任总策划,吴峰参与策划,白娜完成统稿及整本教材的学习目标、任务点、应用实操题的设计,王聪、陶梦园、华夏、杨雪礼、田湖垒负责整个书稿的审校与修改完善工作,杨雪礼、田湖垒和康敏参与了书稿的撰写讨论工作,文山学院2019级酒店管理专业学生胡蝶、周缘、马朝媛、黄秋月、蔡蔓蓉,以及2019级旅游管理专业学生金锁丽等人参与了书稿的讨论、校对等工作,并提出修改建议。

目 录

Contents

1 第一章 民宿开办及选址

第一节 民宿概述   3
第二节 民宿开办流程   7
第三节 民宿开办要求   12
第四节 民宿的选址   17
第五节 我国民宿的分布   27

31 第二章 民宿设计

第一节 民宿设计的分类   32
第二节 民宿设计的定位   34
第三节 民宿设计的内容   44
第四节 民宿设计的要点   59

75 第三章 民宿营销推广

第一节 民宿营销思路及方法   76
第二节 民宿发展及网络营销   78
第三节 民宿营销文案撰写   86
第四节 民宿营销案例解析   90

100 第四章 民宿运营与品牌价值

第一节 民宿运营管理概述   101
第二节 民宿运营方式   104
第三节 民宿品牌价值   112

119 第五章 民宿服务与管理

第一节 民宿服务概述   120
第二节 优质民宿的服务项目   139
第三节 能感动人的服务   165

179 第六章　社区服务及安全管理

　　第一节　社区营造加民宿服务与可持续发展　　180
　　第二节　民宿安全管理及突发事件处理　　193

201 第七章　民宿经济与旅游发展

　　第一节　民宿经济的本质　　202
　　第二节　民宿经济发展的互联网思维　　205
　　第三节　民宿经济发展的政策规划及发展趋势　　209

215 参考文献

第一章

民宿开办及选址

学习目标

1. 根据民宿开办流程模拟开办一家民宿。
2. 在实践中办理民宿开办需要的相关手续。
3. 掌握民宿选址的要领和原则。
4. 在实践中对开办民宿和选址做出恰当的决策咨询。
5. 熟悉民宿开办要求。
6. 对新开办的民宿进行定位分析。
7. 实地考察民宿开办和投资估算。

任务点

1. 制作一张实地考察民宿的资料收集清单。
2. 使用迈克尔·波特的五力模型对所考察民宿的开办事宜进行分析,并小组讨论汇报。
3. 制作民宿交流考察记录表、民宿体验考察记录表。
4. 搜集整理国内外民宿品牌名称及民宿标识(Logo),制作一面民宿品牌文化墙。

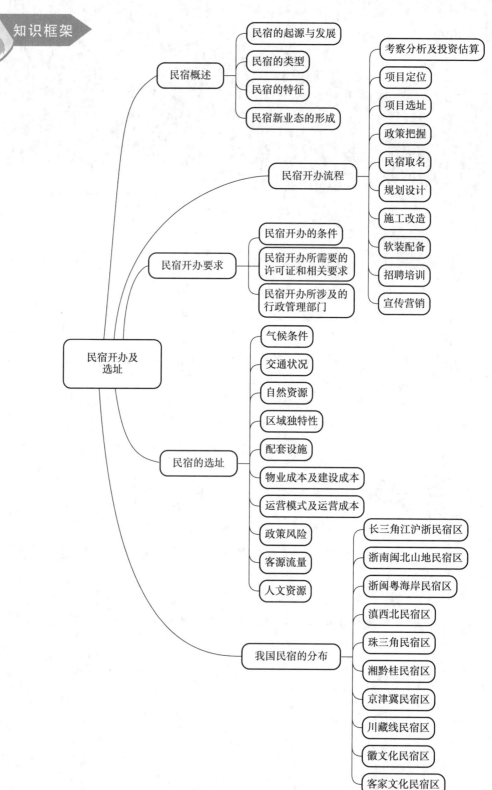

第一节 民宿概述

一、民宿的起源与发展

民宿这一行业形态最早产生于欧洲,后来随着经济的发展开始流行于世界各地,就目前的市场来说,日本、英国等国家已经建立了比较完备的民宿发展体系。我国大规模发展民宿源于20世纪80年代的台湾地区,为了应对游客房源不足这一问题,台湾垦丁有空闲房屋的人家在自己家门口挂起提供住宿的标语或者是直接到车站机场这样的地方去招徕游客,在此基础上形成了较为成熟的民宿体系。

（一）国外民宿的起源

民宿的起源有很多种说法。一般认为,民宿起源于第二次世界大战后的欧洲地区,以英国为代表。1951年,法国第一家民宿开业,也是世界范围内第一家民宿的起源;1955年,法国民宿联合会成立。1959—1960年,日本民宿兴起。19世纪60年代初,英国出现了B&B (Bed and Breakfast)家庭式招待方式。至20世纪七八十年代,世界各地已经形成了各具特色的民宿风貌,如英国的B&B、法国的城堡、北欧的农庄、美国的Home Stay、日本的民宿等。欧洲大陆多是采农庄式民宿(Accommodation in the Farm)经营,最大的特点是游客常常能在热心的主人的带领下,感受采摘农产品、喂养动物的乡野乐趣。美国常见居家式民宿(Home Stay)或青年旅舍(Hostel),是一种不刻意布置的居家住宿,价格相对饭店便宜。

（二）我国民宿的起源

我国的民宿起源于20世纪80年代的台湾垦丁国家公园。在国家公园附近,人们以民宿的形式解决游客房源不足的问题。2001年,台湾地区颁布地方性法规《民宿管理办法》。2003年,台湾地区成立台湾乡村民宿发展协会,以TRAA为品牌标识,建立了台湾民宿论坛、台湾民宿评论、台湾民宿金奖、3S民宿认证、台湾民宿讲座、台湾民宿故事馆六大产业服务平台,目前已经形成了相对成熟的民宿发展体系。

我国大陆地区的民宿起源于20世纪90年代。当时的民宿,如农家乐兴起之后,有部分带有住宿功能,而许多农家乐不提供住宿服务。2000年以后,"家庭旅馆"的概念引入我国,家庭旅馆缓解了旅游旺季住宿紧张的困境。2010年上海世博会的召开,使得民宿及城市民宿形式得到了更多关注。2010年后,在丽江、厦门以及浙江一带等地的景区出现民宿旅游投资热潮。

大住宿业业态的发展分期

  民宿业的发展与繁荣

乡村振兴战略为民宿的发展带来了新契机。2018年,民宿短租预订平台途家发布了《2017年民宿短租发展报告》,2017年中国民宿行业呈持续增长态势,民宿为外出的游客提供了更多选择。互联网技术的广泛应用,使得民宿在网络宣传营销方面有了很大的施展空间,出行者出发前可以在网上先认识和熟悉各地方的景区信息,然后以所选景区为中心,提前计划好出行线路并预订好要住宿的客栈。和未来酒店一样,智能化是民宿今后必经的发展之路。对于所有民宿行业的房主和投资人来说,如何完美地结合高科技和民宿独特的生活体验感,这是机遇也是挑战。

二、民宿的类型

根据不同的标准划分,可以将民宿分成不同的类型。

根据民宿所处的位置,可以将民宿分为城市民宿、乡村民宿、景区民宿三种类型。

根据民宿的硬软件设施等级,可以将民宿分为豪华型、精品型、舒适型、经济型四个类型。

根据民宿的风格,可以将民宿分为复古型、现代创意型。

根据互联网平台途家对民宿房型的分类,可以将民宿分为四合院型、居室型、Loft型等。

根据民宿的特色,可以将民宿分为温泉民宿、海滨民宿、运动民宿、传统建筑民宿、艺术文化民宿等类型。

根据民宿的聚落分类,可以将民宿分为单体民宿和民宿集群。

根据服务的功能,可以将民宿分为单一服务型和综合服务型两种类型。

自2023年2月1日起,《旅游民宿基本要求与等级划分》(GB/T 41648—2022)开始施行。该标准是由全国旅游标准化技术委员会负责归口和执行的行业标准,已升级为国家标准。它详细规定了旅游民宿的等级和标志、总体要求、公共环境和配套、建筑和设施、卫生和服务、经营和管理等方面的内容,同时明确了等级划分条件和办法,是我国旅游领域实施的第30个国家标准。旅游民宿等级划分标准进一步细化,分为丙级、乙级和甲级,对设施、设备、经营管理和社区贡献等方面提出更高要求。丙级为普通型民宿,乙级为品质型民宿,而甲级为标杆型民宿,对设施、设备、经营管理、特色和其他方面的要求更高。标准适用于正式运营的各类旅游民宿,包括民居、宅院、客栈、驿站、庄园和山庄等。其明确定义了旅游民宿为利用当地闲置资源,由主人参与接待,为游客提供体验当地自然、文化和生产生活方式的小型住宿设施。旅游民宿主人指业主或经营者。等级标志由民居图案与文字组成。该标准规定了旅游民宿的经营管理总体要求,包括经营条件、规模、安全、卫生、防疫和环保等要求;公共环境和配套要求,包括交通状况、生态环境、交通工具停放地和通信网络等要求;建筑和设施要求,包括装修、客房设施、厨房与餐厅、公共休闲设施、布草间和卫生间等的设施要求。

此外，标准明确了卫生和服务要求，包括客房、餐厅、厨房、室内外公共区域及客用品的卫生，主人服务、日常接待服务、定制化服务和其他服务等要求；经营和管理要求，包括宣传和营销、管理制度和服务规范、投诉处理等方面的要求。

标准还规定了由旅游民宿等级评定机构制定的具体评定办法和评分细则。根据这些细则，对旅游民宿进行评分确定等级。符合相应等级要求的旅游民宿可使用等级标志，有效期三年，期满后需复核。若发生卫生、消防、安全等责任事故或重大有效投诉，或运营管理不符合等级要求，等级将被取消。取消后三年可重新申请评定。

三、民宿的特征

民宿行业在我国发展起步较晚，2012年以来逐步兴起，但是发展迅速，理论研究滞后于实践发展。我国民宿主要集中在旅游资源丰富的城市和人口密集的城市，民宿的消费者和民宿主呈年轻化趋势，民宿作为劳动密集型业态，提供了大量的灵活就业和创业机会。我国民宿呈现出以下显著特征。

（一）资源整合性

民宿具有链接整合多产业、多行业的特点。

第一，民宿整合城市与乡村闲置房产，从民宿选址、设计、投资、建造、运营、文化特色打造整个过程都需要多元素统一考虑，从气候、交通、生态、水电、政府政策、客源流动等多方面资源整合筹划。

第二，民宿作为一种创新业态，关键在"民"而不在"宿"，因此民宿已经从住宿业的功能式消费转向个性化的体验式消费，民宿满足传统的住宿仅仅是基础功能，民宿进一步拓展融合业态，业务涉及旅游、节庆、展览、物产、培训等各方面。

第三，"民宿＋"的模式已经不拘于形式，成为跨界创新的活力。民宿可以是一个景点，也可以是一间艺术馆、美食馆、咖啡厅、酒吧，民宿不仅仅是一间民宿，同时也是一家书店、一间博物馆、一间3D全息展示馆，民宿还可以是一家技艺传承馆（大理花间堂的编织院）、特产售卖馆等，以及"民宿＋温泉""民宿＋花园"等。民宿不单单是一种业态，它已经逐渐成为一种生活方式。资源整合性是民宿的活力所在，也是民宿不同于传统住宿业的特征所在，民宿成为现代旅游业整合资源的连接点。

（二）闲置房屋共享性

近年来，随着移动互联网技术的发展，共享经济越来越多地走进人们的生活。其中，共享经济背景下民宿业以其独有的特征满足了新时代广大消费者的个性需求。当前，中国经济结构已经进入过剩经济的买方市场，经济的发展带来了更多的闲置资源，为共享经济提供了基础，加上互联网的广泛应用，消费者可以通过互联网平台共享闲置物品，甚至以物易物的形式也不断走俏。民宿主暂时将闲置房屋的使用权有偿提供给需求方，这种共享的商业模式借助互联网平台迅速发展起来，有利于资源的优化配置。民宿关于闲置房屋的共享可

以是屋主人与游客共享,也可以是屋主人租赁房屋给民宿经营者之后,民宿经营者与游客共享。不论是房主还是民宿经营者,都属于将闲置房屋的所有权和使用权相对分离,将使用权分享给游客的一种商业模式,并不属于租赁经济。

（三）招揽顾客互联网化

民宿销售的渠道主要是互联网平台。中国在线民宿预订市场处于爆发式增长期,数据显示,2019年9月,民宿月活跃用户700万,民宿已成为旅行住宿的重要选择,消费者主要是通过互联网获取信息,并直接下单。报告还显示,在线民宿预订平台行业正处于"战国时代"。2019年9月,途家活跃用户超过200万,稳居榜首;Airbnb(爱彼迎)及小猪短租入围前三,民宿的互联网平台还有美团榛果、蚂蚁短租等平台,有OTA、"B2C＋C2C"运营模式。

（四）业态创新性

民宿之所以被称为"新物种",是其本身具有业态的创新性。

第一,从供给方面来看,民宿的创新在于"民",而不是"宿",民宿更加强调主人接待的人情"温度",供给充满特色和文创感的民宿＋模式,突破住宿业领域的功能式消费。

第二,从人类住宿的角度来看,它打破了中国定居生活的家居化和旅居生活的"酒店化"的二元结构,使旅居生活既有"家"的气息,又有酒店的功能,这也就是民宿的"温度"。

第三,从住宿业业态来看,它是一种全新的互联网时代的共享经济业态。这种业态的创新性还体现在新的消费观念下需求推动产业结构转型升级。

（五）文化情怀性

文化是旅游的灵魂,情怀是民宿的灵魂。民宿主是中国"Lifestyle Entrepreneurs"(情怀企业家)实践的先行者,民宿区别于其他住宿业的最大的特征在于"情怀",因此业内常说"民宿既是一种情怀,也是一门生意"。午后的咖啡、雅致的书吧、充满格调的休息空间等充满着在地性和特色性的情怀,民宿是游客与当地居民情志交流沟通的空间,有家一样的温暖和包容,有关心和提醒,有归属感、亲切感,民宿张扬个性、特色、灵活、自由、文艺、乡愁、舒适、便捷、闲适、充满故事感的生活情怀。民宿是情怀企业家为游客构建的充满温情的生活方式。

综上所述,根据中国旅游协会民宿客栈与精品酒店分会主编的《2019年全国民宿产业发展研究报告》中所阐述的,民宿是城乡一体化发展进程中一种全新的、全面的、全域的、全员的、全时的文化建设。民宿具有资源整合性、招揽顾客互联网化、业态创新性、文化情怀性等特征,当前,民宿还显示出市场配置的乡村性、城市短租民宿化、民宿设计文创性、民宿特色鲜明性、淡旺季调适性、经营主体特定性等特征。民宿个性彰显,文化氛围浓厚,亲民特征突出,集观赏性、体验性和娱乐性、休闲性于一体,具有较高的研究价值。

四、民宿新业态的形成

我国民宿的起步阶段大致为20世纪90年代至2010年,在此阶段,国内民宿迅速发展增多,各地民宿客栈社团组织成立,各地开始出现地方行政法规范,如《国务院办公厅关于加快发展生活性服务业促进消费结构升级的指导意见》中,涉及住宿餐饮业发展新格局,积极发展住宿业业态,首次出现"客栈民宿"。该阶段,民宿发展起步,并迅速具备一定的规模,各国政府和行业组织出台相应的管理规范,民宿主开始意识到当地特色、主人文化、人文景观、生态体验等要素对民宿的重要性,以及民宿蕴含着生活美学。民宿投资具有自发性和零散性,人力和时间成本高,属于民宿发展的2.0版本,消费者逐渐从功能式消费向品牌消费过渡。随着规模的扩大,单体民宿逐渐走向民宿群落。

从2015年至今,我国民宿逐渐进入转型阶段。民宿转型阶段民宿进一步扩大,突出的特点有:第一,从单体民宿逐步转向民宿群落;第二,从自发投资转向团体投资,资本市场形成,进入品牌经济时代,高端设计进入。第三,全域发展,进入"民宿+"的时代,不断跨界融合,全域发展呈现出"民宿+乡村振兴""民宿+旅游""民宿+康养""民宿+资本""民宿+品牌""民宿+地产""民宿+特色小镇"等进入全面跨界融合阶段,也被国内行业人士称为"3.0版本时代"。

在国内,已经形成的民宿品牌有:云南民宿品牌,如松赞、千里走单骑、阿若康巴、花间堂、月墅等;川湘民宿品牌,如隐庐、既下山、小住、五号山谷等;北方民宿品牌,如山里寒舍、隐约乡里等;浙闽民宿品牌,如西坡、大乐之野、过云山居、三生一宅、墟里等;徽派民宿品牌,如山水间、墅家、澍德堂等。

经济的快速发展使得旅游消费品位升级,用户的消费水平和消费观念转变,民宿行业持续走热。民宿作为一种新兴的非标准住宿产品,主要是指结合本地地方特色、旅游文化特色、屋主人的个性风格和市场的需要,当地的居民自建、外地经营者租赁改造或者是用地来开发小规模的旅游住宿产品,满足游客对本地文化猎奇心理,并向游客提供全方位、独具特色服务的非标准住宿产品。我国旅游行业是民宿行业发展的奠基石,依托现阶段旅游业的飞速发展,我国民宿行业也迈入了高速发展阶段。

第二节 民宿开办流程

开办民宿的决策,可以通过人工决策,也可以利用信息技术,开发民宿决策与咨询支持系统。目前,市场上尚没有一款适应于投资者和创业者的民宿决策信息系统。中国旅游协会民宿客栈与精品酒店分会会长张晓军先生在民宿在线课程中表示,将在近年内建成中国民宿产业大数据中心,可以依托民宿大数据中心,开发民宿决策与咨询信息系统平台具备实现的可行性。人工决策需要建立在经验的基础上,发现民宿产业与民宿经济的未来趋势和空间,分析民宿投资与运营管理中的问题,衡量民宿开办的利与弊,确定开办民宿的目标,根据目标拟定各种开办民宿的方案,在各种方案中选择最优方案,最后根据流程开办民宿。

民宿开办的决策依据是信息,包括民宿开办的政策、前景、分布规律、利润空间、周边竞争、机遇和挑战、不同体量民宿的投资回收期、退出行业的成本等。在实践中,投资集团大笔资金投入的民宿,在考察结束,根据收集到的相关信息进行衡量,具有投资意向的民宿投资

项目紧接着需要形成一个可行性分析报告,对市场、技术、财务、工程、经济和环境方面进行精确完备可行的分析论证。个人或合伙投资的民宿通过考察分析和经验判断做出投资决策。不论哪一种体量的民宿投资开办,都需要遵循民宿开办的一般流程。

民宿的开办流程可以分为考察分析及投资估算、项目定位、项目选址、政策把握、民宿取名、规划设计、施工改造、软装配备、招聘培训、宣传营销等步骤。

一、考察分析及投资估算

(一)民宿行业考察

要对民宿行业进行考察分析,充分了解民宿行业的发展历程以及发展前景。可以通过网络或者协会了解到更多的官方信息,切记不要盲目地听从外行人的意见。特别需要强调的是,酒店业和民宿业是两种业态,对酒店行业的考察不能替代民宿行业的考察。

(二)经济环境背景分析

民宿开办的经济环境背景分析,是从经济的角度考虑,从民宿这门生意出发,分析判断民宿开办的可行性。如果民宿主开办民宿是为了一种情怀和生活方式,那么盈利是一种结果,而非出发点。无论如何,都需要将投资控制在经济可承受能力范围内,装修风格也可以完全遵循个人的喜好。总而言之,消费者总结出一句话:"消费得起的、喜欢的就是对的。"但是,如果将民宿当成事业,那么这就是生意,而生意最根本的目的是赚钱,所以充分考察分析可行性是非常有必要的。分析预测评估之后,结论是利润率没有达到理想的状态,或者是没有利润,那就要果断地选择放弃。

(三)民宿考察的实战方法

1. 交流考察

在进入民宿行业之前,通过建立线上线下民宿交流圈、民宿社群、朋友圈等,尽可能广泛地建立民宿人脉。从实践的企业家角度,他们认为"一定要多结交行业内的老师和朋友"。老师和朋友对民宿交流考察的意义是不同的,老师会给予更多方向性的建议,让新办民宿思路方向更加清晰,朋友则会给民宿更多的运营实操经验。选址地区不同、政策环境不同,建立民宿交流圈后进行的交流考察会损耗大量的人际成本,人际成本主要是时间成本和资金成本,在未来的成本核算和投资金额中,它们属于沉没成本或者隐形成本。优质的交流考察能让民宿开办者少走很多弯路。

2. 体验考察

投资失败的民宿主往往会认为民宿处处是"坑",因此,一定要多体验、多观察、多学习。民宿是一个服务体验行业,需要用心去感受这个行业,体验考察并不是漫无目地去看,体验民宿要从以下几点去体验和分析:特点、亮点、吸引点、卖点、交通、大环境、周边小环境、商业氛围、服务、配套设施、室内设计、餐饮、消费者反馈等因素。民宿开办基础主要由以上这些方面构成,在考察的时候需要做成表格,分类记录以上信息,如哪些是开办民宿可以间接学习的,哪些是民宿开办需要避免的,哪些是可以推广详细记录下来的经验。

(四)投资估算

考察结束后,首先要做的是投资成本估算,通过多渠道了解新开办落地民宿区域的房租成本、改造成本、设计成本、运营成本,从而计算出新开一家民宿一共需要的资金。接下来,要做收益预算,了解当地的其他民宿售卖房价,可以通过OTA搜索或上门询问等不同的方式,房间价格都是透明的。其中,估算入住率是非常关键的一个环节,入住率的估算方法及计算公式除了住宿业通用的方法之外,可以通过观察法,经常性地到门店拜访观察,或者通过询问访谈法,选出几家典型民宿,以每天询问入住率的方式,从而分析预测出概念数据。经验表明,这种方法得到的数据与真实数据之间的差异较小。投资成本和收益预算做出来后,可以计算出投资回收周期,也就是几年回本,以及每年的利润。另外,支出收入预估是十分有必要的投资估算表,情怀仅仅是做民宿的起因,只有通过投资估算后,算了账才知道要花多少钱、大概能挣多少钱,这是一切商业的最开始需要考虑的东西。如果并不能维持一个合理的收入与支出,甚至赔钱,那么,再多的情怀也会被消磨殆尽。

二、项目定位

通过考察分析以后,衡量项目是可行的,那么接下来要做的就是立项了,立项之前的必要条件就是项目定位。民宿如何定位?民宿的定位有四个依据,缺一不可,它们分别是:客户定位、风格定位、价格定位、模式定位。首先,要做出清晰的客户画像,明确客户类型,判断是亲子、情侣、老人或者商务人士等,不同的客户类型决定了民宿的装修设计风格。其次,价格的定位决定了客户的层次,同样也影响着建筑选材的品质。最后,设定经营模式,即要为客户提供哪些服务以及活动空间。例如,是否提供餐饮,餐饮的形式是让客人自己制作还是由店内工作人员提供,是否需要酒吧或者KTV等娱乐设施。如果民宿隔壁就是一间很不错的酒吧,那么民宿店内肯定不需要再多此一举。通俗地讲,"不做贵的,只做对的"。

项目定位需要明确回答以下几点:一是民宿的品牌核心竞争力、品牌特色;二是民宿品牌消费定位、客房单价;三是民宿的风格定位;四是民宿的文化与精神。有了这些答案,民宿的开办思路就十分清晰明了。有了指路的方向,接下来是理论导向的实操。

三、项目选址

项目选址的决定因素有很多,不同类型的民宿有不同的选址标准。首先,经济环境分析是重要的民宿选址决定因素;其次,选址的大区域要符合民宿主的情怀和文化特色认同;最后,民宿选址要得到当地政府的支持。

项目选址的经济因素分析,与收入支出分析类似,由于每个地块的情况都有很大区别,现实往往不是理想中想找一个300平方米的地方就能够精准地找到。因此,在定址之前,需

要邀请相关土建和设计专家一起考察,对考察地址进行详细估算。明确估算的目的,详细勘察地址上给的排水系统是否完善、电容量是否满足,有些项目地下埋管道和引电的动辄百八十万都是有可能的,要规避这些问题。同时,在民宿改造中,看不见的钱远比看得见的要多。

当民宿选址地块定下来之后,就可以精准算出民宿的房间数,根据客单价定位和预测民宿的入住率,就可以估算出收入情况。有了投入和支出测算和投资与回报情况,才能决定选址的这个地方到底能不能盈利,进行项目决策。例如,根据价格定位,如果民宿需要14个房间才能够收支平衡,而该地址只能打造10个房间,那就要果断放弃。

四、政策把握

在民宿位置选定后,还需要做以下三件事情:一是了解当地民宿开办的相关政策,如扶持政策、土地政策、经营政策等;二是签订租赁合同;三是办理相关经营手续。

政策的了解至关重要,如果租赁的空闲房屋在景区内,或者是老宅,就会涉及文物保护问题,通常会出现不能翻建或无法办理经营手续的情况。同时,和当地村民私下签订租赁合同,也存在很大的风险,需要找到当地的村委会或者其他相关的政府部门担保见证,以保证合同的有效性,这也是为了更好地保证民宿主的个人利益。

五、民宿取名

以上流程都走完之后,就可以开始进行下一步的工作,首先要做的就是给民宿取一个名字。取名字可以参考以下几个因素。

（一）识别度高、印象深刻

识别度高、印象深刻是民宿取名的第一要点,店名能够给消费者深刻的第一印象,如何让客人能从OTA平台茫茫民宿中发现,并且能让旅客多年后还能记住非常重要。一定要起一个有个性一些、识别度高一些的名字。

（二）简短易记

不论是用谐音、词语歧义和其他短小精悍的方法,能让消费者一下记住民宿的名字也是好名字。这是一个方面,另外,如果民宿店名十分有个性又很长,或者中英搭配等,那么也会让消费者记忆深刻,比如"春风十里不如你""有一种生活叫不负""诗酒田园 自在乡志"等。这样的名称虽然长,但是一定记得住,这可能比记住普通店名的效果更好。这类名称释放出的意境让人乐于分享旅途中的各种奇特见闻,使人津津乐道。

（三）可注册商标

很多民宿在起名字的时候都会存在一个问题:用一些通用词汇做店名,或者起一个已经被注册商标的品牌名。但是当民宿做大做强的时候,可能才发现品牌名不能注册商标或者已经被注册。这时,民宿主往往纠结,"辛辛苦苦十几年可能在给别人做嫁衣"。所以,在命名的时候,最好先去国家知识产权局商标局、中国商标网查一下。

（四）表现品牌风格

民宿的品牌名能够反馈出民宿主的性格或者和民宿主的气质相符。根据消费者"吸引力法则"，这样的民宿品牌名称自然可以吸引民宿主理想中的旅客，即吸引和民宿主志趣相投的消费者。

民宿名字取好以后，就可以进行办理证件。实际上，当民宿租赁合同签署后，便可以去申请工商核名的事情。另外，当设计图纸确定以后，就可以开始着手去办理相关证件，如营业执照、消防许可、特种行业许可、食品安全等（各地政策会有所不同，具体遵循当地政策进行办理）。一般来说，在施工前消防的许可证是必须办下来的，否则是不让动工的。办证是一个周期很长的事，一定要提前去操作。要把时间节点了解清楚，不要等到明天就要开业了，环境评测、公安和食药监局相关事宜还没有办妥，这不仅影响生意，还影响民宿经营的状态。

六、规划设计

规划设计首先要做的就是功能设定及分区，要明确民宿为客人提供哪些服务，从而设定空间的面积及功能区。需要从运营的角度反推做设计，例如民宿客房在高处，不能为了美观，就设计登山楼梯，因为会有客人的大件行李需要人工送取，这样会为运营带来很大的麻烦，同时也不适合老人和儿童居住，所以，要把功能规划放在首要位置，最好将做功能规划和室内设计的人员分开。功能规划一定要懂酒店运营和管理的人来做，因为需要准确地计算和理性客观地规划。

室内设计需要做视觉设计。视觉设计则更偏向于五感五觉及个性化审美，而且做视觉设计也是要在功能框架内做，好的设计一定不会被框架限定，而是能为功能区锦上添花，将功能融入美学之中。从投资的角度来看，要控制建设成本，通俗地讲，是"不要做无谓的投资，做对的不做贵的"。

七、施工改造

当设计方案确定、资金到位及相应的前置手续办理完，就可以开始做施工改造了。这个阶段是整个开民宿环节中较烦琐和复杂的过程。在设计过程中一定要规划好哪些是一定要拆、哪些是一定要留、哪些是可拆可留的。对于可拆可留的可以暂时保留，等施工过程中再去观察是否能融入整体或者有没有开发价值，再决定去留。

施工虽然是一个烦琐的过程，但是也是有规律和技巧可循的。在施工前花少部分钱请一个第三方施工监理，全程监控整个过程，会减少很多风险。另外，有三个文件必须要有且需要认真看：施工合同、项目进度表、施工报价表。这几个文件将是打款、审查项目和验收的重要依据，可以避免不必要的纠纷。

八、软装配备

软装配备和设备采购实际上和施工改造是同步的。这里指的设备更多的是厨房设备。

在厨房设计完毕后,就可以找厂家下单订制了。订制包括室内的家具和灯具、窗帘等,都要算好订制周期,有的可能需要一个月,不要等到快装修完了才想起这些事,有可能会造成"万事俱备,只差家具"的情况。非订制产品,建议在开业前15天左右采购,要把途中意外和其他不可抗力情况计算在内,尽量多留出空档。另外,一些氛围的软装布置可以在竣工验收之后根据民宿风格去进行搭配采购。

九、招聘培训

人员招聘的工作最好在开民宿之前,至少需要找到一个管家或者可以培养成为管家的人才,民宿行业兵多将难求。管家最好是在签订房屋租赁合同之后就上岗。管家参与整个品牌和民宿建立的过程,不仅会对民宿品牌核心文化理解得更深入、更透彻,同时也会和民宿主的价值观念达成一致。随着管家精力的不断投入,管家会与民宿产生深厚的感情,不会轻易地离去。另外,如果不能亲自在门店经营,最好的方式是给门店的管家配置股份,管家以经营入股,增强管家主人翁意识,从而使管家将民宿当作自己的来经营和管理,民宿主也会省心省力。

民宿门店其他岗位的普通员工,可以在开业前一个月左右招聘,最好能够在离民宿地不远的当地寻找综合素质较好的年轻人进行培养培训。这样一来就解决了当地居民的就业问题,有利于和当地居民处理好关系;二来也能降低人力成本,降低招聘难度;第三,可以降低人才流失带来的不便。在开业前要留出10天左右的时间进行培训和试营业,要根据实际需要合理地配置人员数量。在培训整个过程中,要不断地发现问题并改正。对于企业文化,要让每一位民宿人熟记于心,且使其业务技能熟练,以良好的面貌展现给的消费者。

十、宣传营销

在营业执照办理后或者办理时(各地情况不一),就可以寻找各个订房平台洽谈合作了。建议前期可以多和各种平台合作,先增加自己的曝光度和展示频率,如果把流程和手续都处理好,在开业前就可以上线,预订和预售开业后的房间。在互联网盛行的时代,建议从建设初期就开始记录建造过程,可以起到宣传的效果,让大众一同见证民宿的孵化过程和成长过程,因为一个有故事的民宿才是好民宿。做一个合格的民宿主,一定要能够讲出一段精彩的故事,与消费者产生心与心的沟通。

第三节 民宿开办要求

一、民宿开办的条件

根据各个地区的政策不同,民宿开办的条件会有所差异,要符合当地各个政府部门的相关标准要求,基本的开办条件如下。

开办主体：鼓励城镇和乡村居民等个人、社会相关经营主体、民营品牌经营单位参与民宿的开发和经营。

符合选址要求：民宿选址应当符合国土空间规划的相关规定，不得占用耕地和永久基本农田，不得处于自然保护区核心区以及饮用水源一级保护区规定范围内，并应当避开易发山洪、泥石流等自然灾害的高风险区域。

符合房屋建设要求：利用农民非公寓式住宅改造的民宿，原房屋应具备不动产权证，无不动产权证的应符合建设用地及规划要求。

符合建筑部门要求：民宿建筑应为合法建筑，符合国家有关房屋质量安全标准和要求。新建、改建的建筑物应符合城乡规划的相关规定和有关工程建设强制性标准，依法设计、施工；改建的建筑物，不得破坏建筑主体和承重结构，必要时还应采取加固措施并进行安全鉴定，确保建筑使用安全。房屋建筑风貌应与当地景观环境相协调。

符合消防部门要求：利用村民自建住宅进行改造的民宿，其消防安全要求按照《住房城乡建设部、公安部、国家旅游局关于印发农家乐（民宿）建筑防火导则（试行）的通知》执行。

利用其他住宅进行改造的民宿，其场所规模及消防安全要求可以参照前款所述文件执行。

利用住宅以外其他民用建筑进行改造的民宿，其消防安全应当符合《建筑设计防火规范》（GB 50016—2014））要求。依法需要进行竣工验收备案的，报住建部门申请竣工验收备案；依法需要进行营业前消防安全检查的，报区消防救援大队申请公众聚集场所营业前消防安全检查。

符合治安部门要求：应配备连接互联网的电脑及二代证读卡器，安装住客信息采集系统，按照规定要求进行住客实名登记和从业人员身份信息登记。应在公共区域安装视频监控系统，覆盖经营场所的接待处、出入口、主要通道、客房门口等关键部位，监控资料必须留存30天以上，应当按照省级以上公安机关制定的标准安装安全技术防范设施。在场所主要出入口前端安装治安主管部门认可的智能人脸识别摄像机，按照每间经营场所2个摄像头（一进一出）的标准进行安装，动态抓拍进入场所的消费者的人脸图片。客房底层和楼层通道，以及可以爬越的客房窗户、门头窗有防盗装置，门窗牢固，房门安装暗锁；设有贵重物品保险柜；并落实好专人负责日常管理。

符合食品安全部门要求：设置与食品供应方式和品种相适应的粗加工、半成品制作、成品加工、餐具与工用具（含容器）清洗消毒、原料存放、售卖等功能区。食品加工处理各功能区均在室内。墙壁应当采用无毒、无异味、不易积垢、易清洗的材料制成，粗加工、半成品制作、餐具与用具清洗消毒等场所有1.5 m以上光滑、不吸水、浅色、耐用和易清洗的材料制成的墙裙。粗加工操作场所根据加工品种和规模相应分设动物性食品、植物性食品和水产类食品原料的清洗水池。配备能正常运转的餐具与工用具的清洗、消毒、保洁设备设施，其大小和数量能满足需要。食品处理区内不得设置厕所。应当配备食品安全管理人员。从事接触直接入口食品工作的食品生产经营人员应当每年进行健康检查，取得健康证明后方可上岗工作。

符合环保部门要求:民宿的生活和餐饮污水不得排入饮用水源保护区,其他区域需经预处理后排入市政污水管网或农村生活污水处理设施,排入农村生活污水处理设施的水质、水量必须符合农村生活污水处理设施相关标准。如污水排口无法接驳农村污水处理设施,应经自建污水处理设施处理后排入自建湿地或氧化塘,考虑到回用水标准后回用或排放的污水必须达到相应排放标准并符合污染防治攻坚战要求。餐饮油烟经处理设施处理后达标排放,餐饮废油脂应交由有能力处理的单位进行处理。生活垃圾应当分类处理。

符合卫生部门要求:应办理公共场所旅店业《公共场所卫生许可证》,并亮证经营。从业人员持有有效健康证明和卫生知识培训合格证明,个人卫生良好,掌握岗位基本卫生知识,配备专(兼)职卫生管理员;按规定设置客房公用物品清洗消毒间、布草间,提供给顾客使用的用品用具应当保证卫生安全,可以反复使用的用品用具应当一客一换,按照有关卫生标准和要求清洗、消毒、保洁;禁止重复使用一次性用品用具。配备安全、有效的预防控制蚊、蝇、蟑螂、鼠和其他病媒生物的设施设备及废弃物存放专用设施设备,并保证相关设施设备的正常使用,及时清运废弃物;客房必须配置足够的通风、采光、照明设施,确保空气质量符合卫生标准。

邻里关系:民宿经营者应当自觉遵守法律法规和村规民约,尊重当地民俗,维护环境卫生,创建主客共享、文明和谐的旅游环境。

二、民宿开办所需要的许可证和相关要求

(一)开班民宿的证件

开办民宿的证件有营业执照、消防许可证、特种行业许可证等。其中,根本的证是消防许可证,这是申办其他证件的起点。只要拿到消防许可证,后期即可办理其他相关证件。

(二)民宿经营治安管理的基本要求

(1)安装使用公安机关认可的民宿住客信息采集系统,按照规定进行住客实名登记和从业人员身份信息登记,并按照要求上报辖区公安机关。

(2)客房底层和楼层通道,以及可以爬越的客房窗户、门头窗有防盗装置,门窗牢固,房门安装暗锁;大厅、通道、出入口等重要部位应安装闭路电视监控设备,并保证闭路电视监控设备在营业期间正常运行。

(3)直接为消费者服务或从事食品销售和餐饮服务的人员应当按国家规定取得有效健康合格证。

(4)民宿登记事项包括:民宿名称、地址、经营者姓名及联系方式;民宿建筑面积、建筑层数、客房数量;民宿建筑权属及类别。

(5)营业执照方面,从事食品销售、餐饮服务的,须提供食品经营许可证。

(6)民宿经营者自领取营业执照之日起20个工作日内,向民宿所在地镇人民政府、街道办事处申请登记,并提交如下材料。

① 营业执照原件、复印件;兼营食品销售和餐饮服务的民宿,须提供食品经营许可证原件、复印件。

② 法定代表人或负责人的有效身份证件及复印件。

③ 民宿建筑的产权证或土地使用证,或房屋租赁合同原件及复印件。

④ 标明民宿经营场所各层出入口、内部通道、客房房号等功能区分布以及监控、消防等技防设施安装位置的平面示意图。

⑤ 民宿登记承诺书。

镇人民政府、街道办事处在收到民宿登记申请后,对登记事项相关信息、材料齐全的,当场予以登记,并提供登记回执,抄报当地旅游主管部门;对信息、材料不齐全的,应当一次性告知补正。民宿登记事项发生变化的,民宿经营者在30日内向原登记的镇人民政府、街道办事处办理登记事项变更手续。

(7)民宿经营规范。民宿经营者应当将营业执照及相关证照置于经营场所显著位置,公开服务项目和服务收费标准,明码标价。民宿经营者有依法纳税义务,应当按照《中华人民共和国税收征收管理法》《中华人民共和国税收征收管理法实施细则》及相关税费法律法规的规定,向主管税务机关办理税费申报缴纳等事项。

(8)民宿经营者为民宿安全生产第一责任人。

(9)建立住宿登记、来访管理、情况报告等内部治安管理制度。

(10)发现有违法犯罪嫌疑人的,及时报告所在地公安机关。

(11)确保安全技术防范设施和民宿住客信息采集系统正常运行;监控录像资料留存30日以上。

(12)组织有关从业人员进行安全知识以及相关法律法规知识的教育培训。

(13)民宿经营者承担安全生产和消防安全的主体责任,制定安全管理制度和应急预案,依法规范安全管理,履行安全义务。

(14)对可能危及住客人身、财产安全的情形,民宿经营者应向住客作出说明或者警示。

(15)台风、暴雨、风暴潮、洪水等预警信号生效期间,可能受影响地区的民宿,应当适时采取停止营业、关闭相关区域、组织人员避险等防灾避险措施。

不同的地区遵循当地相关政府部门的要求进行办理,以当地政策为准。

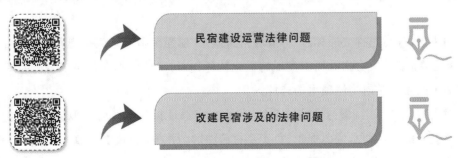

民宿建设阶段法律问题

三、民宿开办所涉及的行政管理部门

农业部门：承担民宿发展日常工作，负责协调有关部门，形成服务和管理合力。组织相关部门开展民宿经营户评定和民宿特色村、示范点评定工作。具体负责民宿产业发展的指导、服务、培育、星级评定等工作，将民宿从业人员的培训纳入农民素质提升工程。主要针对乡村民宿开展工作。

旅游主管部门：负责风景名胜区范围内民宿选址；组织开展民宿宣传、营销、推介和从业人员业务培训等工作；协同开展民宿的示范创建工作。主要针对景区民宿开展工作。

财政部门：负责民宿专项扶持和奖励资金的落实，及时下拨资金并进行监督检查。

发展改革部门：指导民宿实行明码标价，对民宿价格和收费行为进行指导和监管（有些在市场监管部门）。

市场监管部门：负责民宿餐饮服务许可和民宿营业执照核发，对民宿行业依法实施监管，加强民宿经营户食品安全监管，依法查处无照经营行为，配合许可部门查处无证经营行为。

公安部门：公安机关负责检查、监督、指导民宿经营者落实治安和消防管理制度，督促其强化安全防范措施，整改治安、消防安全隐患，并依法查处违法犯罪活动。

建设主管部门：逐步建立健全民宿建设工程质量安全相关制度，指导民宿所在乡镇（街道）抓好民宿建设质量安全工作。

卫生主管部门：参照住宿业卫生规范，做好民宿经营场所卫生许可和从业人员健康的审查；加强对民宿经营户日常经营中的卫生监督，依法查处违法经营行为。

环保主管部门：负责民宿相关环保法律、法规、政策的宣传和落实工作；指导民宿建设环保设施；加强对各民宿环境保护工作的监管和业务指导，对有环境影响的及时提出整改措施。

交通主管部门：完善交通标志、标线和指路体系，加强民宿经营区域交通安全监管。

文化主管部门：负责指导民宿发展的文化特色，参与审核历史文化名镇名村的民宿发展方案和历史文化名村内个体民宿的选址。

自然资源主管部门：参与民宿的选址，防止民宿选址在防汛危险区域，检查指导民宿的发展不影响防洪安全和水资源保护；负责乡村旅游的防汛安全；负责乡镇（街道）民宿防汛防台应急预案编制；山洪、地质灾害易发地段设立安全警示标志。

第四节　民宿的选址

民宿的选址对民宿来说至关重要，因此业内常说"选址定生死"。决定民宿成功的因素有很多，建设和运营都是完全依靠后天的控制，而选址是先天性极强的因素，基本上选址一经确定，市场方向就大致确立。可以说，好的选址是成功的一半。

民宿选址有一个原则，那就是"农夫山泉有点田"。"农夫"代表当地居民，承载着一个地方的人文情怀与民俗技艺；"山泉"代表一个地域的自然资源，承载着原始的自然环境，有山有水；"有点田"代表乡村肥沃的田地，寓意乡村生活美满富足。"人、山、泉、田"相互交织，共同构成令人向往的民宿生活场景。

选址不理想，后期运营方面做得再成熟也会事倍功半。成熟的民宿及民宿聚集区无不具备极佳的选址条件。以裸心谷为代表的莫干山地区是全国首屈一指的休闲度假游市场，它背靠的是全国最大的江浙沪市场，距离上海、苏州不超过2个半小时车程，距离杭州半小时车程，是全国著名的兼具人文资源和自然资源的"四大避暑胜地"之一。而在2016年入住率就已经达到80%、融资超过1亿元的诗莉莉选址则是洱海、丽江、漓江等景观资源在全国范围都是绝无仅有的区域。

一、气候条件

客栈民宿产品，气候是一个重要条件，而且在所有条件中，也是较稳定的一个要素，长时段内不会发生剧烈变化。常年温度的宜人、光照及降水的适度，以及不会出现长时段的极端天气、年营业时间长、季节性不明显等都是通行的前提。

（一）气候条件对不同地域民宿的影响

气候要素中的气温、降水直接影响河流的冰期与流量。纬度低、湿润区的河流雨季相对长、降水相对多，河流流量大；反之，河流流量小。冬季最低月平均气温0℃以上，河流无结冰期；反之，河流有结冰期（秦岭淮河一线的地理意义）。且气温越低，冰期越长（纬度因素决定了地表接收太阳光照辐射能量的多少）。

从上述风景气象和气候的特点看，构成气象气候的各要素，如冷、热、干、湿、风、云、雨、雪、霜、雾等，不仅具有直接造景、育景功能，而且是人类旅游活动的基本条件。因此，气候条件影响包括常年体感温度情况、季节反差程度、不适宜天气（如严寒、酷暑、台风、沙尘暴、雾霾、阴雨等）出现的概率与日数等。气候条件直接决定着民宿经营的淡旺季，影响经营效益。例如，中国北方大部分区域，属于季风性气候，夏天炎热、冬天寒冷，还有青藏高原地区，自然条件较为恶劣，适合营业的日期较为有限，都难以形成全国性大规模客栈集群。

1. 北方民宿

淡旺季分明，这一点在北方众多民宿中体现得非常明显。一进入冬天，北方民宿的入住

率能下降50%左右。冬天天气冷,出游人数下降,而且民宿靠近乡村,冬天乡村旅游不发达,民宿入住率也会受到影响。大多数北方民宿夏季一般四周群山环绕,树木郁郁葱葱,可以说是避暑、养生的好地方。但是,这种优越的地理环境在北方的冬天却成了劣势,郊区气温本就比市区低,加上民宿大多在环境较好的山中,室外气温更低。室外的寒冷让很多游客望而却步,导致周一到周四客人很少,周末才会少许入住,所以北方民宿选址首先要考虑是冬季旅游资源,如冰雪、温泉等。

因此,北方民宿需要的是因地制宜,找到适合自己的出路。冬天户外项目,包括水上项目都暂停营业了,可以把活动场地转到室内,如在大棚进行草莓采摘等项目,组织客人在民宿里体验包饺子等活动,来弥补不能外出的遗憾。但是如果有冰雪或温泉的项目,则会出现变淡季为旺季的一番新景象。

2. 南方民宿

南方民宿在气候上的优势不言而喻,不管是沿海而建还是驻扎山间,气候对出游的影响因素较小,这就保证了民宿客源的稳定性。

(二)气候条件对不同类型民宿的影响

对于以休闲度假为指向的景区民宿和乡村民宿来说,气候的因素至关重要。寒暑往来的规律性,使得气候成为较稳定的考量因素。相较于南方四季温和的气候,北方的冬天寒冷干燥,有些景区甚至有入冬后大雪封山的情况,这种长时间极端的天气,直接决定了民宿的经营时间:旺季时或许宾客盈门,而冬季到来则必须关门歇业。当然这并不是说北方就不适合开民宿,而是需要经营者在选址前考虑到气候的因素,提前规划,既经得起繁华,也耐得住寂寞。

二、交通状况

民宿行业作为一个需要消费者到达目的地消费的行业,交通的便利性对民宿尤为重要。距离市场的远近决定了投资客栈民宿潜在客群的规模,随着中国各种交通网络布点的完善,特别是高铁和机场建设的推进,时间距离成为和物理距离同样重要的影响消费者选择的参考项。

(一)民宿交通可达性

民宿交通可达性,要考虑到场地是否通航班、高铁、高速公路,以及离主要城市的距离、路途耗费时间等因素。通常情况下,一线城市,2小时车程内合适;区域中心城市,一个半小时车程合适;一般省会城市,一小时车程合适。除此之外,高速路下来最好半个小时以内比较适宜。

交通的可达性对定位不同的民宿来说,有不同的要求。对于定位观光游和景区配套型民宿来说,对便利的公共交通有着较强的要求,公共交通可达核心景观的时长不宜超过30分钟。对于客群定位以城市近郊自驾休闲度假为主的民宿来说,主要指距离城区的远近。

从市场经验分析来看,对于一二线城市自驾不宜超过2小时。同样距离临近知名景点不宜超过半小时车程。而在三四线城市,对自驾时间要求则更短。

(二)交通状况对不同类型民宿的影响

1. 景区及城市民宿

因国家城市交通网络的布局基本实现,城市及景区交通通达性高且较为均衡,同时该类型客栈民宿行业,主要来客群体也以城市人口为主。因此对比来说,交通区位条件不会成为景区及城市民宿选址的主要问题,反倒是所选区域的气候条件,生态环境以及自然与文化景观的独特性成为关键。

2. 乡村民宿

乡村民宿分布区域大部分是城市的对立面,以及大型城市点之外的乡村地区,是整体经济相对落后的地区,前往民宿旅游目的地的道路良好、距离适中,才能方便城镇居民驾车前往。因此,区位交通的优势是乡村民宿旅游发展的先决条件,更是配套民宿兴起的基础,交通状况在很大程度上决定了民宿主要客群的择取。

对民宿区位交通的分析,应是设计前期策划阶段的首要任务。可以以莫干山地区与古北水镇为例,分析其民宿快速兴起背后区位交通的相对优势,以提供借鉴。

三、自然资源

民宿属于休闲旅游的范畴,消费群体大多来自城市,一定意义上,前往民宿旅游目的地度假是希望对日常生活有一种转换。因此,民宿所处区域的自然资源好坏是客户进行选择的重要参考项,空气、水体干净,周遭环境无破坏,无过多违和建筑,保持一种原生态是理想的情况。奇异的地形地貌、丰富的自然环境、优美的田园风光等自然资源都是影响民宿选址的重要条件。这类资源具有鲜明的先天性,选址的时候占有资源越多,资源禀赋也就越强。在项目设计建设中也要充分利用这些资源,发挥各资源价值,让这类资源最终成为吸引游客的重要载体。

(一)乡村自然资源民宿聚落

乡村自然资源民宿聚落,要充分利用乡村自身特色自然资源,以淳厚的在地文化底蕴和丰富多彩的自然旅游资源招揽游客,合理地规避交通、生物物资自身短板。通过规范化管理各经营企业,变短板为优势,以旅游寻致富,积极打造以旅游为特色的乡村民宿聚落。

例如,湖北省十堰市茅箭区茅塔乡东沟村"桃源人家"民宿。茅箭区积极推进古村落改造和乡村旅游发展,依托自然山水、人文历史和农事节日等,充分利用村落原有资源,就地取材、适度调整、修旧如旧,对22个村庄逐一制定改造方案,实施了近郊踏青、果蔬采摘、乡村民宿、民俗体验等一批乡村旅游项目,营造一种"慢生活、乐享受"的旅游氛围。目前,茅箭区依托南部山区的自然生态特色和乡风民俗特征建成的特色民宿已发展到55家,吸引不少游客前来游玩、体验乡村民宿生活,成为当地乡村振兴和经济发展的新亮点。

（二）景区自然资源依托型民宿

景区自然资源依托型民宿，可以依照景区对所有从事民宿客栈等乡村旅游经营户进行统一登记、建档立卡，纳入旅游资源数据库，并实行挂牌经营，通过这种方式将景区以民宿客栈为主的乡村休闲旅游经营户全部纳入规范管理。在此基础上，进行规范引导、星级评定、重点扶持，并将星级民宿作为政府职能部门的指定接待单位，充分发挥景区资源的带动性，极大地调动了经营户上星级、创品牌的积极性，有效地促进了乡村旅游的快速发展。

四、区域独特性

区域独特性是选址当中非常重要的因素，消费者群体选择民宿作为住宿的目的地，首先是对其区域环境的认可。区域的独特性尤为重要，意味着先天性带来的客流量的多少。在评价区域景观的时候，不仅仅把山水生态景观的品质作为唯一要素，在所针对的市场环境范围内，其景观越是具有稀缺性、唯一性，其价值就越大。如果民宿选址处在5A级景区、世遗景点或一个有着某种象征意义的地区，对应的客流量会比普通景区大很多。

风景是消费者选择目的地的重要因素，而景观的独特性显得尤为重要，景观的独特性意味着带来的客流量的多少。作为游客出行的集成点，民宿的选择其实是综合了旅行度假的综合诉求，客户的来源很大一部分是被旅行度假住宿群里独特的景观所吸引。

例如，浙江丽水西坑村的过云山居。过云山居建设在海拔600米的深山里，交通极其不便利，小镇也买不到什么东西，因为快递不通，物料没法配上山，一个人专门配一辆车，每天往山上运好几车，但因为民宿周边景观独特，云雾缭绕，云海和美景十分震撼，全年入住率达到100%，以至于后来很多游客知晓民宿就是从过云山居开始的。

五、配套设施

在民宿旅游地的住宿、道路、市政、水电、网络、停车场、卫生、消防、安全监管等基础设施配套直接影响旅游质量，因此，具备完善的基础配套设施是发展民宿旅游的必备条件。民宿的吸引力在于远离城市的喧闹，追求闲适与安逸，但不能割舍对城市便捷的生活需求。因此，要配套齐全的娱乐生活设置，具备基本生活保障及生活需求。在当今的消费环境下，人们更多的是体验消费，在陌生的环境中，能够提供便捷的服务，无疑是加分项。

（一）配套设施布局原则

民宿体量较小，在布局上具备灵活性，既可以在其他建筑功能区伴生，也可以作为独立的个体进行运营，但无论是混居还是独立运营，作为经营主体所需要的水、电、排污、消防等方面的诉求都需要考虑，所在地如果基础配套不全面，就会导致整体的建设运营成本偏高。特别是在风景区内，排污管网设施及水电通路等，都要进行系统的考虑。

（二）全方位加强配套设施建设规划

加强民宿旅游配套设施建设规划，首先，需要由政府有关部门牵头，聘请专业人员制定发展规划和设计建设方案,使村民住房与自然资源、人文资源、农业资源融为一体,发挥资源优势。其次,政府应加强乡村民宿旅游管理,制定民宿旅游服务标准,规范经营资质条件,规范服务质量,引导经营者规范经营。最后,改善经营环境,建立专业保洁队伍,维护环境和保持清洁卫生,杜绝脏乱差现象。同时,政府应提高服务质量,维持经营秩序,促进民宿旅游市场公平竞争。

(三)乡村民宿旅游配套设施建设

在乡村民宿旅游地,只有完善住宿、餐饮、道路、市政、水电、网络、停车场、卫生、消防、安全监管等设施,才能满足游客的消费需求。餐饮、住宿是游客的基本需求,相关设施应该清洁、实用、环境舒适、安全。同时,道路交通要方便游客进出;通信网络要方便游客交流沟通;娱乐设施应完善,满足游客休闲需求。只有基础设施完善,才能满足乡村旅客的需求。

六、物业成本及建设成本

民宿的开发,前期要明确民宿建设的物业成本及建设成本,以便后续更好地把控不断增加的建设投入成本,按照预算计划顺利实施。随着行业发展,客栈与民宿产品作为投资品,其风险也在增加。好的民宿产品,对于消费者及民宿主来说,必须追求性价比。要想民宿的性价比高,必须严控成本。

(一)物业成本

物业成本指的是非自有物业,需要租赁房屋作为经营产品的成本。一般物业成本作为民宿开发建设的一项固定成本支出,占比较大,会随着市场的变化租金呈现逐年递增的趋势,因此需要做提前的考察。

(二)建设成本

建设成本指的是硬件条件建设的部分,也是开办民宿较为重要的内容。建设投入的多少直接决定民宿的居住条件、格调及舒适度等,也是民宿特有情怀的重要载体。建设成本一般包含建筑、装修、软装、景观、配套设施等一切物质空间的元素。其中,建筑和环境的空间设计是重中之重。具体包括以下三大内容。

1. 工程概算

在成本投入当中,确保品质的条件下,应尽量减少硬装的花费,避免过分包装。在突出建筑风格及主题风貌的方向下,建设完成后,可以通过适当的软装提高民宿品质。

2. 建筑施工

施工内容一般会包含民宿主体建筑、景观庭院、配套设施等,其中民宿建筑与庭院空间单体规模小、细节多,建造过程需要设计师、民宿主、施工队三方密切协作,以达到落地建设效果和预期设计完美契合。

3. 软装配饰

民宿的软装可以说是空间的画龙点睛之笔。好的软装可以提升民宿格调,增加居住环

境品位,营造不同的主题空间。恰当的配饰选用能够充分展示民宿的文化内涵和要传达的生活态度。因此,软装配饰是建设成本当中最突显最终效果的步骤,建议请专业的软装设计师做整体产品的搭配,以达到最佳的视觉效果和提升游客美好的居住感受。

究竟想要做什么样的产品,必须有一个成本的预算,这其中前期成本控制非常重要,无经验的民宿开创者,一般都会超出预算,但需要控制在适度范围内。当然,在前期投入之时,要避免因为头脑发热投入过多情怀,导致成本超出过多,使自己陷入进退两难的格局。一般超出10%左右是正常的成本支出,但过多的超支,会为后续的民宿运营带来不小的压力。如果超出5%—8%,民宿会有更新或升级的成本。因此,精准细致的计划是基础,实现美好愿景的物业及建设成本控制是手段,最终达到理想中的效果是每一个民宿开创者的目标。

现实中,以厦门的Oneday民宿为例,这家是从公寓式民宿起家的民宿品牌,因此,其一贯的原则就是尽可能地前期硬装投入要少,软装抓重点突出效果,把钱花在刀刃上,最终呈现的效果佳,投入少。对工程的准确把控下功夫,是广大民宿创业者非常值得学习的借鉴对象。

七、运营模式及运营成本

（一）运营模式

一个成功的民宿,持续良好的运营服务与营销推广必不可少。硬件建设在完成之后,短期内无法做出较大改变,而运营服务与产品营销却有着无限潜力。民宿运营模式包含以下三大方向。

1. 民宿的服务与运营

依照民宿的新型体验类产品的特征,可将其服务划分为日常规范服务（即标准化服务）和个性特色服务。标准化服务能够保障民宿有序运营。民宿的本质是住宿业,作为服务业,建立一套符合民宿标准流程化的服务极为重要,这能为有序运营提供保障。运营方应依照这些标准的建立指导民宿员工的日常工作。对一些相对偏远或是体量较小的民宿来说,普通服务人员往往是附近居民。在缺乏经验的前提下,订立各项标准,做好岗前培训非常关键。同时以个性特色服务为民宿赋予温度。个性化是民宿品牌的核心要素,主要体现在三个方面:一是富有情调的空间场景布置;二是民宿人员的服务品质;三是特色配套服务提供。个性与标准两者之间矛盾的协调是成就民宿的关键性要素。

2. 民宿的营销推广

产品营销的方式和渠道多种多样。得益于互联网时代的发展,民宿的销售方式具有下沉式、在线化特征。在线销售的主要方式有电商平台、社交网络、口碑营销等。

OTA全称"Online Travel Agency",中文译为"在线旅行游社",是旅游电子商务行业的专业词,成熟的旅游电商平台为民宿的推广和预订提供了完善的渠道。目前,成熟的OTA平台包括国内的携程、去哪儿、艺龙、飞猪、美团等,以及国外的TripAdvisor、Priceline等。

社交网络包括微信、社群、微博、豆瓣、贴吧以及各种旅游论坛等。对于体量比较小的民宿,社交网络可以发挥非常大的作用。运营者通过对社交平台的经营和挖掘,能够建立属于自己专有的社群,并扩充专属于民宿的会员体系。客人体验过以后,也可以参与到社交媒体的传播当中,他们对产品的传播力度也更大。

相比于公众号,小程序不用关注,操作便捷,入口更多。小程序是民宿主自己的OTA预订平台,可以将通过民宿专类的小程序,实现预订更专项且便捷,并且支持搜索附近小程序,搜索关键字等,便于引流。目前,较为成熟且知名度较高的小程序有借宿一晚、几何民宿、木鸟民宿、路客精品民宿预订等。

目前,已步入自媒体时代,要善于利用自媒体强大的能量和极高的用户使用率,通过微信、微博、抖音、西瓜视频、火山等途径对民宿进行宣传并提供全新的预订途径。

口碑营销非常重要,无论是线上还是线下,在口碑营销中,忠诚消费者向周边人进行积极的口碑传播都是非常重要的,这种传播也是将潜在消费者转化为最终消费者强有力的工具之一。

3. 民宿的持续发展

民宿的发展分为就地扩展和连锁经营。无论哪种发展形式,适度规模化都能降低整体的经营和管理成本,促进民宿持续良好的发展,但规模化同时也会带来一些其他问题。在用地条件允许的条件下,民宿就地扩展相对容易实现。在良好经营的条件下,民宿连锁会带来更大的品牌价值和收益。

(二) 运营成本

运营成本一般指民宿建成后,在当地是否易于运营,适合的工作人员是否容易获得。当地人工成本的高低、物价的高低、日常变动成本的考量也是非常重要的条件。运营所需证件办理的难易程度,遇到一些政策性的利好或利空消息,这些都有可能对所投资的项目造成颠覆性的影响。

不同的民宿环境下,运营成本也不尽相同,比如乡村民宿及景区内民宿,它们的特点是小型、分散、个性化,因而其经营模式及运营成本组成也是多种多样的,大体可分为五种。

1. 分散型:丽江模式

这是全球通行的普遍经营方式。它依托风情旅游小镇(村)利用自有或租用民宅独立经营,吸引自发到访的游客。

2. 协会型:农家乐模式

这种模式通常在纯乡村旅游点实行,且多见于乡村组织化程度较高的地方,如浙江的农村。运营方式可简单总结为:客房由村民自行管理,协会成立民宿经济服务公司,村民以服务入股,统一管理,开办网站宣传推介,提供技能培训、卫生管理、客房调度等服务。

3. 整体改造,分散经营型:篁岭模式

这种模式是指由一家开发公司独立收购(租用)整个村落,解决民居的使用权问题,对村落与民居进行整体改造、包装,然后重新招商,吸引有经验的经营者作二次租赁。

4. 整体改造,独立经营型:天福阉模式

浙江上虞陈溪乡天福阉村地处海拔近300米的山坳里,民宅都是用当地的石头砌成的一幢幢石屋。2009年,法国人顾西蒙整体租赁村落,起名"Guerouel Village"。他更是把远在法国的妈妈和妹妹接到了陈溪,过上了在法国本土农庄一样的生活,每天就是盖房、种地、喂鸡鸭,顺便也打理和经营这家农庄。

5. 新建型:巴比松模式

巴比松世界民宿村位于浙江桐庐巴比松米勒庄园,是一个独具法国风情的大型度假庄园,从1999年开始建设。民宿村由115栋欧式别墅群组合,将采取租赁经营的方式进行招商,首批推出的39栋现房别墅面向外国投资者。

八、政策风险

乡村民宿具有促进城乡融合发展、产业转型创新、村落文化传承、生态环境优化、农民持续增收、农村治理创新的多维功能。乡村民宿虽然从国家层面得到了政策的支持和鼓励,但具体到地方实践依然面临法律不确定性风险。如很多地方对私有住房作商业用途尚未放开,导致部分乡村民宿"名不正、言不顺",无法取得经营执照,不能开具发票,不能获得消防、卫生、公安、食品安全等方面的许可,风险隐患很多。很多农民的房屋布局分散、建筑质量不高、缺乏消防设施,存在人身、财产、消防等重大风险。同时,民宿主与屋主人之间的纠纷也逐渐增多,如有些地方的屋主人在合同租赁期未满时就将民宿产权收回自己经营的现象时有发生。

可见,政策也是这个行业不可控的一个因素,尤其对于民宿这种新兴的旅游住宿方式。虽然大多政府都扶植民宿产业,会提供相应的政策、资源甚至资金方面的支持,另外也会根据当地特色给予适当引导。但是很多政策法规依旧不甚明朗,不同区域的地方政府对该行业所抱持的态度也不一样。运营所需证件办理的困难程度,遇到一些政策性的利好或利空,甚至都有可能对投资项目造成颠覆性的影响。

因此,基于以上对民宿政策的指引及利好下,未来民宿的开发和建设,首先一定要了解清楚当地政府的规划、土地利用规划、建设条件和村民的因素。必须要和当地的行政单位进行沟通,确保各级行政机构和当地居民的支持。在签订租赁合同时,要确认土地属性和房屋的权属,以避免纠纷。只有充分了解政策及上层规划引导,才能更规范化地开展建设。

九、客源流量

近些年,民宿业态增长强劲,发展迅猛,成为旅游业中夺目的亮点。随着民宿整体的逐渐转型,提质升级,其经营管理模式愈来愈发挥着独特而显著的作用。民宿业态经营管理的模式是根据旅游资源和客源市场来确定的,不同的资源禀赋和地域客源市场,其经营管理的模式也不一样。模式是否科学合理,决定着旅游资源与客源市场的对接度,直接影响着民宿整体的可持续发展。

越来越多的"精品民宿"快速崛起,星级酒店的管理方式加上精致的内部装修,让很多民宿客栈看起来更像是坐落在村里的星级酒店。所谓的情怀，变成了攀比和堆砌，这种模式同样容易复制，甚至已经开始呈现连锁化和标准化的发展态势。不难发现，现在无论是大理、丽江、莫干山还是鼓浪屿的精品客栈，其产品感觉已经逐渐趋同。酷设计、精装修、大浴缸加优质服务，这些好像已经成了精品民宿的标配，这或许是相互学习的代价，但是当人们身处这些精品民宿中时，有些时候很难分得清楚这里是哪里。

一个区域是否能形成客栈民宿的集群，稳定的客流是一个重要的前提。针对不同区域、不同类型的民宿打造环境，依托的客群构成也不尽相同。因此，以下将根据不同人群度假需求，提炼四大圈层客源市场，分析客源的构成及流量的激活。

（一）乡村传统观光游度假市场

传统的观光旅游市场仍是民宿产业发展的重点，农村优美的自然景观和富有乡村野趣的农村生活，对久居城市的人们有着不可抗拒的吸引力，农业观光旅游集田园风光和高科技农业于一体，满足旅游者回归大自然的需求。可以采用农场的形式，引种蔬菜、瓜果、花卉、苗木以及养殖各种动物，使游客可以参观，也可以品尝或购买新鲜的农副产品，这类市场目前处于主导地位。

（二）城市民宿度假旅游市场

利用周末及假期去郊区度假，以放松紧绷的神经，对现代白领阶层具有极大的吸引力。调查显示，有体验民宿去度假需求的城市居民占多数。可以利用乡村良好的自然环境和独特的农耕文化，满足他们贴近自然，体验农业的需求。通过建设一些体验农园，度假农场及旅游度假村，享受乡村生活的恬静与惬意。

（三）都市怀旧度假市场

中国很多城市居民都在乡村生活过，有的甚至在农村从事过劳动。迁居到城市后，面对着日益现代化的生活环境，他们常常回想起农村的朴素田园，并且渴望回到故地生活，重温昔日情景。在我国，这类旅游者的数量非常大，他们对乡村旅游地要求较为随便，喜欢体验地道的农村自然环境。在本次调查中，这类市场占14.8%；另外，由于历史原因，有相当多的已建成农业游览区就是针对当年"上山下乡"的知识青年而开发的。这些事业有成、具备很强消费能力的老知青有旧地重游的愿望。

（四）猎奇需求的农民市场

把目标锁定城市居民市场的开发，而忽视农村客源市场是观光农园经营策略上的通病。事实上，观光农园因其高科技性和展示性对广大的农民来说也具有相当大的吸引力。调查显示，休闲农业旅游者中，农民所占比例较小，说明农民这个市场还具有极大的挖掘潜力。

因此，客群流量如何构建，也要符合时代发展的趋势，旅游服务业数字化运营进程在加速，我们更应该细分民宿客源结构，满足客群需求场景。应用5G时代、数字经济、科技手段，实现民宿运营的数字化升级，形成强有力的IP品牌，构建私域流量，吸纳更多的人群，形成持续有生命力的客源流量。

十、人文资源

客栈民宿除了投资属性,其本身还带有文化属性。作为拥有广袤土地的中华文明,其蕴含着独特又多元的历史与文化。中华文化汇聚了无数乡土聚落的人文民俗,同时乡土聚落也是农耕文明有力的历史见证。

近年来,国内外民宿开发者的文化自觉性有了很大提高,以发展较成熟的日本民宿为例,其后期的民宿功能已经不仅仅是为旅者提供三餐一宿了,更加注重让游客体验当地风土人情、融入在地文化的生活中。当今国内民宿发展趋势亦是如此,越来越多的民宿更加注重地方文化体验,因此良好的人文资源是民宿开发的一个方向点。讲出民宿的故事,这些故事可以是当地的人文历史,可以是民宿主的传奇经历,也可以是民宿的用品,如家具、装饰物,也可以是民宿主对自己民宿的理解,很多生活中的不经意的小喜悦,都是故事的分享。

随着人们生活水平的提高和需求的升级,"粗犷"农家乐类型的产品已然无法满足游客新的乡村体验需求,市场呼唤品质化乡村旅游产品的声音越发强烈。另外,城市化进程的加快,致使城市的生活环境越发脆弱,食品安全、大气污染等一系列关乎生活安全的问题,让久居城市的人们开始向往乡村良好的居住环境。再者,经济的快速发展让城市的生活压力越来越大,身处都市的多数人越发希望逃离都市,回归悠然的田园生活。

(一)乡土民宿人文的表达——挖掘和传承乡村乡土文化

文化是乡村旅游发展的灵魂,乡村的乡土文化是乡村旅游的核心吸引之一,乡村的原生人文环境是乡村旅游的个性特征。当人们感慨乡村的失落时,也更加怀念那些记忆里的乡村。在城市生活久了,更加怀念、羡慕乡村生活。白墙黑瓦,门前一棵大树,屋前磨盘犁耙,屋后一片菜地,养着几只鸡鸭,记忆里的乡村总是这么美好。乡土文化是在乡村的长期共同生活中形成的乡村独有的、相对稳定的文化形态与知识系统,是乡村旅游的灵魂。因此,应注重传承与保护传统的本地乡土文化。为适应市场需求,在挖掘乡村的民间艺术、民风习俗、建筑、服饰、家居、农用设施等传统文化要素的同时,可以通过创意让乡村文化更加丰富和与时俱进。在乡村旅游开发和创客行动两者结合的过程中,要给乡村带来更多的文化增量,通过保护活化传统乡村文化和培育新文化,让乡村民宿和乡村文化变成真正的文化乡村。

(二)都市民宿人文的表达

在大都市发展进程中,城市人在所创造的物质财富和精神财富,对传统文化的表达进行了升级,在长期的发展中培育形成了独具特色的共同思想、价值观念、基本信念、城市精神、行为规范等精神财富。大数据背景下,都市的文化类型丰富多样,包括艺术、科技、教育、生活习俗等多方面,那么如何在文化大潮中将民宿人文体验做到极致、有特色、差异化,是未来很长一段时间需要思考的问题。

不同的客群看到世界形态不同,对文化的认知有所差异,人们体验乡土民宿,都是为了体验当地的民俗、人文、在地特有的文化,体验一种全新的生活方式。因此,区域文化氛围是非常重要的要素,也是一个地方能不能吸引很多有这种共同志趣的人前来投资客栈民宿并形成集群的要素。而所在地的人文民情，是否能让人身在其中而感到愉悦，居住过程中不产生额外的负担，也是一种无形的力量。无论对于客栈民宿投资者，还是消费者，都是一个重要的因素。

第五节　我国民宿的分布

民宿最初只是少数人情怀的载体，但近年来，随着美丽乡村建设的推广和网络共享经济的发展，越来越多的人选择民宿作为出行住宿方式甚至旅游目的地。根据交通、气候、生态环境、自然及人文景观的不同，目前国内民宿主要集中在以下几个区域。

一、长三角江沪浙民宿区

以上海为中心的长三角，是中国经济最活跃、经济体量最大的区块，也是中国城市化水平最高的地区，"逆城市化"的效应也在该区域显现。因此，长三角毗连区的农村现代化程度非常高，这就为客栈民宿的发展提供了很好的基础条件。以莫干山为代表的客栈民宿集群，是国内目前发展较成熟的典型范例。

具体点位如下。

苏南：南京、苏州、无锡、宜兴。

浙江：杭州（西湖周边及后山）、德清（莫干山）；乌镇、西塘；安吉、桐庐、淳安、临安等。

二、浙南闽北山地民宿区

闽浙交界地带，仙霞岭、武夷山、鹫峰山系纵向分布，山岭之间有河川谷地，绿化率达到80%以上，生态环境极佳。区域内有世界自然和文化遗产武夷山、世界自然遗产泰宁丹霞、浙江江郎山、世界地质公园福鼎太姥山等世界级的景区。同时，还有散落于山岭之间的古村落，保留着悠久的历史，不少还与周边环境保持着和谐共处的美好状态。随着高铁及高速路网在本区域的布局完善，从本区域往周边客源地的道路已经成熟，有望成为周边城市度假休闲的长时段目的地。

具体点位如下。

浙南：泰顺、江山市（仙霞岭）、丽水、松阳。

福建：泰宁（古城、大金湖周边丹霞地貌带）、武夷山（下梅村、保护区毗连区村落）、屏南（白水洋周边及古村落）、周宁（古村落）、福安。

三、浙闽粤海岸民宿区

浙江、福建、广东这三省海岸线曲折、绵长，半岛、海湾众多，海岛数量则超过全国的80%。沿线的渔村和其他形态的民居聚落，是发展客栈民宿的上佳处所。该区南北连接着长三角和珠三角两大经济发达的区域，沿着该岸线，配套有动车线路及完善的沿海高速公路

网。同时,本区域县域经济发展水平高,消费能力强,这些都是很多其他区域难以匹比的。

具体点位如下。

浙江:宁波、苍南县、洞头县、南麂列岛、玉环县、象山县、舟山岛。

福建:厦门(鼓浪屿、曾厝垵)、漳浦、泉州、平潭岛、连江黄岐半岛、霞浦东冲半岛、崳山岛、浮鹰岛;福鼎台山列岛。

四、滇西北民宿区

滇西北民宿区位于北纬25°—28°,高原气候,四季如春,空气能见度高,光照足够,夏天气温不高,冬天也不寒冷,一年四季适宜游玩天气相对于全国来说最多。区域内自然景观奇异性和独特性都很高,少数民族文化斑斓多姿,拥有一个世界自然遗产(三江并流)、一个世界文化遗产(丽江古城)、一个世界地质公园(大理苍山)。这个区域,是我国民宿和客栈发展较早、较成熟的区域。

具体点位如下。

大理:景点包括双廊在内的洱海周边区域、大理古城及周边、沙溪、诺邓、巍山古城。

丽江:景点包括大研古城、束河、拉市海、玉龙雪山下白沙镇、泸沽湖区域。

香格里拉:景点包括独克宗古城、松赞林寺周边、纳帕海周边、德钦梅里雪山周边飞来寺。

怒江州:六库、丙中洛。

保山市:腾冲和顺古镇。

此外,澜沧江谷地(如茨中)、怒江谷地(如丙中洛)、金沙江(如虎跳峡)也会点状出现以目的地为中心的民宿客栈。

五、珠三角民宿区

珠三角也是中国经济较早开放的区域,其经济体量巨大,居民消费能力强,城市群人口数量,是中国人口密集的地区。由于交通拥堵、空气污染、生活节奏快,生活其中的居民对于客栈民宿具有强烈的需求,珠三角周边海拔稍高,生态环境宜人的区域成为大众度假休闲的重要选择。

具体点位如下。

深圳:较场尾、观湖角、南澳镇。

其他:清远、肇庆、河源、云浮、韶关。

六、湘黔桂民宿区

湖南、贵州、广西交界处,山水相交,景色绝美,同时这里也是多民族聚合交融,和谐共处之地。区域内有包括桂林山水、崀山丹霞地貌、喀斯特地貌等世界级的景观。

具体点位如下。

湖南:凤凰古城、岳麓山、张家界、武陵源。

贵州：镇远古城、西江千户苗寨、肇兴侗寨。
广西：三江县、龙胜梯田区域、桂林、阳朔漓江一线。

七、京津冀民宿区

北京作为首都，是我国政治、经济、文化地区，天津作为直辖市，是中国重要的海港城市及工业城市。北京、天津，是中国人口较密集的地区，由于交通拥堵、空气污染、生活节奏快，生活其中的居民对于客栈民宿具有强烈的需求，而且具备较强的消费能力和投资实力。

具体点位如下。

北京：昌平区、怀柔区、密云区、延庆区、房山区、平谷区、门头沟区。

天津：蓟州区、滨海新区。

河北：承德、张家口、北戴河。

八、川藏线民宿区

川藏线民宿区覆盖从成都平原经横断山区进入传统藏地的广大区域，大山大河紧邻，地貌变化巨大，藏民族风情多元精彩，同时作为进西藏的重要通道，是中国自驾游较繁忙的一条世界级的景观大道。目前，客栈和民宿主要沿着317、318国道分布，主要集中在几个市镇上，中低端为主，满足接待季节性自驾和骑行游客等。

具体点位如下。

四川甘孜州：塔公、康定、新都桥、理塘、稻城、亚丁、丹巴。

四川阿坝州：九寨沟、松潘、桃坪羌寨、米亚罗。

西藏昌都：昌都、八宿。

西藏林芝：八一、波密、朗县、工布江达、然乌。

拉萨：拉萨。

日喀则：江孜、日喀则。

九、徽文化民宿区

传统徽文化区是由安徽黄山和江西婺源等地组成，其历史文化传承对于皖、赣、浙辐射影响巨大，特别是在建筑文化形态上，徽派建筑文化誉满中国。该区域内自然和文化景观非常丰富，包括西递、宏村世界文化遗产、黄山世界文化与自然遗产、三清山自然文化遗产等，景色独特性和美誉度高。同时，该区域位于经济发达的长三角区域3小时经济圈，区域条件优越。

具体点位如下。

安徽：黄山市域范围内的徽派村落，如黟县的西递、宏村、关麓、南屏及周边的村落，以及黄山景区与齐云山景区周边。

江西：上饶三清山景区周边、婺源的徽派村落。

十、客家文化民宿区

客家民系作为中国重要的民系,依然在区域文化方面发挥着巨大影响力,位于赣南、闽西、粤东的这块区域,是传统客家文化的核心区块。江西、福建、广东三省以赣州、汀州(长汀)、梅州为核心,对客家语言及文化进行传承。这里有大量存留的土楼、围屋、土堡等带防御性功能的建筑和村落。该区块离珠三角及福建沿海经济发达区域近便,高铁和高速网络也覆盖到位。

具体点位如下。

福建:长汀(汀州古城)、永定(高头乡土楼区)、南靖(土楼)、连城(冠豸山,培田古村落)。

江西:龙南县围屋区、会昌县的古村落、石城县的围屋区。

广东:梅县区、大埔县的客家村落。

随着国家交通网络布局的基本实现,交通区位条件不会成为主要问题。生态环境以及自然与文化景观的独特性,才是民宿选址的关键。此外,民宿客栈分布区域,较多在大城市周边3小时经济圈内,以及文化底蕴较为深厚、民俗习惯保护较为完好的地区。这也是市民高频出游的首选,是民宿客栈行业发展的主要方向。

应用实操题

1. 根据民宿考察分析的方法,制作民宿投资估算表,并立足周边环境,完成民宿考察分析表。
2. 结合自己熟悉的地域特征,对拟建民宿进行定位。
3. 分析讨论项目选址中的要领和原则,你认为哪些要领和原则是主要的?
4. 请根据中国旅游资源分布和区域文化特征,有针对性地取一些民宿的名称。
5. 根据所学内容,结合自己的家乡,谈一谈哪些地方适合开办民宿,分析开办民宿的优势和劣势?
6. 加入或者组建一个民宿交流群,进入一个民宿网络或者实地社群。依托这个民宿交流群制作一张民宿名家及名家贡献思维导图。
7. 根据第五节我国民宿分布的区划思维和写作方法,完成自己所在省份的民宿分布梳理。
8. 查阅中华人民共和国旅游行业标准《旅游民宿基本要求与评价》、中国国家标准《乡村民宿服务质量规范国家标准》,在学习过程中,学会使用规范术语。

第二章

民宿设计

学习目标

1. 熟悉民宿设计分类。
2. 掌握民宿设计的规模定位、功能定位、风格定位。
3. 熟悉民宿功能组合及流线分析。
4. 熟知欧式民宿、和风民宿、中国传统民居民宿的风格特征。
5. 熟知南北方民宿建筑风格与设计特征。
6. 熟知民宿室内大厅、前台设计、住宿空间设计、餐饮空间设计、公共休闲娱乐空间设计、民宿室外场地设计。
7. 掌握民宿景观设计概念、民宿景观设计中存在的问题、民宿景观设计的特点、民宿景观营造原则、民宿景观设计的营造。
8. 掌握民宿景观设计策略、了解景观设计材料的应用。
9. 掌握民宿室内装修手法、民宿室内装修手法在公共空间和客房空间的运用。
10. 掌握民宿设计要点。
11. 掌握民宿设计的文化灵魂,熟知民宿设计灵魂如何体现有"情怀"的设计。
12. 掌握民宿设计的调性营造,掌握民宿设计中功能决定成败的关键。
13. 熟悉民宿设计与投资和盈利之间的关系,在现实中能够对民宿的整体设计和投资进行基本正确的决策咨询。

任务点

1. 利用制图软件制作一张全国民宿与景区、机场、车站关系图。
2. 利用制图软件制作城市人口密度资源环境图,并在图中标记适宜开办民宿的布点

3. 设计民宿内部、外部草图。

4. 对一家你所熟悉并且考察过的民宿描摹客户画像，然后根据描摹客户画像分析该民宿的价格定位、营销策略、营销渠道、风格定位、功能定位是否合理。

5. 找出自己熟悉考察过的民宿功能组合及流分析的问题，并对该家民宿功能组合及流线分析重新进行设计。

6. 分析自己熟悉且考察过的这家民宿的风格类型、文脉体现、个性化设计。

7. 设计一家民宿，并对这家民宿筹资进行测算。

知识框架

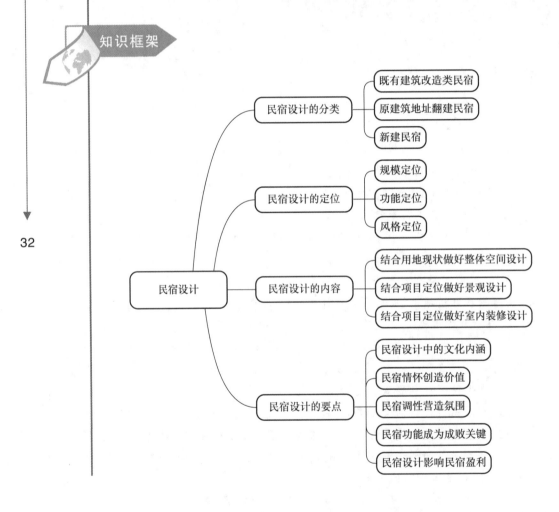

第一节 民宿设计的分类

随着民宿在中国的发展，民宿结合本土的旅游人口基数大及旅游文化特点，在保留原有民居特点的基础上，加以发挥创造，不仅有村民居家做民宿，也有结合城镇化进程中遗留下的民宅、村庄以及村集体建设用房等加以改造做成民宿。另外，有部分房地产开发商、旅游资源富集的地方政府、有民宿情怀的设计师、艺术工作者等也加入民宿的投资经营行列,不仅会利用现有房屋改造民宿,有时也会在资源禀赋较好又有建设条件的地点新建民宿。

根据民宿设计胚体不同,民宿设计可以分为以下几类。

一、既有建筑改造类民宿

(一)以家庭为单位的闲置用房

此类民宿主要是居民自住的住宅,有富余的空闲房屋,规模不大,但稍加改造就能够形成一定的接待能力。改造设计中,主要是针对现有房屋的庭院环境、生活设施、室内装修等做提升改造,以达到自住和对外接待能力,形成家庭接待式民宿。

(二)居民组团式的闲置用房

由于家庭人口结构变化或生活改善后的迁居,会在某些村落形成一定数量的空置房屋。投资者看好周边的旅游资源,往往会组团租赁开发或合作开发民宿项目。组团式民宿改造在改造中既要对房屋的庭院环境、生活设施、室内装修等做提升改造,同时还要根据组团规模对功能及流线做合理安排。

(三)乡村整体搬迁后留下的空心村

随着城市化进程的推进完善,在一些乡村出现整体自然村搬迁,留下整个村子,这些村子自然禀赋较好,可以改造为民宿。这类民宿规模相对较大,改造时应该充分考虑整体的功能、流线、风格。某些地方会改造一些大型功能空间,以及室外活动功能区。

(四)村集体闲置的建设用房

由于历史原因,早期遗留下来的村集体建设房屋一般为公共使用功能的房屋,如供销合作社、加工厂等,面积相对较大,有一定的建设规模,可以用来改造作为民宿使用。

二、原建筑地址翻建民宿

原建筑地址翻建民宿是指由于原有建筑的安全原因或不能达到使用要求,将建筑推倒重建形成的民宿。一般来说,在原有建筑的基础上翻新建设,需要办理规划建设手续。要突破原有建筑规模,会受到上位规划限制,一般在农民宅基地内翻建房屋,基本是在原址上进行建设,建设规模及房屋一般不许突破原址。

三、新建民宿

新建民宿,顾名思义,就是在一块新的建设用地上建设的民宿。新建民宿通常会在旅游线路上、景点周边或景点内进行选址,建筑有一定的规模。由于属于新建民宿,所以有它自身优势;选址一般都选择在地理位置优越、环境条件独特、用地能达到一定规模的地块。同时,在功能设置、功能流线上不受拘束,建筑风格及体量也会根据具体现场环境得到最佳展现。

第二节 民宿设计的定位

一、规模定位

(一) 区位及交通影响规模

民宿的区位选择包含两种情况:一种是处于大中城市周边,另一种是位于著名景区景点附近或必经之路上。区位上靠近大中城市,异样文化体验吸引城市游客,具有较大的旅游开发潜力;临近著名景区景点,并与其形成资源互补、客源共享,可以吸引众多的旅游者。民宿与景区、机场、车站的区位存在关联关系。

如前文所述,区域环境是选址当中的重要因素,消费者群体选择民宿作为住宿的目的地,首先是对其区域环境的认可。区域景观的独特性尤为重要,直接影响先天条件带来的客流量。在评价区域景观的时候,不仅仅要把山水生态景观的品质作为唯一要素,在所针对的市场环境范围内,其景观越是具有稀缺性、唯一性,其价值就越大。

如果民宿选址处在5A级景区、世遗景点或一个有着某种象征意义的地区,对应的客流量会比普通景区大很多。作为一个需要到达目的地才能消费的行业,交通的便利性对于民宿是一个重要因素,距离市场的远近决定了潜在消费群体的数量。随着中国各种交通网络布点的完善,特别是高铁和机场建设的推进,时间距离成为和物理距离同样重要影响消费者的参考项。交通的可达性对定位不同的民宿来说,有不同的要求。民宿较多位于大城市周边3小时经济圈内,文化底蕴较为深厚、民俗习惯保护较为完好。对于定位观光游,景区配套型民宿来说,对便利的公共交通有着较强的要求,公共交通可达核心景观的时长不宜超过30分钟。对于客群定位以城市近郊自驾休闲度假为主的民宿来说,主要指距离城区的远近:一二线城市自驾不宜超过2小时,同样距离临近知名景点不宜超过半小时车程;三四线城市,对自驾时间要求则更短。

(二) 人口、资源环境决定规模

民宿作为一个小小的缩影,与周边大环境有着千丝万缕的联系,而其所处的大环境也为其营造了不可复制的自然与文化氛围。成功的民宿设计应该能够实现与周围环境的充分融合,成为其自然、人文的有机体,成为其生活与生产不可分割的一部分。

周围的环境主要包括自然环境、人文环境、产业环境和基础设施四个部分。

第一,建筑与自然环境协调是建筑规划设计的根本原则,民宿亦不例外。以山地类型民宿建筑为例,要通过因地制宜安排建筑形式和结构体系,独树一帜,实现"与山川为友,与河流为伴,青山绿水相融汇,无限风光在人居"。

第二,人文环境是民宿发展的精神载体,没有文化的民宿是空洞的、没有灵魂的。民宿存在的最大意义在于其是文化涵养的一种外在体现,其所处区域的任何一个文化点都可以放大为一个文化面。文化也是"地方感"的表征之一,民宿作为融入地方的新事物,应强化地方感的引入,让民宿设计本身成为与该地域"地方感"相融合的代表作。

第三,产业环境指民宿周边的主要产业业态、布局等,对构筑民宿本身的主题和设计有一定影响。如本区域是"茶叶之乡","茶叶之乡"是经济发展的重要支柱,在民宿设计时即应充分吸收当地本土特色产业茶叶的特色,成为地域独特性的表象。

第四,基础设施包括供暖、给排水、电力电信等,是民宿规划设计初期重要考虑的因素。

(三)建设规模的政策符合性

国内缺少对民宿新业态规范管理的法律依据,既不能按照旅馆业的标准管理,又不能放任自流。各地在民宿迅猛发展的今天,各自探索着不同的监管机制。《旅游民宿基本要求与评价》(LB/T 065—2019)第1号修改单,明确规范了民宿的规模:利用当地民居等相关闲置资源,经营用客房不超过4层、建筑面积不超过800m^2、单栋建筑不应超过14个客房,主人参与接待,为游客提供体验当地自然、文化与生产生活方式的小型住宿设施。不同区域的地方政府对该行业所抱持的态度也不一样。运营所需证件办理的难易程度,遇到一些政策性的利好或利空,甚至都有可能对投资项目造成颠覆性的影响。

1. 深圳大鹏新区探索民宿和旅馆业分业监管的模式

深圳大鹏新区成立后,民宿每年成倍递增,已由成立前的百余家,发展到近800家,市场供需两旺。新区通过对国内外民宿立法和管理的调研,首先确定从思路上进行创新,探索民宿和旅馆业分业监管的模式,并在2013年10月施行的《中华人民共和国旅游法》中,找到探索分业监管的法律依据。该法规定,城镇和乡村居民利用自有住宅或者其他条件依法从事旅游经营,其管理办法由省、自治区、直辖市制定。

2. 浙江桐庐县推进民宿统一管理机构建设

浙江桐庐县推进民宿统一管理机构建设,指导各民宿示范村成立旅游服务公司、民宿行业协会等民宿统一管理机构,承担自我管理、自我服务职能,逐步建立行业统计制度。在当地乡镇街道、公安派出所的帮助指导下,建立村级治安联防队等群众自治组织,逐步建立和完善在村主要道路、重点区域的治安监控网络,通过人防、物防、技防等措施,防范治安案件发生。县公安、消防、旅游、卫生、市场监管、税务等相关部门从支持民宿产业发展角度,遵循公正公开和整改为主、处罚为辅的原则,加强日常检查指导,引导规模经营民宿单位参照开业基本条件进行提升改造,取得合法经营资格,规范经营。同时,各部门积极开展岗位培训、民宿服务质量等级评定等工作,使乡村民宿释放新的发展动力。

在新型城镇化、逆城市化与信息化的浪潮下,民宿这种新兴服务业态,与既有管理形式形成了某种冲突,其原因耐人寻味。不少地方的民宿业都不得不遵守一些刻板而不合理的规定。业界期待政府尽快完善行业监管机制,促进民宿业进一步发展。

政府应完善相关法律,在土地供应、农宅使用权和经营权等关键产业要求方面做出明确界定;制定相关的准入机制,明确民宿开业基本条件、开办程序等事宜;对民宿的经营主体、服务设施、安全设施、环境卫生等方面做出详细要求。同时,政府也要加大力度,搞好乡村环境整治、民宿及周边的环境治理,加快水、电、通信等基础设施,保证民宿基本需求,全面推进村镇建设,从而促进民宿规范健康可持续发展。

二、功能定位

民宿的功能可以分为宏观视角下的功能和微观视角下的功能。

（一）宏观视角下民宿的功能

宏观视角下民宿除了满足住宿基本功能外,还要满足旅游者的旅游功能,包括旅游中的美学、教育、情操陶冶,以及对诗与远方的追求等。另外,从社会的角度来看,还具有文化展示与传播功能、经济功能、社会文化情怀功能等。

1. 民宿协调整个经济社会城乡发展功能

（1）民宿为乡村旅游赋能:民宿是发展乡村旅游的重要载体,其发展程度直接影响到乡村旅游的经济水平。随着游客闲暇时间和收入水平的增加,乡村民宿旅游已成为人们回归自然、放松身心、体验农村生活的最佳选择。

（2）民宿发展的社会价值:鼓励与尊重、宣扬和保护当地文化,使之带动劳动就业,鼓励外出务工者返乡、外来文化与在地文化进行融合。

（3）民宿发展的经济价值:闲置房屋的利用,是住宿业投资新选择,带动乡村旅游发展。民宿经济发展让农民收入拥有更完整、更稳定、更丰厚的多元结构。民宿旅游让农民自用住宅空闲房间成为旅宿商用,从而增加了农村居民的财产性收入,同时带动当地农产品快速进入市场,让农业收入有较大幅度的增长,而且民宿项目可以提供大量的就业岗位,让农村一部分剩余劳动力有工资性收入。

随着民宿经济这一现代服务业在农村的蓬勃兴起,要素市场开始流向农村。打工者回来了,年轻大学生回来了,创客乡绅回来了,资本回来了,政府的政策、资金、公共产品也更多向农村倾斜,这对改变农村的作用是决定性的,同时也助力乡村振兴。

2. 不同体量民宿的功能差异

民宿体量不同,配套功能区也不同。小体量民宿满足游客日常吃、住、娱即可,民宿主在小体量民宿中扮演着非常重要的角色,其既是老板也是游客的朋友或者是导游,一个合格的民宿主会让游客体验到家的温馨,让人觉得这是一个有温度的地方。而大型民宿集群则依托田园综合体或者文旅小镇而存在,成为旅游综合体,在其区域内业态完整,集餐饮、会议、多功能厅、亲子互动、休闲娱乐等业态于一身。因此,民宿主要学会利用区域配套优势满足游客需要。

3. 民宿对旅游目的地的影响

（1）民宿的一个最大特点在于可以达到良好的集聚效应,从当地实际情况出发,具有直接收入、深化交流、改善当地就业情况等优势,特别是年轻人在本土就业,可以使当地空城化问题得到良好解决,同时也能促进留守儿童、空巢老人等社会问题得到解决。与此同时,外地游客入住民宿、接触民宿、了解民宿,也提供了一个同当地文化交流的契机,值得提倡。总之,民宿旅游是一种有着积极意义的、利于村民参与的重要课题。

(2)民宿旅游的地位与重要性因为其依托背景、经营方式的个性特点,展现出了与标准住宿业态的差异,这些差异共同奠定了民宿的特殊区位经济地位。首先,民宿具有自然化、差异化、定制化的特点,这也是它的重要经营目标,绝大多数民宿都能做到结合当地自然风景及农业资源、民族文化资源,制定合理的符合大众的收费标准,用简单食宿满足顾客需求。其次,民宿所依托的是相对独特的当地自然与人文景观,一般民宿地理位置多为山间乡村,民宿建筑同当地景色相辅相成、融合一体。

(3)民宿经营者整合房间,对其加以利用,也可以加快小城镇建设,推进农村城市化进程,带动市郊第三产业的发展,拓宽郊区农村劳动就业渠道,为农民创造了更多的就业机会,逐步形成劳动就业城乡一体化。民宿还是一种独特的旅游文化,能够同地方特色相协调,让地方文化的特点更加鲜明,带动旅游业的发展,促进经济的发展。

综上,民宿具有文化传播与交流的功能,具有带动经济发展特别是乡村经济社会发展的功能,在文化与经济两方面具有重要性,可以让一些扶持状态、发展可能的经济社会个体实现突破,让非物质文化遗产传承与创新。同时,外来游客也可以同当地景点形成一种更加紧密的互动关系。民宿是促进生态文化体系有机化的良好因子,民宿所承载的文化元素,能够在游客进入的过程中起到文化向导的作用,给游客产生一种深度体验感。

(二)微观视角下民宿的功能

民宿的微观功能在建筑设计范畴内考虑,民宿是为客人提供一定时间住宿和服务的公共建筑或场所,通常由客房部分、公共部分、后勤部分三大功能部分组成。合理地设计各部分的比例及布局,首先要确定民宿的功能定位。

1.功能定位分类

民宿按建造地点、功能定位、经营模式、建筑形态、主题特色、设施标准等方面有多种不同的分类,如表2-1所示。民宿常见类型及特点如表2-2所示。

表2-1 民宿功能分类表

分类依据	类型名称
建造地点	城市民宿、近郊区民宿、风景区民宿、乡村民宿等
功能定位	商务会议民宿、旅游民宿、度假民宿、农家民宿等
经营模式	综合性民宿、连锁民宿、青年旅舍、公寓式民宿等
建筑形态	高层建筑中民宿、多低层民宿、分散式度假村民宿等
主题特色	温泉民宿、主题民宿、精品民宿、时尚民宿等
设施标准	经济型民宿、普通型民宿、豪华型民宿等

表 2-2　民宿常见类型及特点

类型	特征	主要特点	实例
度假型民宿	以接待休闲度假游客为主，为休闲度假游客提供住宿、餐饮、康体与娱乐等各种服务功能的民宿	多建在滨海、临水、山地、温泉等自然风景区附近，布局多以低层分散式布置，与总体环境相协调	乡志太行星空精品民宿、山海恋海边民宿、大理洱海听花堂
乡村民宿	以接待乡村体验游顾客为主，为顾客提供农家体验式服务的民宿	多利用乡村宅基地改扩建形成接待功能	乡志圣水鸣琴精品民宿、丽江墨竹瓦舍
风景区民宿	借助风景区引流属性及景区完善的资源配套，为顾客提供住宿需求	多建于特色小镇型景区内部，为过夜顾客提供住宿服务	苏州太湖小院民宿、久栖·西塘
城市民宿	位于城市区域内，多以商务接待为主，为顾客提供会议休闲等需求	多利用城市中别墅区及酒店式公寓进行改造	路客民宿、云上四季民宿

2. 功能组合及流线分析

民宿不论类型、规模、等级如何，其内部功能均遵循分区明确、联系密切的原则，通常均由客房、公共、后勤三大部分构成。其每一部分由多个功能片区组成，各功能片区又划分为不同的功能区(或用房)，并通过流线的合理组织，构成民宿建筑完整的功能布局和流畅的运营体系，如图 2-1 所示。

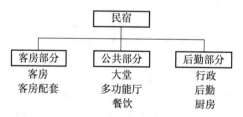

图 2-1　民宿功能构成体系图

民宿内部的功能构成按流线组织可分为宾客区(亦称前台部分)和后勤区(亦称后台部分)。宾客区主要是指为宾客提供直接服务、供其使用和活动的区域，包括民宿大堂、前台接待、休息区域、大堂、餐饮、会议商务、客房等，凡是宾客活动到的区域均可归属为宾客区。后勤区是为宾客区和整个民宿正常工作提供保障的部分，包括办公、后勤、厨房、工程设备等。

根据民宿类型、规模、等级及使用要求的不同，民宿其具体的功能构成及流线也有相应简化或增加，如图 2-2、图 2-3 所示。

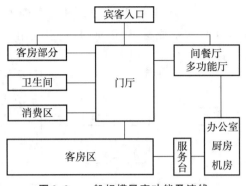

图 2-2 一般规模民宿功能及流线

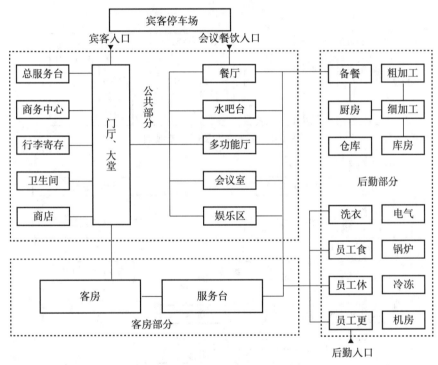

图 2-3 综合性酒店式民宿功能及流线

在民宿设计中,以宾客的活动和需要为主体,应围绕着宾客区的功能和要求来展开各功能区的规划和设计。在区域位置的划分和布局上,优先将宾客活动的功能区域布置在环境位置好、流畅方便的主要位置;后勤区域尽量布置在隐蔽和边角的次要位置上。宾客区和后勤区的关系要能相互关联和衔接,以便于管理和服务。

根据民宿各功能区域的构成,合理组织动向流线是民宿设计的重要内容。民宿各功能构成之间的动向流线主要分为宾客流线、服务流线、物品流线。宾客流线是民宿中的主要流线,包括住宿、用餐、娱乐、会议、商务等流线,同时在宾客出入口处可以分为团队宾客和散客流线。服务流线包括员工内部工作活动流线和为宾客提供服务的流线。员工内部工作活动流线主要包括员工入口、更衣淋浴、用餐、进入工作岗位等,不能与宾客流线交叉;工作服务流线包括客房管理、布草、传菜、送餐、维修等,流线设计要方便连接各个服务区域,简洁明确,如图2-4所示。物品流线主要包括原材料、布草用品、卫生用品等进入民宿的路线、回收物品的路线、废弃物品运出路线,如图2-5所示。

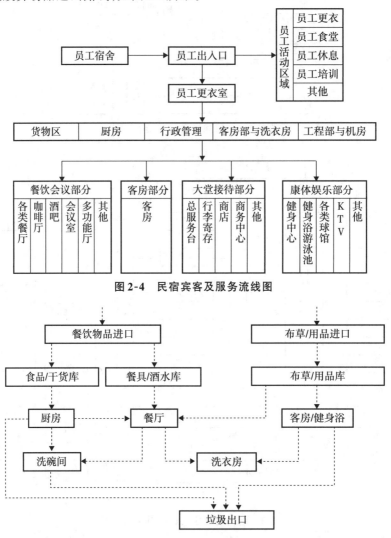

图2-4　民宿宾客及服务流线图

图2-5　民宿物品流线图

民宿各功能部分组合方式分为集中式和分散式两种。

由于城市民宿用地有限,多为集中建筑,各功能部分采用集中式竖向叠加的组合方式,充分利用垂直空间分配功能区域。从各功能区域之间的联系和避免干扰的角度以及宾客流线等因素考虑,城市民宿的功能区域通常竖向划分个功能,如底层为服务、上层为住宿。

地处风景旅游区的度假民宿通常采用分散式庭院组合的方式,由多个设置不同功能的低(多)层建筑通过庭院、连廊等形式连接,形成平面水平展开布置的总体布局。

在规划设计中,要注意尽量集中相同功能的区域,构成一个功能块。民宿中的某空间功能分布图如图2-6所示。

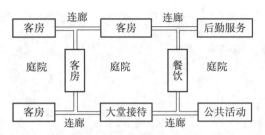

图 2-6　民宿中的某空间功能分布图

上文列举了一般民宿建筑的各种功能空间，借鉴酒店建筑的功能组成，将其分类为公共部分、客房部分及后勤部分，但往往民宿建筑无法和大体量的酒店做对比，那拿什么跟酒店建筑竞争，这就需要某空间的设计。民宿与酒店的最大区别往往在于酒店是独立成服务体系的综合住宿建筑，而民宿大多是与周边服务配套做互补，主要提供休闲及住宿功能。如位于古镇及景区的多数民宿，往往会将餐饮等功能弱化，避免利用率低下的同时大大缩减建设及运营成本，此时某空间往往承担了更为多元化的功能需求，如早餐吧（见图 2-7）、清吧（见图 2-8）及会议区（见图 2-9）等，所以某空间的定位就尤为重要，往往针对其所在区位以及与周边功能业态互补形成多功能区域。

图 2-7　某民宿早餐吧效果图

图 2-8　某民宿清吧实景拍摄图

图 2-9　某民宿会议区实景拍摄图

三、风格定位

建筑风格总体来说分为本土风格和外来风格,本土风格和外来风格也各有庞大的分支体系。对于民宿建筑风格定位而言,应该依据民宿所处位置、环境以及民宿主自身的特质等因素,综合考虑。

民宿建筑风格,应当从中国各地民居中汲取营养,因此要充分了解中国各地主要民居的特征。民居中的特征,主要是指民居在历史实践中反映出本民族地区最具有本质的和代表性的东西,特别是要反映出与各族人民的生活生产方式、习俗、审美观念密切相关的特征。民族的经验,则主要指民居在当时社会条件下如何满足生活生产需要和向自然环境斗争的经验,譬如民居结合利用地形的经验、适应气候的经验、利用当地的材料的经验以及适应环境的经验等,这就是通常所说的因地制宜、因材致用的经验。民居分布在全国各地,由于民族的历史传统、生活习俗、人文条件、审美观念的不同,也由于各地的自然条件和地理环境不同,因而,民居的平面布局、结构方法、造型和细部特征也就不同,呈现出淳朴自然而又独具一格的特色。

特别是在民居中,各族人民常把自己的心愿、信仰和审美观念,把自己所最希望、最喜爱的东西,用现实的或象征的手法,反映到民居的装饰、花纹、色彩和样式等结构中去。如汉族的鹤、鹿、蝙蝠、喜鹊、梅、竹、百合、灵芝、万字纹、回纹等,云南白族的莲花、傣族的大象、孔雀图案等。这样,就导致各地区各民族的民居呈现出丰富多彩和百花争艳的民族特色。

（一）地域建筑风格的分析

中国地域宽广,各地建筑风格迥异,主要代表性建筑风格如下。

以北京、陕西、河南为主的官式建筑风格:如唐、宋、明、清的木制大屋顶建筑;以上海、大连、青岛、哈尔滨为主的外来西式风格建筑。由于历史原因,这些地方汇聚世界各地建筑风格。

以云、贵、川及湘西为主的特色少数民族建筑、山地建筑:云、贵、川是少数民族聚集地,加之地理环境的特殊性，各地的少数民族建筑各具特色，如吊脚楼、钟楼、干栏式建筑等。

以北京四合院为代表的北方院落民居建筑：四合院是北京地区乃至华北地区的传统住宅。其基本特点是按南北轴线对称布置房屋和院落，坐北朝南，大门一般开在东南角，门内建有影壁，外人看不到院内的活动。正房位于中轴线上，侧面为耳房及左右厢房。正房是长辈的起居室，厢房则供晚辈起居用，这种庄重的布局，亦体现了华北人民正统、严谨的传统性格。

以陕西、河南为主的窑洞民居：窑洞是黄土高原的产物，是独特的民居形式，具有浓厚的民俗风情和乡土气息。

以安徽、浙江、江苏、江西为主的徽派民居：徽派民居是中国传统民居建筑中的一个重要流派，无论南方还是北方的中国人，其传统民居的共同特点都是坐北朝南，注重内采光；以木梁承重，以砖、石、土砌护墙；以堂屋为中心，以雕梁画栋和装饰屋顶、檐口见长。内庭院中常见四面向内排水，寓意水聚天心，俗称四水归堂。徽派民居主要分布于古徽州地区（黄山市、绩溪县、婺源县）及泛徽地区（如浙江淳安，江西浮梁）。

广东、四川的碉楼建筑：碉楼的形成与发展是与自然环境与社会环境综合作用的结果。它综合地反映了地域居民的传统文化特色。在中国不同的地方，人们出于战争、防守等不同的目的，其建筑风格、功能、造型略有差异。

以福建、广东等地分布较广的围楼建筑：围楼一般指土围楼。土围楼又称客家土楼，是客家民系的传统居所之一，主要分布于粤东、粤北、东江流域和环处珠江口的深圳、香港等地，其内涵丰富，形式多姿多彩，是珍贵的传统建筑文化遗产。

（二）民宿风格定位的原则

民宿风格应根据选址的位置和所处环境进行综合分析，民宿应该是扎根于本土，融于自然，只有这样的民俗风格，才是有生命力的。

1. 充分了解民宿选址文化

充分了解民俗选址的地域文化，对当地的建筑风格，尤其是当地民居的建筑风格进行调查研究，选取当地有代表性的民居风格作为切入点。

充分了解选址地形，对于选址地形要充分了解研究，是平地、坡地、山地，亦或是临水？是位于街区，还是位于村中？是新建还是改建？要把这些条件充分掌握。

充分了解当地的民俗文化，包括生活习惯、习性及当地习俗，这些都会对民宿设计内容、空间、风格起到关键作用。

2. 综合分析确定风格

通过在对上述选址的位置、地形、当地的风俗习惯等充分了解的基础上，民宿风格定位便逐渐清晰，再结合地形地貌、建设内容、建设规模，做好规划、设计。

3. 民宿风格定位创新

风格定位也不能一成不变，有时会因民宿主或选址的特殊性的原因，做出创新型风格设计，这些风格独立于地域风格之外，给当地民宿带来一股清新之风。但无论如何，建筑应该结合地形，与自然相协调。

世界各国民宿的特点

第三节 民宿设计的内容

一、结合用地现状做好整体空间设计

（一）内部功能空间设计

民宿用地一般包括平原规则用地、山地用地、沿水系用地等，应充分利用现状用地条件。对于一般性的平原规则用地民宿建筑，入口大厅、住宿空间、餐饮空间、庭院公共空间四个功能空间应遵循"因地制宜、彰显特色、合理布局、有序发展"的基本要求进行设计。

1. 入口大厅设计

民宿入口大厅或者前台都是能够给客户第一印象的地方，第一印象往往决定了住客对民宿的观感。因此，入口大厅或者前台的设计一定要做到第一眼就给住客留下深刻的印象。在确定了民宿主题风格之后，入口大厅或者前台就应当将民宿的主题风格发挥到极致，让住客一眼就能看出民宿的整体风格和布局。同时，要保证适宜的空间大小和比例，使住客充分享有交流、活动的空间。

2. 住宿空间设计

住宿是民宿的最基本功能，民宿住宿设计的总体思路是从本土化、地域性的角度出发，在空间上，卧室、浴室和入口大厅的风格要统一，尽量给人纵深感（见图2-10），这样在空间上可以给人宽阔的视觉效果，不会让住客觉得民宿很拥挤。手法上，要提取地域性文化符号作为室内设计的元素。另外，小饰品的利用也要考虑到这一因素，贵精不贵多，不要随意堆砌，要做到艺术性的布置，提升民宿的文化气质。

图2-10 某民宿住宿纵深空间感示例图

3.餐饮空间设计

餐饮空间是民宿的重要组成功能之一,游客对民宿餐饮条件的要求日益增高,已不仅仅是对食物菜品的品质需求,更体现在对就餐环境的要求。餐厅设计一般采用简洁明快的建筑装饰风格,干净整洁,采用积极的色调,营造舒适的就餐空间。大面积开窗与院落空间形成景观交流与渗透,可以为游客提供良好的就餐体验空间(见图2-11)。

图2-11 某民宿餐饮空间设计示例图

4.庭院公共空间设计

"有宅必有院"是中华民族的传统民居的典型特色,院落的存在是民宿与传统酒店最大的区别。庭院作为一个统一体,建筑与景观是其中的组成部分,是庭院的虚实变化的要素。庭院空间是建筑组织的方式之一,同时也满足人们日常生产生活的实用性目的。景观空间作为庭院的主体,一方面是满足人们衣、食、住、行等基本生存需求后的视觉审美要求,另一方面也提供了人与自然和谐共生的场所。当对庭院空间景观进行分析时,建筑要素、植物要素、道路铺装和景观小品将成为重点研究的对象(见图2-12)。

图2-12 某民宿院落设计示例图

(二)外部休闲空间设计

对民宿使用者每天在卧室活动的时间的调研统计显示,住客在卧室停留7—8小时的占

58%,9—10小时的占27%,而7—10小时为人们正常的睡眠休息时间。也就是说,85%的游客在民宿的卧室只有正常的睡眠休息时间,而其他时间多用于外出和在外部休闲空间。因此,外部休闲空间是民宿不可或缺的功能之一。在适宜的天气里,民宿外部空间成为民宿休闲活动的主要场地,当阳光特别强烈或者阴雨天气时,户外休闲活动可以在半室外的休闲空间内展开。人们在开放型空间中的休闲行为主要包括晨练、玩游戏、聚会、学习以及进行社会文化活动等。因此,民宿除建筑单体外,室外空间也是设计重点,如室外餐饮、娱乐活动空间、停车场等。

适当的外部休闲空间规模、合理的功能需求及分区,是室外休闲空间需要考虑的第一步。根据调查及设计经验得出室外休闲空间规模公式:

$$S=10m^2 \times A \times k$$

其中,S 为民宿外部休闲空间总面积,单位为 m^2;A 表示民宿的接待总人数;k 是根据各民宿的不同,形成的调整系数,调整系数范围为 $k \geq 0.8$。

合理的功能分区可以提高休闲空间利用率,同时增加游客活动的多样性。需要做到的是,室外休闲空间的主要功能和辅助功能分开、动态空间与静态空间分开,力求室外休闲空间的合理化、最大化利用。

针对民宿外部休闲空间的现状,以下提出的一些外部休闲空间的设计原则,主要涉及民宿外部休闲空间的规模、大小、形态、空间划分等。

1. 外部休闲空间规模控制

外部休闲空间的面积需要配合接待人数设计,空间太小游客会感到拥挤,空间过大会让空间浪费同时也会缺乏人气。

2. 设计不同大小的户外空间

人们的室外休闲活动是多种多样的,聊天、喝茶、打麻将、煮酒、聚会、观景、沉思、散步等,不管哪一种休闲活动,都需要一个适合的户外空间作为场所,休闲活动才能顺利进行。各种不同的休闲活动所需要的休闲空间是不一样的,如沉思需要一个安静的地方放空自己,聊天需要私密的空间畅所欲言,聚会需要一个可以容纳很多人的空间,而打麻将只需要一个可以坐下四个人的位置就可以了……

民宿的外部休闲空间需要根据这些活动设计一些大小适宜的空间。既有大空间去容纳多人活动,也有小空间去给少数人活动,能够保证这些活动有序进行,互不干扰。不同大小的户外空间需要配合不同的设计。例如,可以根据地形灵活布置,采用集中式的布局:大空间占据主要的空间,小空间围绕大空间,形成有序又有活力的空间体系;也可以采用串联式的布局,即大空间、小空间根据活动路径串联布置,形成一个由动到静的空间序列。

3. 有集中的活动空间

民宿作为接待游客的地方,提供游客的外部休闲空间应当考虑到游客对于外部空间的需求,而集中的活动空间是必须的,是提供游客集中活动的地方,如室外聚餐、广场舞等其他集体活动。集中的活动空间的规模一般要占到总外部休闲空间的40%—60%,需要有一定的领域感,最好能够在建筑的南面,有足够好的光照(参考朝南的户外空间)。

集中活动空间若占据过多的外部休闲空间,会缺乏小的私密性好的休闲空间,让外部休闲空间变得单调乏味;而集中活动空间过小,则不能满足游客集中活动的需求。对于集中活动空间的大小及方位布置,需要考虑民宿的接待能力和地形条件,如坡地条件下,可以采用架空挑台增加集中空间面积的方式。

4. 有围合的户外小空间

户外小空间是相对集中活动空间来说的,可以提供2—4人的休闲活动,具有一定的私密性。一个成功的户外小空间,要有一定的围合感,让人可以安心地待在其中沉思、喝茶、聊天。有围合的户外小空间(这个空间部分围合),它虽然在户外,但酷似一个房间,人们在那儿活动,就像在房间里一样,但是多了阳光、风、户外的气息以及树叶沙沙声和鸟语花香,为休闲空间增加了趣味性。一般以房屋的墙、树丛、柱子、棚架以及天空作为屏障,成为一个具有围合感的户外空间(见图2-13)。它与很多地方有围合,让人感到它像一个房间,可以用柱子把这样的空间围合在屋角,用棚架或活动的帆布将其部分遮盖,用篱笆、能坐的矮墙、屏风以及树篱或房屋外墙在其周围形成多样的"外墙"。

图2-13　有围合的户外小空间设计示例图

5. 设计多层次外部休闲空间

民宿的室外休闲空间在满足游客使用量的需求之外,更多的应该考虑到室外休闲空间使用率的问题。在调研中,发现很多的民宿都存在一个问题,就是在乡村环境中民宿室外休闲空间的面积是足够的,但并不能满足游客的需求,最主要原因就是民宿室外休闲空间太单一。如某民宿室外空间为一个很大的坝子,只是简单地在坝子上放置几套桌椅,游客的休闲活动除了坐在椅子上喝茶就是打麻将,提供的只有单一的活动,导致游客对室外休闲空间的满意度很低。对于这种现状,多层次、多形态的民宿室外休闲空间就显得格外重要。

多形态的外部休闲空间是针对不同的使用功能及使用者进行的空间设计(见图2-14)。例如,江南园林中的亭、台、楼、阁、轩、榭、廊、舫等室外休闲建筑就是针对不同的使用功能来建造设计的。亭,在古代是供路人休息之地,多建在景观好的地方,具有观赏休憩之用;台,指厅堂前的露天平台,即月台;楼,一般为体量较大的层高较高的建筑,多在临水之地建楼,取"凭高远眺,极目无穷"之妙;阁与楼经常是连在一起用的,曰"楼阁",通常四周设隔扇或栏杆、回廊,供远眺、游憩、藏书和供佛之用;轩,多为高而敞的建筑,但体量不大;榭,一般为水边建筑,人们可以在此倚栏赏景,"榭者,藉也。藉景而成者也。或水边,或花畔,制亦随态",一般借景而设,在榭中可以发生长时间的休闲活动,如赏景、品茶、会友等;廊,是建筑物的前面增加一个柱间,廊子的休闲功能则是短时间的,有路过、驻足观赏等活动发生;"舫"是一种模仿船形的建筑,造型独特,内部常常设有茶室、餐厅等设施,供人们休闲、娱乐或观赏水景。江南园林中的亭、台、楼、阁、轩、榭、廊、舫等由多种室外休闲空间形态组合而成,带来的是园林中丰富多彩的休闲活动。

图 2-14 多层次外部休闲空间示例图

6. 有私密性空间

任何一幢建筑或者一处花园住宅、办公楼、入口广场、入户花园,都需要有不同私密度的、有层次的环境(见图 2-15)。在室外休闲空间中,大的公共活动区,如公共停车区、开敞的活动场地等都是公开的,而使用人数较少的亭子、花架下的秋千、户外用餐场地等则属于较私密的部分。当有了这类层次存在时,人们可以根据这层次来选择地点,赋予每种休闲活动不同的意义色彩。反之,如果各种休闲空间交错在一起,以至于没有明确划定的私密性层次,那休闲活动所需要的场地也就没有差别了,这种无私密性、无差别均匀分配的空间,会影响人们休闲活动的体验感。

图 2-15 某民宿私密性空间示例图

对于私密性空间的层次,可以从休闲空间与建筑的距离关系着手,离建筑较远的大空间可以设计成公共空间,开放于所有使用者甚至外面的人;离建筑较近的则可以设计成室外的半私密空间,采用袋形活动场地的形式围合成独立的半私密空间;而建筑与室外空间连接的部分,则可以设计成更加私密的空间,如凹室、阳台、散厅、屋顶花园等半室外的休闲活动场地。这样,形成一个由开放到半私密再到私密的一个空间过渡层次,能够完美地满足使用者更多的使用要求。

7. 有视野开阔的屋顶露台

屋顶露台是民居建筑中广泛存在的特色之一,其景观视野开阔,具有很强的资源优势。在民宿改造中,应充分利用并建立舒适的露台休闲空间。

屋顶露台可以根据需要,营造成各种不同的休闲空间,如屋顶花园、屋顶敞厅、屋顶观景平台等。如果屋顶面积够大,也可以由多种休闲功能空间组合而成。传统民居中屋顶的加建,可以利用半覆盖的屋顶形成开敞的半室外空间,同时保留部分露天平台,形成层次丰富的外部休闲空间。一楼屋顶的露台可以通过室外楼梯连接院落空间,既能扩大外部休闲空间,也能加强外部休闲空间的多样性。

屋顶露台空间可以结合外部空间层次这一模式综合考虑,通过和其他休闲空间的配合,形成具有层次感的外部空间(见图2-16)。

图 2-16　某民宿屋顶露台空间示例图

8. 有舒适的室外餐饮空间

室外餐饮空间在民宿设计中也是很重要的一部分,民宿餐饮在供餐方式确定后,即可根据游客量的预测进行面积估算,并进行合理规划(见图2-17)。为避免流线无谓穿插,室外餐饮一般紧邻室内厨房及餐厅。半室外休闲空间的扩展,既可以为客人出入提供便利,同时也可以向室外延伸视野,增加外部空间的层次感。半室外餐饮空间也可以为大型活动的开展提供餐饮扩展空间。

图 2-17 某民宿娱乐活动空间示例图

9. 有便捷和足够的停车空间

一般民宿停车场设计要注意以下几点：一是距离外部交通道路近，方便停车；二是用铺地和篱笆等分割手段将其与乡村道路区分；三是可以采用生态停车场的设计，为室外休闲环境提供良好的景观；四是考虑增加适量的临时停车场地，形成灵活的停车场地，以适应游客高峰期所需的停车量。

为满足日常停车的基本停车量，通常需要为每4个床位配置1个停车位。一般情况下，乡村民宿不建议配置过多的停车位，当高峰期停车位不足时，可以配合公共停车场地、灵活的停车场地这两种模式进行资源整合利用。

二、结合项目定位做好景观设计

（一）民宿景观的概念

一般来说，民宿景观是指民宿建筑的外部环境，可以从三个方面进行分析：首先是民宿建筑所在地的自然环境，其次是民宿建筑的占地边界和其形成的地形地貌，最后是在建筑范围内的植被、路面的铺装等。

民宿的景观有优美的自然环境，可以唤醒人们心灵深处的乡土情怀，因此，民宿中的景观特点对民宿空间形象的展现有着非常重要的作用，同时也是民宿具有吸引条件的基本内容之一。民宿中的景观体验是民宿空间组成中十分重要的部分，其乡土特色显现出对民宿总体塑造的效果。

（二）民宿景观设计的特点

1. 民宿和传统酒店景观设计的区别

民宿和传统酒店都是为人们提供住宿的场所，其中很多的功能都是相同的，但是在环境景观的设计理念中，民宿有着和传统酒店不同的景观设计特点。传统酒店的景观设计就是对建筑空间合理地进行改造和布局，民宿景观的创建是在改造完成之后的建筑中再次进行设计和布局，其主要的理念就是让旅客感受和体会到本地的特色景观。传统酒店房间中的功能比较多,民宿中除了满足旅客基本的住宿条件,还可以给予旅客视觉上的直观景色,以及肢体上的体验活动,让旅客可以感受到当地人的生活方式和饮食方式等。

2. 民宿和农家乐、家庭旅店的区别

从景观设计的角度来讲,民宿有着和农家乐、家庭旅店不同的特点。比如莫干山的民宿,很多都是当地人自主进行经营,景观的建设也比较简陋。但是在当地也有很多的精品民宿,显现出现代民宿景观设计中的优点。这些民宿中的景观特点都可以显现出民宿的多样性和创意性等一些特征。

3. 民宿景观的主题性

民宿景观与以往乡村旅游景观相比,有着相对的独到之处。民宿景观既可以显现出民宿的主题,又可以展示出民宿的特征,连接民宿空间和乡村环境文化的传承与创新。可以充分运用时间和文化以及空间有关的景观意向,促使民宿的景观形成一种可以互相存在、互相联系以及相辅相成的精神。

(三)民宿景观营造的原则

民宿景观营造,要尊重场所精神和在地性,增加创意、营造意境,注重细节设计和人文关怀。

1. 尊重场所精神和在地性

所谓的场所精神,是这个场地的一个意境,是一种无形的力量存在于我们的环境中,它强调人们的心理、精神需求。场所精神不仅能让人们感受到视觉感受之外的一种意境,同时还能产生一种无限的延伸,让人产生遐想。让人赏心悦目的景色是迷人的,但是景观内的这种"精神"存在,才是景观环境设计的重点,是场所内的灵魂,人们对于注重场所精神建设的环境才更有喜爱之情,对此环境和所包含的文化内涵才能产生共鸣和认可。民宿景观设计的场所精神以空间的移动为前提,营造一个有意义的日常生活的场所,它取决于自然条件、历史文脉和区域定位等主要因素。自然因素和人文因素有机结合形成了风土,成为地域特色的景观要素,为景观设计的场所精神提供了原材料。地域文化可以说是地域特殊的生活方式或生活道理,不同区域的风土文化差异性不同。因此,民宿景观尊重场所精神和在地性可以营造出不同风情、不同文化、不同特色的景观环境。

2. 增加创意、营造意境

园林是自然的一个空间境域,与文学、绘画有相异之处。园林意境寄情于自然物及其综合关系之中,情生于境而又超出由之所激发的境域事物之外,给感受者以余味或遐想余地。当客观的自然境域与人的主观情意相统一、相激发时,才产生园林意境。在意境的变化中,要以最佳状态而又有一定出现频率的情景为意境主题。最佳状态的出现是短暂的,但又是不朽的,即《园冶》中所谓"一鉴能为,千秋不朽"。如杭州的"平湖秋月""断桥残雪",以及扬州的"四桥烟雨"等,只有在特定的季节、时间和特定的气候条件下,才能充分发挥其感染力的最佳状态。民宿景观意境的营造要根据民宿的场所精神确定其主题定位、景观风格,然后根据其主题来"体物",对特定环境与景物所适宜表达的意境进行详细的体察,也就是调查研

究其在地环境,在体物的基础上立意,也就是"意匠经营"的过程,这样意境才有表达的可能。最后通过"比"与"兴"的表现手段,将表达其相关地域文化、人文情怀的诗词歌赋来空间化、物化、园林化,营造一种与人们在地的情绪相一致的景观环境。

3. 注重细节设计

民宿景观的场所精神是"神",依托"神"创造"意",那么景观空间通过细节的营造来呈现出"形"。在整体空间里,仅有硬质景观或水景、花草等还是不够的,因为在这个空间里人们要活动,所以需要把很多的景观小细节处理好。丰富而协调的设计才是一个完整的庭院设计。细节设计直接影响到前面"神"与"意"两个因素,细节设计的好坏会给人们带来对民宿的直接印象,反映出民宿的审美、格调、品位。这些细节主要包括台阶、椅子、水岸护栏或栏杆、花钵、花架、铁艺花式、大门造型或墙上的工艺品、地面特色材质的铺装,甚至一个小小的绿化压边等。民宿景观细节还体现在方方面面的景观元素的运用,如景观环境的色彩表达、场地空间的虚实变化,还有根据人们行为需求、心理需求而设置的功能,如一块石头的选型与摆放,以及一棵具有寓意的树木的选择及其株型、体量的选择、观赏面的朝向,如水景动态与静态的呈现,还有其他景观材料的运用是否与主题、意境相符,这些都是民宿景观设计需要注意的细节。

4. 体现人文关怀

民宿景观设计中的人文关怀是对人的关注和关心,体现在功能上则是环境氛围的营造。环境对人有潜移默化的影响,设计师将思想、感情,还有对于使用者的关注投射到景观中,自然也会对使用者产生不同程度的影响,如可以改变使用者的情绪、心境,甚至是精神、行为。人文关怀精神分为生理人文关怀和心理人文关怀:生理人文关怀指民宿景观设计具体景观元素的尺度、颜色要符合人的基本习惯;心理人文关怀指民宿景观设计对人的心理活动的影响。民宿景观的设计归根到底是为人服务的,主要是为使用者创造一个舒适的景观环境,营造一个满足人们精神需求的意境。

(四) 当前民宿景观设计中存在的问题

1. 大同小异,缺乏特色

在当前民宿的发展过程中,存在着大量类似于农家乐的民宿形态,品质相对较低,高品质的民宿相对来说较少。在民宿建设中,商家过多地追求民宿的商业价值,导致对景观文化设计缺乏深度的挖掘和思考。大部分的民宿景观设计都是对现有比较成熟的民宿景观进行复制抄袭,使得现阶段的民宿景观设计大同小异,不具备当地的地域文化特色,文化的竞争力降低,使得民宿行业的发展受到了一定的限制。

2. 缺乏景观设计的思考

在当前的民宿建设中,更多的重心是放在对民宿建筑的建造和装修上,而对民宿建设所处的整体环境缺乏规划和思考,造成了现阶段民宿建设和所处环境的差异性过大,人工设计的痕迹相对比较明显,建筑和周边环境有点格格不入,导致民宿整体的品质不高。

（五）民宿景观设计的发展和营造

民宿景观的发展和营造，可以有效地为民宿带来活力，使之形成有庭院和家的景观体验。民宿的发展和营造，需要运用探究的模式，探究生活的本质，以人为本，高效地为旅客提供舒适优质的民宿体验和感受。

1. 显现地域文化和乡土的特色

民宿的景观要凸显出当地的人文风情和自然生态环境，形成与当地环境相符的建筑风格，积极打造具有景观的美学和创意概念的民宿产品。应强化具有当地特色的文化和传统的民俗，发扬传统技艺，保持当地淳朴的民风，做到当地人文环境和居住环境的和谐统一。另外，在居住环境建筑的风格上，要体现出文化的地域特征。具体到区域中，就是要对地域文化进行刻画，使其有一定的概念性，总结成为文化的符号和代表。就像室内装修一样，有效地将室内的景观用艺术的理念来进行装饰，让旅客直观地体会到民宿设计模式的和谐性和统一性，高效地打造出属于乡村民宿特色景观的旅游精品。

2. 尊重本源

民宿的景观从生态的角度来讲，构成要素就是斑块和廊道。在创建民宿景观的过程中，不能脱离本质，应遵循乡村中的本源。首先就是民宿的经营比较多样化，其中有乡村精品民宿和主题特色民宿等。不管是什么层次的民宿，对周边环境的要求都是比较高的，旅客到民宿主要就是体验民宿的环境。所以，应当重视民宿原有的生态环境，在创建的过程中，对自然环境的不足进行相应的补充。其次就是保护生物的多样化。民宿景观的发展，其过程中难免会在某种程度上对一些生物的生存环境造成破坏，在此基础上要最大限度上保护当地的生物环境。最后就是民宿景观需要充分地利用乡土资源，高效地实现景观与自然环境的结合，这对民宿的未来发展有着重要的意义。

3. 旧物再次利用

民宿的景观创建，首先要遵循节约的原则，即利用原有的资源，少成本地创建民宿景观。在这一过程中，可以利用原有的建筑物进行改造，将旧物再次利用，使自然环境和民宿有效地进行结合，以带动民宿的发展。在建设中，可以将空间内部进行整合，针对不同的人群打造不同的环境空间。在改造时，还要依照去留恰当的原则，强化民宿建筑的功能以及创新的空间体验。

4. 营造创意的情景

在乡村的民宿发展中，要体现出吸引旅客的特色，使得在此区域的民宿与其他地区的民宿有着不同的特点，有自己的风格，高效地实现可持续化发展。改变风格的过程中，不断地进行变化，避免千篇一律，造成审美疲劳。在这个过程中，需要专业人士在设计中分析和研究未来的变化，做好根基工作。民宿的景观创建，要重视强化创意的部分，完善本土地区的文化元素，运用园林造景的模式，用最普通的材料，经过创意将其进行构建，形成独到的景观和视觉的体验，展现出本土的美。另外，在民宿的景观设计中，需要体现出人文的设计理念，运用自然的材料，来对乡村进行装饰。在设计的过程中，要设计出休息区和室外的阅读区，

创建出意境美和安全感以及庭院的韵味。文化可以说是民宿的灵魂,功能区域是民宿的必要条件,在民宿的创建过程中,材料的选择坚持采用绿色,坚持环保的理念,以便彰显出民宿经营的本质,这对民宿的未来发展有着积极的作用。

(六)民宿景观设计的策略

针对我国民宿的景观设计出现的问题,以下从场地、建筑、植物选择等多个方面提出相应的策略和建议。

1. 场地的选择

民宿的经营理念是既能带给顾客高品质的感官体验,又能给来到异地他乡的游客带来归属感。因此,在进行民宿建筑设计的时候,首先要合理地选择场地的地址。从经营上看,要有助于客流量的增加,在一定程度上节约建造的成本;从设计上看,要结合周边的景观植物,带给游客美好的空间视觉感受。

2. 民宿的建筑

民宿建筑是进行高品质感官体验的重要场所,其建筑所在的地理环境、室内的装修风格以及外立面的形式直接决定了游客的体验感,对民宿经营的口碑也存在一定的影响。就现阶段我国民宿建筑,从建造的方式上进行分析,可以分为新建型和改造型建筑两种形式。一般来说,新建型的建筑风格比较丰富,受到场地的限制比较小,可以有更多的内容进行设计,但是在设计的时候要考虑到建筑的风格是否和周边的环境相协调,避免对周围的景观产生过度的影响。而改造型民宿受到之前建筑的影响比较大,但是自身具备一定的文化价值,尤其是对传统的建筑进行改造,在改造的过程中不仅要起到修缮的作用,还要对其进行相应的保护,将现代的设计元素融入进去,赋予建筑物新的活力。

3. 景观的植物选择

在当前民宿景观植物选择的过程中,受到成本和施工水平等因素的影响,景观的植物选择相对比较随意。一般来说,都是以本土植物为主,植物的季节性考虑不足,在某一个季节可能色彩感相对比较强烈,但在其他季节可能比较弱。植物在搭配上比较单一,层次感较弱,不能给人良好的视觉效果,造成了游客对室外的景观体验有所下降。而在民宿景观的设计过程中,植物相对来说是比较重要也是基础的构成元素,可以对整体的空间起到非常好的过渡作用,并且自身具备一定的观赏价值。所以在进行植物景观布局时,要充分考虑植物和建筑本身之间的空间关系,对植物的种类保留一定的搭配。如在增加特色景观植物的基础上实现户外空间布局的优化,强化游客对空间的感知度,营造良好的视觉效果。

植物景观在民宿中的应用,从空间划分来看,可以分为中庭院落、室内植物、建筑外部环境以及立体绿化。

1)中庭院落

在民宿植物景观的营造中,中庭院落空间占据了主要地位,中庭院落中的植物景观往往体现了民宿整体植物景观的水平。植物景观作为院落中观赏的主体,常常以孤植、对植、丛植、花镜等方式出现在人们眼前。一处成功的植物景观不仅仅是植物的简单组合,而是将植物进行科学合理的搭配,充分考虑造型姿态、色彩、质感以及植物生活生长习性,营造出奇妙的景观。要求植物单体与周围植物合理搭配,满足植物造景的层次要求。民宿院落的植物景观中,多数采用"乔木＋灌木＋花草类"相结合的配置方式,使之景观层次结构丰富多彩。少数民宿由于场地的限制,中庭院落面积较小,简单地布置花草、放置各类盆栽加以点缀,也能给人以丝丝绿意。

2）室内植物

民宿植物景观中,室内植物分布在客厅、茶室、卧室等游客活动较为频繁的场所,一般可分为盆景类、插花类、混合盆栽类。室内景观植物一般个体较小、造型精致、质感细腻、形态优美,具有良好的美学功能。除此之外,室内植物还具有吸收二氧化碳和净化有害物质的功能,可以调节室内温度和湿度,改善室内环境,提高室内的空气质量。民宿中的室内植物多数是以绿色为主,给游客营造出安宁、柔和、舒适的休憩空间氛围,缓解游客的精神疲劳,实现游客精神上的愉悦与享受。

3）建筑外部环境

民宿建筑外部植物景观环境虽不是民宿自身体系的衡量标准,但外部环境时常是游客选择的主要因素。地理位置优越、环境优美是民宿吸引游客的前提。纵观国内外各类民宿,植物景观建筑外部环境大致可以分为依山傍水类、田园风光类、地方特色类。在建筑外部环境的设计中,主要以借景为主,并稍加改造,植物景观的设计主题较为明确,注重整体的协调统一。

4）立体绿化

立体绿化是指运用攀援性植物和其他植物依附于各种构筑物及其他空间结构的一种绿化造景方式。立体绿化凭借着占地面积小、绿化价值大的优势,被民宿行业广泛应用,如墙体、连廊花架,以及阳台、窗台等。

（1）墙体:墙体绿化主要是运用攀援性植物或下垂性植物对建筑物、构筑物进行覆盖,是立体绿化中占地面积较小的一种绿化形式。受民宿中墙体的高度、材质的特殊性因素影响,民宿墙体的绿化形式也较为新颖。

（2）连廊花架:在民宿的景观设计中,休闲娱乐是必不可少的,在民宿庭院内或靠近建筑物的周边,往往会设计一些连廊花架供游人欣赏、休闲、娱乐。连廊花架的植物景观营造常利用藤蔓植物的攀爬特性,再加上绳索、金属结构等工具进行引导,定期进行人工修剪。常见的攀援性植物有紫藤、扶芳藤、凌霄、络石、茑萝等。

（3）阳台、窗台:在立体绿化中,阳台、窗台绿化是装饰难度较大的绿化方式。在民宿中,由于特殊的环境限制,大规模的植物布置较为稀少,主要由两大部分组成:一是种植简单的悬垂式植物,二是容器式盆栽植物。在民宿植物景观中,牵牛花、月季、香雪兰、晚香玉等植物应用较多。

（七）民宿景观材料的应用

在民宿景观空间设计中,材料的选择和运用会直接影响游客对景观空间的体验。因此,合理地运用多样的材质,能够有效地表达其风格特点和主题营造。不同类型的民宿景观选取的材料也有所不同,如工业风民宿景观,要体现其酷酷的感觉,体现其个性,结合其风格特

点选用黑、白、灰色系的铁艺、砖墙、水泥墙等景观材料;田园风民宿景观,要表达温馨、质朴、淡然的感觉,就要选择乡村特质的材料,如石块围墙、石磨、木头家具等。总之,材料的选择与运用要与其主题、风格相结合。

(八)民宿景观夜景照明设计

民宿的夜景照明设计要能捕捉自然景观的表现点,能表达民宿夜晚的"情绪"。民宿夜晚的光是迎接客人的礼物,温暖还是清凉,热烈还是安静,浪漫亦或神秘,都可用光线来表现。如何用光线来迎接其主人,表达这所民宿的夜晚情绪,都在那一束光里。

在民宿的夜间照明设计上,要注意生态美学,注意保护和体现当地的人文特色。当初次设计未做夜景照明时,应在室内外和建筑立面适当位置,如屋顶和玻璃幕墙的内侧预留电源管线,从而为夜景照明的二次设计创造便利条件。

灯光的艺术性也很重要,用一盏灯,美一个院子。光的存在是为了"拥抱"房子,但它所制造的氛围和温暖其实是在拥抱人。对于民宿来说,景观照明设计一定要会营造氛围,注意重点打造,除了要能突出重点,还要整体协调,尽量取消泛光灯的立杆,其他灯具也应隐蔽安装,最好能做到"见光不见灯"。适当的灯光组合艺术造型或绿化组合灯光造景,都能起到画龙点睛的效果,旅客会非常愿意夜晚在这些区域拍照,再适当地把民宿主题文化或标识融入夜景灯光造型中,旅客拍摄和分享的同时将民宿主题或亮点也自然带入,对民宿可以起到非常好的宣传作用。

当然,仅仅是夜景亮化还不够。夜间活动设置也很重要,夜间的消费空间设计、娱乐设施、宵夜美食等都要精心地打造成一个闭环,要做好夜游整体规划,让旅客感受到民宿的夜晚静谧而不寂寞、恬淡而不清冷,既可以让人放松自在,又温暖如家。

三、结合项目定位做好室内装修设计

(一)民宿室内装修手法简介

1. 空间无边界

室内空间的设计,不仅是室内空间范围,应该利用与室内空间直接联系的建筑景观,做到室内、室外空间的连贯性。可以适当地忽略设计的边界,学会运用空间思维诠释全维度,使整个民宿项目的设计语言共通。

2. 建构美学

充分利用建筑条件,使用美学构成,借用建筑语言表达真实情感。把民宿项目所要传达的主观感受传递给游客,突出室内设计空间的主题。

3. 场所与在地性保留地方原有文化及传统

深度了解及挖掘民宿项目原有的场所环境,做到新老结合,保留地方原有文化及传统。

4. 可持续性

了解民宿项目使用的材料,做到因地制宜、旧物回收。多利用自然光,以表达材料的质朴,使游客体会大自然的氛围,尽量抹去"设计的痕迹",传达友善的态度。

5. 对"饰"始终报以怀疑的态度

室内设计对装饰的内容要懂得取舍,过度的装饰会适得其反,设计师需要学会把握空间装饰的"度"。

6. 注重艺术对空间的诠释

注重学会当代艺术与生活美学的结合。结合民宿项目主题,选取配套的软装,突出主题,使其构建空间和谐。

(二)民宿室内装修手法在公共空间和客房空间的运用

1. 以传统建筑元素为基准的室内设计

建筑中拥有大量的美学元素,是我国古典审美艺术文化中的重要组成部分。室内风格形成的根基会在建筑的风格上呈现,反过来讲,建筑风格直接影响着室内风格的发展。建筑风格、室内设计风格,两者之间相辅相成、相互成就才能达到更好的风格呈现。

民宿室内装饰设计对应不同空间所使用的设计手法及功能也各不相同。功能即合目的性、合规律性的功用和效能,功能是设计物满足受众需要的特性,在建筑风格中这是应当考虑的设计条件。

公共空间的使用需要满足登记入住、游客接待、休闲娱乐、特色餐饮等功能。在保留传统建筑原有年代特点的同时,也要满足它本身的功能需求。建筑的美感、空间功能的理解,砖木间诉说着不同的历史故事。木结构的建筑自然、原始、质朴,为保留其本初的美感,设计时,应首先将建筑的木结构修复,或者使其直接裸露,作为室内空间的自然划分和主基调,通过精准、精致、细腻的呈现,结合室内适应时代的软装设计,打造一个高质量的、完美的建筑作品。

2. 以现代建筑元素为基准的室内设计

随着人类的不断创新,时代的不断更新,人们的审美趣味也在不断变化。新时代的人们更加偏向于舒适、放松的环境,室内追求简约、精致。人们越来越追求高品质的生活,越来越重视室内的装饰设计,所以,人们在室内设计的创作上也有了更多的呈现空间,希望创造出一个独特而具有个性的空间,打造出一个符合艺术美感的整体环境。

空间无边界,室内空间的设计,不只是室内设计的环境范围,室内、室外设计手法应讲究空间的连贯性。要充分利用建筑美学创作手法,把民宿项目所要传达的主观感受传递给游客,突出设计空间的主题及空间设计的风格。

1)设计原理

追求极简的表现形式,在美学上注重颜色的简单化,在空间处理上追求轻松自然的氛围。营造设计风格的主题,需要从色彩、空间上都满足这个要求。突出强调的就是设计的功

能性,以最大限度地使所有的设计陈列都以最简单的方式呈现,舍去多余、复杂的东西,从而使得室内、室外宽敞明亮、线条和色彩简单而不缺乏趣味。

2)装饰材料与色彩

装饰材料的选择上,可以根据空间设计的主题来确定,需要与空间设计风格相匹配。在色彩的使用上,需要结合整个空间的设计,巧妙地使用色彩的对比,使得整个空间富有节奏感。另外,在装修材料和色彩的衔接上,材料的颜色与空间的大致颜色要相协调,工艺应精致、利落,突出整个风格的塑造。这样才能设计出既有个性又舒适的室内环境。

3)家具与配饰

在家具的选择上,应突出其功能性,排除多余性装饰,设计线条流畅。简单的家具可以搭配棉质的家居布艺装饰品等。例如,窗帘或灯罩,可以填充其空间感;灯具的选择,应强调其趣味、时尚,满足年轻人的奇思妙想;其他餐桌椅的设计要突出其个性,要有与众不同的设计理念。整体的软装风格都应偏向于简单、自然、大气,表现出其独特的设计内涵,使现代建筑美学理念与室内空间的表现手法完美结合,完整地呈现其建筑室内的设计作品。

3.传统和现代建筑结合的元素为基准的室内设计

在现代室内设计中,常常会用到中国古典建筑元素。现代室内设计水平想要得到有效的提高,对中国古典建筑元素的研究是十分重要的。不同的时期有不同的建筑风格,每栋建筑都会有每个年代的特点。既有传统的建筑形态又有现代的建筑形态,在面对这类室内空间的设计时,要多加注意各个空间的创作手法。

例如,以"时空回廊"作为改造理念的主线,串联起场地现有的清末民初、中华人民共和国成立和改革开放三个不同历史时代的建筑。设计试图还原并且强化在这同一天地中历史时空的碰撞,让每一个不同年龄段、不同文化背景、不同地理区域的人来到这里,都能找到触动内心的属于一个时代的理解。

在大堂的改造设计上,可以更多地在保留现状的基础上加以修缮,让其作为民宿公共区域的同时,也打造为面向城市居民和游客开放的"城市客厅",使其在保持原有的年代特点的同时又有现代感。在内部选择局部空间进行众创空间,或会客或咖啡吧等功能使用,也是使设计中具有反差力的记忆点,让局部的改变完成建筑语言整体的复苏,把原来分裂开来的城市公共活动整合在一起。

对内作为民宿的服务功能,提升居住的配套附加值;对外向城市开放,使其成为城市人群活动、聚会、交友、学习等聚集地。而同样重要的是,应通过公共区域与民宿区域的分区管理,依旧保证民宿区域的私密性与专属性。

民宿客房室内空间设计不再以传统酒店的居住功能为核心,而是真正站在使用者角度,突破使用功能禁锢,营造场景下的居住体验,将使用者行为作为核心出发点。空间作为身心经验的载体,以不同历史年代建筑的体验感受为主题,为每个客房量身定制身心之旅。通过设计,把某一特定行为进行放大,用新的方式来创造人与历史空间的对话。如屋顶的木椽石瓦被打开一方天光,在引入自然光线的同时,营造将使用者带入"星空下"百年历史畅想的居住美感中。建筑的年代美感与室内设计的创新完美地结合,使创作语言更加的灵动,完整地呈现建筑室内设计的审美情趣。

第四节 民宿设计的要点

一、民宿设计中的文化内涵

(一)设计的灵魂是什么

文化成就民宿梦想,民宿归根结底是一种旅游产品,它不是单纯的住宿或者餐饮产品,而是集住宿、餐饮、娱乐、休闲、度假等多功能于一体的小型旅游综合体。作为旅游产品来说,产品核心就是其所承载和表达的文化。而文化的表达也就是设计灵魂。民宿的文化定位需要结合所在区域、所处环境、目标客群、民宿主特质以及当地的自然和人文予以确定。民宿的文化定位确定后,就需要使用多种设计手法予以呈现。

1. 自然山水型

自然山水型民宿的特点是有山有水,自然环境优美,所以其文化定位一般是"青山绿水"的山水文化特质。对于这类民宿,一般是采用山居、水居形式的设计来彰显文化主题,突出融入自然的体验感和特色,使旅客充分感受到自然山水所带来的舒适、恬淡、轻松的氛围(见图2-18、图2-19)。

图2-18 民宿山居示例图

图 2-19　民宿水居示例图

2. 历史人文型

历史人文型民宿往往具备较悠久的历史传承、有著名历史事件发生或名人故里等,而且建筑本身也有较强的特色,如徽派建筑(见图2-20)、苏式建筑(见图2-21)、京派合院(见图2-22)、土楼屯楼等。所以,此类民宿的文化定位即其年代感或地域特色,用传统的建筑符号结合现代建筑的功能,表达文化的同时,又能加强特色体验,这就是该类型民宿的设计灵魂。

图 2-20　徽派建筑风格民宿示例图

图 2-21　苏式建筑风格民宿示例图

图 2-22　京派合院风格民宿示例图

3. 深山幽静型

深山幽静型民宿往往位于高山森林深处,环境幽深、空山静谧,是修身养性的最佳福地。所以,其文化定位可以用静心禅意来表达,通过禅意精舍(见图 2-23)或禅茶古钟(见图 2-24)等来体现设计灵魂。

图 2-23　禅意精舍民宿示例图

图 2-24　民宿禅茶馆示例图

4. 海岸海岛型

海岸海岛型民宿特色鲜明,文化定位即海洋休闲文化。阳光、沙滩、海浪是其鲜明的设计主题,通过沙屋、水屋等设计创意,充分体现海洋的设计灵魂(见图2-25、图2-26、图2-27)。

图2-25　海岸海岛水屋示例图

图2-26　海岸海岛沙屋示例图

图2-27　海岸海岛亲子水屋示例图

5. 传统村落型

传统村落型民宿在国内分布比较广泛,也是目前乡村民宿的主流(见图2-28、图2-29、图2-30)。但是由于传统村落文化多元性和地域性的差异,导致此类民宿的文化定位及设计灵魂的体现是摆在民宿设计师及民宿主面前最大的难题。确定此类民宿的文化定位,要从三个角度进行分析,即乡村的历史文脉、传统乡村建筑特色及景观特色、目标客群。经过仔细梳理,最终方可确定民宿的文化定位,再根据文化定位,运用适合的设计手法予以充分表达。此类民宿的设计不可一概而论,要因地制宜、因势而建,最重要的是符合市场需求,方能在做出特色的同时取得良好的运营成效。

图2-28　民宿设计融入乡村示例图

图2-29　传承特色乡村民宿示例图

图2-30　彰显主题传统村落民宿示例图

(二)设计灵魂如何体现

山要有山的特色,如石墙、岩石的充分利用,这样既可以降低成本,又能有力地凸显民宿的特色(见图2-31)。

图 2-31 山元素民宿景观设计示例图

水要有水的风情,如室外泳池、小桥流水、叠水喷泉等。水景应尽量做得自然生态,而且要有亲水的设施,有条件的话要有一定的流动性,并采取相应的净化措施,这样才能既彰显水的活力,又能保证水质清澈(见图2-32)。

图 2-32 水元素民宿景观设计示例图

传统建筑要符号化,可以在设计细节中予以体现,如汉阙、马头墙、粉墙黛瓦、砖雕石雕(见图2-33)。让旅客享受良好的居住环境的同时,能够感受到文化的冲击,形成"网红"打卡点,让人流连忘返。

(a)

(b)

图 2-33 传统建筑符号化民宿设计示例图

亲子民宿一定要设计儿童娱乐场景，如萌宠互动乐园、滑梯式通道、儿童戏水池（见图2-34）等，因为留住了孩子即留住了客人一家。

图2-34　亲子民宿儿童娱乐场所示例图

二、民宿情怀创造价值

（一）一种"有情怀"的设计

民宿设计有别于一般城市旅馆、酒店，民宿有自身的文化，是对一群特殊的受众者不同的消费情怀的满足，以及不同的精神寄托的满足。

也许你的设计是"守拙归田园"，也许你的设计是"采菊东篱下，悠然见南山"，也许你的设计是"暗夜看流星"，也许你的设计是"观云听雨声"。总之，不同的民宿有着不同的情怀，体现着"食、景、娱、文、养"中的一种或几种主题特色。

1. 体现社会的大众情怀

随着城市化进程和人们工作与生活节奏的加快，生活在钢筋混凝土丛林里的人们，渴望森林的幽静和乡野的空旷；渴望清风徐来，花朵芬芳，无拘无束的生活；渴望有别于自己所熟悉的风土人情和文化特色。作为民宿设计，应分析受众内心深处的期盼和久待释放的情怀。

也许你是一位年轻的创业者，一周工作的劳累后，你想远离城市的喧嚣，和一群年轻朋友享受和城市不一样的派对；也许你是一位小有成就的中年精英，想闲暇之余，带上伴侣和孩子享受田园金色的收获；也许你是一位怀有童年玩趣的暮年老者，想周末放足郊野，寻找幼时抓萤扑蝶的童年记忆。

2. 体现投资者的内心情怀

民宿定什么样的主题，取决于民宿主擅长什么样的领域，有着什么样的情怀。如果你是一位摄影家，你的民宿将装满天下风景，投宿者可以饱览世界风光，聆听每个景点的动人故事，或欣赏你留下每个有趣的瞬间；如果你精通茶道，那么追随茶艺和茶香者将络绎不绝，也许你的一杯茶能让人受益终身；如果你是一位文玩爱好者，你的民宿的每个角落都充满着历史上的传奇故事；如果你精通禅学，你可以一语道醒梦中人；如果你是一位农民大叔，你的瓜果飘香和绿色食品也一样让挑剔的食客为你点赞。民宿承载的是主人的情怀和故事,无论如何,志同者道合、志不同者都能领略和学习一遭。

(二)"老"房子换发新光彩

1. 合理利用老房子资源(房子自身的价值体现)

老房子是有悠久历史且保存相对完好的民宅,利用这样的老房子设计民宿,应该发挥它的文化传承作用,对房屋结构中的雕梁画栋及装饰中的砖雕、窗格、门墩等,都要充分保护和利用,使老房子的历史价值得以体现,使房客能够领略房屋主人过去的亦或富裕、亦或饱读诗书、亦或在商场叱咤风云的历史片段。

2. 四邻环境改造利用与老房子相得益彰

老房子四邻环境的改造,对于老房子的价值提升也起着相当关键的作用。对于老房子周边的砖石铺砌地面、围墙、院门、古树等,应充分加以保护和利用,在改造中尽量锦上添花,绝不可画蛇添足。

3. 贴切的装修提升老房子品位

老房子装修过程中,应尽量原汁原味地体现老房子的历史风貌。在家具配置上,应首选和老房子匹配的有地方特色的旧式家具。在卫生设施方面,可以采用现代中式风格的卫生洁具用品。在地砖、墙砖的选择上,应考虑风格、样式、色彩等的搭配。

(三)"新"房子承载好生活

1. 大空间、自由豪放

新建房屋在设计时不像老房子受限制较多,因此在功能配置、房间大小等方面,可以根据实际需求,合理安排,充分提升房屋品质,提升居住的舒适性。如在客房、接待厅的大小上,可以按星级酒店标准考虑。由于客房空间的加大,相应在家具陈设、空间布局等方面都给整个房屋品质提升提供了保障。

2. 卫生间、洗浴等提升体验感

在住宿类的客房,卫生间空间大小及设施的配备等是体现客房标准的重要部分,新房子设计在为提升民宿体验感中,加大卫生间空间及增设部分泡池、独立浴缸等,可以更好地提升民宿体验感。

3. 增设休闲交流空间

在民宿空间较大的情况下,可以增加会客、书房、酒吧、运动、影视等辅助性功能空间。通过各个功能空间的组合,民宿内部空间会更加灵活、有趣。有条件时,还可以将室内和室外的庭院空间综合考虑,使内外空间相互渗透、联动。

新房子通过以上设计手法的运用,其品质将会大大提高,给房客提供更好的生活体验感。

三、民宿调性营造氛围

(一)何为"调性"

调性(Tonality),一般指调的主音和调式类别的总称。在设计语言中,调性贴近于风格,但不仅仅是风格的表达。风格一般是表象的,而调性则是内在的文化的传递和氛围的营造。

拿民宿项目的设计来说,风格是确定外部形象及内部装修的方式和设计手法,而调性更多的是通过空间的营造、细节的处理、装饰物的选择以及人为的影响所带来更深层次的感官感受。

(二)设计的大局观

调性的营造尤其重视设计的大局观,通过建筑内外空间的设计元素(如风格、材质、色彩等)、构筑物、景观等各方面统一性表达主题,从而营造整体调性氛围。所以,民宿主题的确定就尤为重要。民宿的核心是体验,在当今互联网思维下,最能够形成互联网传播效应的民宿,应该是装载某种生活梦想、具有某方面令人惊艳的设计优势,甚至是某种带有理想主义色彩的类型。

(三)不同空间调性的营造

如前文所述,民宿一般分为公共部分、客房部分及后勤部分等。其中,所有顾客使用到的区域都应考虑其调性的统一,如门厅、大堂(见图 2-35)、餐饮区(见图 2-36)、多功能厅(见图 2-37)、客房区(见图 2-38)等,但在基调整体统一的同时也要考虑到不同功能空间的性格特点,如门厅、大堂要整体开放宽敞,餐饮区具备良好的就餐氛围,多功能厅能满足多样化需求,客房区应考虑舒适宜人。

图 2-35 民宿大堂示例图

图 2-36 民宿餐饮区示例图

(a) (b)

图 2-37 民宿多功能厅示例图

图2-38 民宿客房区示例图

(四)细节决定成败

无论是新开业民宿还是业内知名民宿,在市场竞争日益激烈的背景下,都在尽力将自家民宿的各个方面做好。由于民宿本身不能和大体量的酒店做对比,民宿除了满足客人的基本住宿需求之外,还要想办法进行一些个性化体验设计,留住客人的心(见图2-39、图2-40、图2-41)。

图2-39 民宿颇具格调的休息区

图2-40 民宿手工原木堆砌的主题墙面　　图2-41 民宿独特的住宿体验

（五）学会"投机取巧"

朱光潜说："美术作品价值的高低，就看它能否借极少量的现实界的帮助，创造出极大量的理想世界出来。"优秀的民宿项目通常被比作一幅美术作品，多考虑其实际投资及回报率的要求。一般来说，民宿项目的建设投资不会过高，所以对于调性的营造来说，更为重要的就是如何通过低成本的操作带来高额的成效，比如手工制品（见图2-42）、本土材料（见图2-43）、枯山水景观（见图2-44）、灯光氛围（见图2-45），以及抓住主要展示面营造（见图2-46）等。

图2-42　民宿手工制品

图2-43　民宿本土材料

图2-44　民宿枯山水景观

图2-45　民宿灯光氛围

图2-46　民宿主要展示面营造

四、民宿功能成为成败关键

（一）"玩"什么

民宿的客户不是单纯为了住宿或者餐饮来到民宿消费，最重要的是到民宿"玩"。所以，民宿的场景设计一定要符合其娱乐项目的内容承载。

民宿比较常见的娱乐内容一般分为如下几种。

1. 周边景区或旅游项目

比如，乌镇景区外面的民宿，本身不用再营造特殊的娱乐空间，只要找准自身定位，提供管家式服务即可。西塘水街边上的民宿，只要设计必要的观景平台，摆上一桌一椅，即可营造很好的"玩"的空间。名山大川周边的民宿，也许只要设计出自己的特色，客户来"玩"得就已忘乎所以。紧邻滑雪场、主题公园的民宿，只要营造好舒适的休息环境，就可以坐等客户上门了。所以，这类民宿的设计主要是强调和景区的场景互动、功能互补、文化借鉴。

2. 民宿本身的场景营造

大型城市周边的乡村民宿，民宿周边没有知名景区，就得自身营造娱乐场景。结合民宿的文化定位及客群定位，一般应营造以下场景，并植入必要的娱乐设施及内容（见表2-3）。

表2-3　民宿场景营造设计表

民宿定位	打造场景
亲子家庭	萌宠乐园、农事体验、电子娱乐、DIY体验
禅意小筑	禅茶室、手谈馆
团建、同事聚会	轰趴、KTV、会议室、小酒吧
年轻活力	网红秋千、光影秀、数字科技
浪漫爱情	私人影院、许愿树、私汤泡池
书香画道	藏书馆、书画阁
暗夜星空	观星台、玻璃天窗

（二）怎么"玩"

1. 不同设计场景下的功能体验

根据民宿定位所营造的场景，要通过细节设计赋予其充分的功能，并配合后期运营，营造场景氛围，强调顾客的代入感和体验感，使其真正感受到民宿的特色文化，在深度体验的同时，提升顾客的好感度，提高民宿的复购率。

以下仅举例说明部分场景的营造关键。

1）禅茶室

禅茶室应提供泡茶、品茗、聊天等功能，通过茶台、茶柜、座椅、茶具、书画、香炉、音乐、灯光等设计，营造禅意空间氛围，使顾客能够体验清心禅意、茶香佛韵的意境，使其沉浸其中、流连忘返。

2）萌宠乐园

萌宠乐园的目标客户就是亲子家庭，所以应设置宠物饲养、亲子互动的功能空间，通过草坪、趣味宠物笼、食物投放、互动空间等设计，使儿童充分体验爱心喂食、亲密接触的趣味，并乐在其中。

3）会议室

此场景转为小型团建设置，一般应容纳20—30人开会的规模。通过会议桌、会议椅、大屏幕、投影设备、音响灯光等设计,营造正式、严肃、规范、标准的会议氛围,并提供必要的会务服务,使民宿的功能更加完善。

4) 私汤泡池

雾气升腾的私汤泡池,通过池体、水流、灯光、水雾、音乐的设计,营造浪漫温馨的氛围,可以护肤养颜,洗去人们身上的疲倦。远处青山相接,和友人一边泡汤,一边欣赏自然,是再惬意不过的事情了。

5) 小酒吧

小酒吧是最得年轻人钟爱的民宿场景,是沟通和互动的最佳场所,也是民宿主创收的重要组成部分。所以,应通过吧台、桌椅、墙壁、顶棚、舞台、音响、灯光的专业设计,营造相关主题氛围,并配合后期的营销、酒水、音乐、歌手、舞者等多种运营服务,使顾客乘兴而来、尽兴而归,充分体现消费豪情。

2. 场景设计与后期运营的配合

场景设计是对民宿功能的有力支撑,也是民宿魅力的核心承载。但是只有优秀的设计是远远不够的,还是要通过后期的运营服务来突出场景的功能,烘托场景的氛围。只有通过优秀的管家式服务和互动式营销,才能充分地发挥场景的作用,调动顾客情绪,激发其主动性和参与性,使顾客沉浸其中、流连忘返。

3. 站在客户体验角度优化场景设计

场景设计不是一成不变的,要随着民宿的运营不断升级和改进。比如,萌宠要更新,酒水要创新,音乐要不断迭代升级,温泉也需要不断增加新的功能。这些都需要站在客户体验的角度不断地优化场景设计,在与顾客互动的同时,不断了解客户新的需求,持续超越客户期望,方能让客户"玩"得开心、"玩"得尽兴。

总之,只有通过优化场景设计,不断附加新的功能,才能不断保持民宿的新鲜度和热度,持续创造新的价值。

(三) 再来"玩"

提高民宿的复购率是民宿发展的必要条件,也是民宿品牌彰显的最大价值。可以通过以下措施提高复购率,使顾客再来"玩"。

1. 设计的魅力

1) 独特性

民宿的设计不能照搬照抄,要根据民宿的定位进行原创设计,保持民宿设计的独特性是设计的关键之一。山有山的特色,水有水的风情,树有树的味道,花有花的浪漫。好的设计能使顾客眼前一亮,但是真正的独特设计却是能够打动客户内心的那一抹温情。

2) 互动性

民宿的设计是鲜活的,是能够跟客户产生互动的。民宿跟星级酒店设计最大的区别也就在于,民宿是有温度的,是能够随着场景的变换而变换、随着功能的延展而延展的。就餐区也许就是夜晚的酒吧,露台也许就是观星的课堂,周边的树林可以是自然体验的基地,水边的木栈道可能就是禅修的室外天堂。各项功能的叠加和互动,方是民宿设计的精华,所谓的"小空间大场景,小平台大产业",不外如是。

3) 可识别性

民宿的品牌是民宿生存和发展的基石,而品牌的特色就体现在民宿设计的可识别性之中。品牌的内涵就是民宿承载的文化,而文化的表现则蕴含在民宿设计的可识别性之中。

如果是乡村,就要有乡村的可识别性,也许就是石墙黛瓦;如果是林间,就要有森林的可识别性,也许就是一草一木;如果是海边,就要有大海的可识别性,也许就是海草屋顶;如果是归隐,就要有隐士的可识别性,也许就是门扉上的青灯一盏。

这种可识别性既可以用在品牌的Logo上,也可以印在二销产品上,还可以用在自媒体的推广视频中。随着品牌的知名度逐渐深入人心,这种民宿设计的可识别性也将伴随着民宿的发展愈加彰显它的魅力。

4) 可传播性

民宿的营销是未来民宿运营的重中之重,而民宿的设计魅力是非常有效的助销手段之一。所以,在民宿设计伊始就要考虑民宿设计的可传播性,比如墙体的处理、屋面的材质,甚至室内装饰的布置,都要考虑其是否具备可传播性。如果其无法复制和传播,也许就做成了孤品,对民宿未来的发展,尤其是客户的复购率的提升是有阻碍的。因为民宿的客群本质是游客,游客总有审美疲劳的一天,所以民宿要发展,就必须可传播、可复制,换个场景,客户就可能再来"玩"。这样,民宿才能实现良性发展,避免因为过于注重情怀而夭折在追求情怀的路上。

2. 运营的手段

只靠设计是无法让客户再来"玩"的,应通过后期有效的运营手段,提高复购率。

1) 会员制

通过客户体系的建立和维护,以会员制的方式,形成客户群,然后以不断为会员提供增值服务的方式,培养客户忠诚度,以维系良好的客户关系,再通过社群营销的方式,请"老"客户推荐"新"客户,逐步扩大会员规模,这样民宿才有可能立于不败之地。

2) 认养制

民宿的一草一木、一猫一狗皆可认养,不仅是通过认养方式回笼部分资金,更重要的是通过认养的方式,与客户形成更紧密的联系,与客户更好地进行互动。如欢迎客户再次光临民宿,看望其认养的宠物,以提高客户再来"玩"的概率。

3) 专属感

民宿之于客户要有"家"的氛围,一定要让客户体验到"回家"的感觉。要通过专属用品、专属音乐、专属管家、专属空间等方式,提高客户的专属感。客户有了专属感就会产生自豪感和依赖感,就可能在提高复购率的同时拓展新的客户,实现民宿的价值最大化。

五、民宿设计影响民宿盈利

民宿是否盈利决定着民宿能走多远,而影响盈利的关键要素之一就是建设投资,而决定建设投资的关键环节就是民宿的设计。所以,民宿设计对于民宿盈利的影响至关重要。

(一)设计确定投资

1. 投资控制的重要性

有些民宿主因过于注重情怀,过于追求内心中的民宿梦想,而往往忽略了投资的控制,这就导致前期投资过大,进而影响了民宿的价格,而民宿的定价又是影响民宿入住率及效益的关键因素,所以对民宿投资的控制应该放在民宿建设的首位予以重视。

2. 规模确定投资

建设投资主要是由建设规模决定的,所以确定建设规模是民宿设计的重要前提。如何确定建设规模见本章前文所述。

3. 功能确定投资

确定建设规模之后,应细化民宿的整体功能布局,确定各个功能板块的空间需求,同时应充分研究各功能区的互动性和叠加性,最大化地发挥各功能空间的价值,节省建设空间,降低建设投资。

4. 品质确定投资

在建设规模和功能空间确定之后,需要根据民宿的定位确定民宿的建设品质,不同档次的品质也是决定建设投资的关键因素之一。这就需要不断地进行打磨设计,反复推敲设计方案、结构形式、选材用料及施工单位,确定最优方案,尽量降低成本,实现最佳效果和最大价值。

以下为降低成本的一般性措施。

(1)做好预算,实现全过程造价管理。

(2)选材尽量本地化。

(3)尽量不采用耗费人工的设计手法。

(4)关注能源的利用。

(5)优化市政配套设施设计。

(6)尽量选取乡土树种绿化。

(7)室内装修"轻装修、重装饰",尽量简洁明快。

(8)装修与土建密切配合,以减少返工。

(9)重点关注卫生间和床垫的品质。

(二)投资测算

1. 投资测算的方法

建设投资具体包括工程费用、工程建设其他费用、预备费三个组成部分。

前期建设投资的测算一般采用单位建筑工程投资估算法,以单位建筑工程量投资乘以建筑工程总量计算。当工程完成全部施工图设计后,可按照属地预算定额,编制工程预算,建设期内实行全过程预算管理。

2. 民宿投资测算一般性指标

以国内中高端民宿为例,表2-4中为一般性投资指标。

表2-4　民宿投资概算表

序号	项目	单价(元/平方米)
1	建安工程	2000—2500
2	装修工程	2500—4000
3	景观绿化	400—500
4	软装、家具、电器	500—800
5	市政配套	800—1000
6	设计费等其他费用	200—400

 应用实操题

1. 根据本章所学,设计一家民宿,包括民宿大厅与前台设计、住宿空间设计、餐饮空间设计、庭院公共空间设计、休闲娱乐空间设计、室外场地设计、民宿景观设计、民宿室内装修设计。请使用手绘图或者制图软件进行设计。

2. 根据第一题设计的民宿,结合第一章与本章所学知识,制作筹建这家中高端民宿投资预算表。

第三章

民宿营销推广

学习目标

1. 根据民宿营销的特征,对民宿进行提出营销思路及方法。
2. 对一家民宿进行网络营销。
3. 撰写符合实际的优美民宿营销文案。
4. 能够开发民宿营销案例。

任务点

1. 对某家民宿进行营销和推广考察,分析存在的问题,团队讨论民宿营销和推广提升解决方案。
2. 为熟悉的民宿撰写民宿营销文案,并且反复修改,直至被该民宿所采纳和使用。
3. 对熟悉的民宿的营销和推广进行全面改造,并跟踪营销和推广的效果。

知识框架

```
                            ┌─ 互联网背景下的民宿营销
            ┌─ 民宿发展及网络营销 ─┼─ 民宿网络营销的作用及方式
            │                   └─ 民宿互联网平台营销
            │
            │                   ┌─ 文案撰写法则
民宿营销推广 ─┼─ 民宿营销文案撰写 ─┼─ 让营销成为情怀的翅膀
            │                   └─ 热点标签是营销的助攻项
            │
            │                   ┌─ 项目介绍
            │                   ├─ 发展目标
            │                   ├─ 市场定位
            │                   ├─ 品牌输出
            │                   ├─ 业态概述
            └─ 民宿营销案例解析 ──┼─ 运营计划
                                ├─ 销售运营
                                ├─ 营销推广形式
                                ├─ 导流方案
                                ├─ 文创产品
                                └─ 最终目标
```

第一节　民宿营销思路及方法

关于营销的重要性不言而喻,任何好的产品首先都要有合适的人来购买。对于民宿这样的产品来说,也是一样。这里首先要更正一个观念:营销与情怀无关。不得不承认,很多民宿主在投身民宿行业时,是带着一份纯洁的情怀的,是为了追寻一种美好的感觉。"酒香不怕巷子深"属于过去,"养在深闺人未识"是一个很遗憾的结果。那么,对于民宿来说,有哪些营销特征呢?

一、个性营销活动思路

不同的消费群体对民宿的使用习惯也有很大的差异。以"穷游"为主的年轻一代更注重民宿的性价比,此群体倾向于在以省钱为主要前提下去追求旅行的个性体验,他们对民宿的关注点首先是价格,其次是个性和安全;而享受型消费者更看重住宿体验,对价格并不太敏感,他们关注的是标准或个性化的设施和服务,对高端、定制式民宿有一定的需求。由于经历了酒店千百年来的市场教育,很多人已经习惯了酒店式住宿,而民宿作为新生物,即使以个性体验著称,也必须"入乡随俗",做一些标准化的改变。

二、市场化营销方式

(一)"社区+圈层"营销

经营好的民宿主,他们的民宿客人不是争夺,而是抱有开放的心态去分享。彼此的分享及连接带来更大的价值,这是民宿主在考虑经营民宿时应具备的心态。同时,在民宿地点的选择上,也应注意与周边环境结合起来。选择具有成熟民宿环境的社区,会解决除了客源之外的很多实际问题,比如供水、供电安全等,经营会取得事半功倍的效果。总的来说,就是开放的心态,善于分享与利他,营造产业化的经营氛围。

(二)网红直播营销

借助网红主播的入住过程,远距离体验入住。通过自己信赖的网红对产品的评价,来判断是否想线下体验。同时,观看直播时,对民宿的疑问,也可以最快得到民宿管家的贴心解答,使体验更真实具体,增强品牌印象。观众通过观看直播,对民宿有了大概了解,可以影响并辐射所在团队,比如公司、家庭,并给朋友推荐。

(三)细节营销

通过小细节、小物件来讲明道理和说清楚一件事情,从而传达民宿主的人生价值观以及民宿的个性理念。不同于标准化的布置和服务,民宿将硬件和服务的细节做到极致,每一个细节都能感受民宿主的良苦用心,让住客感受到家的温暖。细节成就完美,在民宿设计中,所有的元素造就了最终完整的作品,无论是室内家居、景观盆栽,还是品牌符号、装饰艺术等,都要做到在细节上取胜。更详细地说,小到一个枕头、一张床垫,大到整体的格局,既是住客最直接、最基本的体验,也一定程度上决定了民宿主题特色,体现出对文化及自然资源的极致表现与利用。

(四)互动营销

人们的消费理念在发生变化,体现在功能式消费—品牌式消费—体验式消费—参与式消费的变化过程中。

民宿的品牌形象传播仅仅依靠自身传播是有限的,必须要带动客人参与,开放传播体系,让客人参与进去,和民宿主一起完成传播。客人由单纯的住宿,到体验客栈民宿生活,再到乐于参与民宿建设、规划、制定、运营等。客人在入住期间有良好的入住体验,就会更加愿意向其他人推荐民宿。在此基础上,再通过一定形式的活动去刺激他们参与,比如在微博、微信发几张图片可以获赠礼物等,就直接可以使民宿达到传播的目的。

（五）情感营销

在新一代消费者的眼里，传统的星级酒店不再是首选，"星级"背后所代表的身份对于他们来说似乎并没有那么重要了，相反，设计美学、品牌背后的故事以及其所宣扬的生活方式才是他们所看重的。在这个情怀营销的时代，简单地谈论情怀已经无法刺激消费者的心理，具有情怀的故事更能够让产品具有独特性，达到更好的传播效果。对于民宿来说，讲故事应当以民宿的感性体验和故事体验为主，突出具有自身特点的细节，创造出富有体验和想象空间的高品质风味格调，吸引观者主动了解和自愿传播。而对于真正有情怀的民宿主来说，民宿的品牌建立不只赢利那么简单，更重要的是让那些日渐"空心"和衰败的村落焕发新的生命。民宿不只是如同一个酒店，而是邀请更多的人去体验当地的生活方式和风土人情。

三、营销推广策略注意事项

一是在项目整体的传播节奏上，错开旅游旺季，按季节性周期制定，其推广活动不与其他旅游项目有冲突。

二是营销拓布上导入文化内涵，加深品牌认知，利用"独特认知"形成对市场氛围的引导，推出品质民宿项目，推广主题词，对宣传项目营销特点和卖点进行提炼。

三是在"互联网+民宿"方面，专业民宿预订平台是主要获客渠道。《2019年度民宿行业发展研究报告》显示，用户了解住宿信息的渠道主要是，搜索引擎/App占多数，另外，还有社交媒体、门户网站、短视频自媒体等。因此，在内容投放上应着重考虑以上渠道。

四是在线下整合营销上，结合线下达人体验、主题活动、圈层活动等，形成持续的推广效应。

总之，在传播渠道上，更应该针对目标人群进行有针对性的、精准范围的推广。要充分考虑目标消费者的生活轨迹，尽可能多地在其轨迹上出现所要推广的民宿的品牌信息，让民宿的品牌形象深入人心。

第二节　民宿发展及网络营销

一、互联网背景下的民宿营销

互联网营销（On-line Marketing或E-marketing）是以国际互联网为基础，利用数字化的信息和网络媒体的交互性来辅助营销目标实现的一种新型市场营销方式，即网络营销就是运用互联网手段达到营销目的的一种营销活动。民宿的互联网平台营销是指在互联网背景下，利用互联网平台对民宿及其产品进行在线营销，实现民宿营销目的的活动。常用的互联网民宿平台有Airbnb（被《时代》周刊誉为"住房中的E-Bay"），以及在线短租平台游天下、蚂蚁短租、小猪短租、途家网、美团榛果、KEYS、番茄来了等。

由于我国民宿发展体系还未成熟,所以在经营中还存在着许多不足之处,如财务管理体系不健全、订单及房源多数仍依赖人工管理、缺乏先进的智能管理设施等,这些不足之处不仅降低了运营效率,还间接地提高了民宿预订的成本。在"互联网+"的时代背景下,如何充分利用互联网的便捷优势,积极转变和不断创新民宿管理方式,从而更好地去应对未来市场风云变幻的新需求,是民宿目前迫切需要解决的问题。

(一)要有管理创新意识

民宿企业在规划发展时,不应只看眼下,而应考虑到长远,单一的营销模式和传统的管理方法会对以后的发展产生阻碍。因此,民宿企业需要不断创新发展模式,学习相应的管理方法,并将其与网络时代背景相结合,从而更好地满足各类群体的需求、更快地适应未来市场的竞争变化。

(二)资源和优势的共享与互补

互联网时代下的各民宿之间不再是简单的竞争关系,而是相关企业在资源和优势上进行共享与互补,实现共同利益的最大化。民宿与民宿之间可以开展战略伙伴关系,开发网上资源共享库,实现线上资源共享、优势互补,积极打造民宿行业的大数据局面。

(三)制定新的营销策略

可以制定新的营销策略,如微信营销,利用微信平台发布企业信息及活动,挖掘潜在客户群;会员营销,在线上短时间推出会员升级或积分兑换升级,不同等级享受不同优惠折扣;开发移动App端,并辅助使用优惠政策,让用户多使用移动端进行民宿预订。另外,还要把握营销的特点:一是热点性,包括事件营销(如情人节"私奔"计划、微电影拍摄、短视频、泛娱乐题材、流行的热点话题导入等);二是特色性,包括整合营销(如特色旅游节、发现之旅、秋收计划、宗教文化节、户外音乐节等);三是年度性,包括推荐营销(如高端论坛、企业家别样年会、推出意见领袖等)。

二、民宿网络营销的作用及方式

互联网时代的民宿线上营销必须符合时代特点,迎合客人的需求。具体而言,民宿的线上营销可以总结为以下几点。

(一)加大网络宣传力度

民宿经营者可以与知名旅行社合作,发布民宿动态或提供旅游地攻略,吸引更多目标消费群体。还可以突破传统新闻媒介,运用微信、微博等网络营销手段,加大宣传力度,提高民宿知名度。

(二)扩展沟通渠道

民宿经营者可以通过网站、微信、微博等方式,利用图片、文字和视频,把客栈的详细信

息及优势发布出去,客户可以按自己的需要选择合适的民宿。另外,也可以利用网络论坛、E-mail、腾讯QQ等在线方式,与客户进行实时沟通,为客户答疑解惑。

（三）建立预订管理平台

个体民宿客栈由于预订信息较多,而且预订信息变更频繁,有时无法得到及时和有效处理。经营者可以利用已有的互联网平台,或自行开发建设具有后台数据库支持的网络预订管理平台,使民宿经营者随时了解房间的空余信息,同时给游客提供24小时查询和预订服务。

（四）组织"民宿联盟"

为规范经营,邻近的若干经营状况良好的民宿可以联合组成类似"民宿联盟"的组织,由专业民宿或酒店经营团队管理。"民宿联盟"可以以统一的界面和服务面向客户,落实订单,再分流到具体的民宿。这种模式,可以给客户提供专业化的服务,并逐步淘汰违规经营的部分民宿或促使其整改。

在互联网时代,民宿经营者必须改变传统的营销模式,采用多元化营销方式。传统的民宿企业想要在以后的市场中立于不败之地,那么利用先进的信息技术支持民宿企业运营是必不可少的,实现智能化、数字化的管理方式是民宿企业在未来发展的趋势。"互联网＋"的营销方式,有效地对资源进行了整合;多渠道的品牌推广方式,可以快速挖掘更多的潜在客户,为企业长久的生存奠定坚实的基础,推动我国整个民宿行业的快速发展,并使其迈向更高的台阶。

（五）关注个人朋友圈(微信企业号)

民宿区别于一般的度假酒店的一个显著特点就是它有独特的主人文化。而在互联网时代,了解一个人的第一名片就是一个人的微信朋友圈。所以,民宿经营者需要重视这一块,在微信朋友圈恰如其分地分享自己的民宿独特的设计与品位和与众不同的故事。还可以与客人做朋友,微信朋友圈除了广告,还可以有故事和情怀的分享。这样,既节省了广告费,还结交了更多朋友,何乐而不为呢?

（六）自建自媒体

移动互联网时代下,已经没有人敢小瞧自媒体的力量了。

优秀的民宿都有自己运营的自媒体公众号,店里的一些特色、美景、新的活动和玩法,以及最新的优惠信息等都在上面发布,也会举办很多线上活动来吸引粉丝互动。

如何运营自己的自媒体呢?多看、多写、多琢磨。多看,是指多看一些优秀的自媒体,包括同类的自媒体,了解这些自媒体是如何处理内容与读者的联系的;多写,很好理解,"站在岸上学不会游泳",许多网络达人看似一夜爆红,但其实他们在自媒体这条路上的积累已经有好几年,其成功并非偶然,里面有着必然因素;多琢磨,就是不断地反馈、总结,对每个小的细节都不放过,慢慢"磨",将产品不断完善。

(七) 优质平台曝光

每一个看过短视频的普通人,很难不被其高质量所征服。比如抖音,这也使它成为"生活|潮流|文艺"这个领域里面的"大V",阅读量和转化率都很高。所以,如果能有机会在这样的平台曝光,可能会在瞬间获得极大的关注量。

难点在于如何在价钱、平台的需求、自己的需求三者之间找到平衡。首先,可以多关注一些优质的平台,了解其传播内容和形式是不是适合自己的民宿,其受众都有怎样的特点,是不是自己的目标群体,逐渐积累自己的自媒体储备库;其次,找准自己的定位,究竟适合以怎样的方式进行曝光和宣传;最后,在自己的自媒体库中与最合适的那个合作。

(八) 营销生活化

当我们在经营一个产品的时候,其实并不一定要"挑选"一个时间或者机会去营销。很多时候,营销其实就在民宿经营者和员工的一言一行中。

比如,有的民宿经营者去参加民宿培训班或者民宿论坛,本来抱着学习、交流的心态去的,结果在过程中不知不觉就提到了自己的店,自己都没意识到这是营销,但是结果就是起到了营销的效果,而且效果很好。

同样的,员工无意间把店里的某个小特色发到微信朋友圈,结果吸引了一些潜在客户的注意(几乎每个人微信朋友圈都有很多没聊过天的人)。可能发微信朋友圈的人只是把它当作一条普通的朋友圈动态,但是也达到了营销的效果。

要想做到这样"无心插柳柳成荫",最根本的还是民宿经营者和员工对这家店足够熟悉、足够热爱,没人觉得宣传自家的店是在加班工作,而是觉得这是一种美好的分享。

三、民宿互联网平台营销

OTA(Online Travel Agent)是指在线旅行社,为旅游与住宿业电子商务行业的专业词语。旅游消费者通过网络向旅游服务提供商预订旅游产品或服务,并通过网上支付或者线下付费,即各旅游主体可以通过网络进行产品营销或产品销售。现阶段,以"互联网+"平台的方式切入中国民宿市场的主要有以下几类。

(一) 传统OTA预订平台

传统OTA预订平台主要分为三个阵营,即携程系、美团系、飞猪系,包括携程网、去哪儿网、同程网、村游网、驴妈妈旅游网、乐途旅游网、欣欣旅游网、芒果网、艺龙网、搜旅网、途牛旅游网和易游天下、快乐e行旅行网、驼羊旅游网等。OTA的出现,将原来传统的旅行社销售模式放到网络平台上,更广泛地传递了线路信息,互动式的交流更方便了客人的咨询和订购。

优势:网络平台的用户自然访问量大,民宿的散客主要来源于线上,从某种程度上降低了民宿的营销成本。

劣势:民宿的价格与流量也会被绑架,加上有优势的平台制订了一些强势的排他性协议,使民宿无法与其他平台合作。

1. OTA平台介绍

OTA平台介绍如表3-1所示。

表3-1　OTA平台介绍

OTA平台	介绍	特点
小猪短租	2012年正式上线的短租预订平台,模式与Airbnb类似,因前期广告打得较多,拥有较多的国内用户。在2017年获得了新一批融资,目前有在一些民宿类综艺节目投放电视广告(比如《三个院子》),2018年有更多的市场动作	专注民宿、短租,知名度大,用户黏性大
途家	国内的老牌短租预订平台,收购了携程公寓渠道、去哪儿公寓渠道、蚂蚁短租、大鱼,分销能力强大,耕耘城市多年,知名度较高。在公寓方面有很强的渠道优势及用户基础	流量入口多,国内受众多,品牌知名度大
榛果民宿	2017年开始投放市场的美团旗下短租预订平台,除自身App外,拥有美团开放的多个流量入口。目前在快速扩张中,App及后台功能都在不断优化与完善,在背靠美团的情况下,2018年有很多的动作和变化	背靠美团,活动促销力度大,营销创新能力强,年轻用户增长惊人
Airbnb	中文名爱彼迎,是一家全球民宿短租预订平台,在全球多数国家都开展了业务,拥有很好的国外用户基础,目前在我国发展迅猛,吸引了大量的忠实用户。2018年在我国会有更多的市场动作,已开始组织各地的线下民宿主交流会	用户基数大,知名度大,算法推荐做得好,有旅游基金机制

2. OTA平台的客群特点

OTA平台客群特点如表3-2所示。

表3-2　OTA平台客群特点

OTA平台	客群特点
Airbnb	外国友人、海归、民宿爱好者
途家	民宿爱好者、价格敏感型
小猪短租	国内民宿爱好者,爱咨询
榛果民宿	民宿爱好者、价格敏感型

3. OTA平台的佣金收费方式

OTA平台的佣金收费方式如表3-3所示。

表3-3　OTA平台的佣金收费方式

OTA平台	佣金收费方式
Airbnb	为底价模式(指后台录入价格),清洁费单独列示,佣金为总费用(底价+清洁费)的10%

续表

OTA平台	佣金收费方式
途家	为卖价模式,清洁费不单独列示,佣金在10%—15%(根据自身民宿情况可商谈)
小猪短租	为卖价模式,清洁费不单独列示,佣金为10%
榛果民宿	为卖价模式,清洁费不单独列示,向房东端收取10%的佣金

4. OTA平台上线所需资料

OTA平台上线所需资料如表3-4所示。

表3-4　OTA平台上线所需资料

OTA平台	上线所需资料
携程	①注册手机号码;②邮箱地址;③酒店名称及地址;④酒店简介;⑤营业执照照片;⑥负责人信息及联系方式;⑦财务负责人信息及联系方式;⑧收款账号信息;⑨法定代表人手持身份证正反面照片;⑩法定代表人身份证正反面照片;⑪酒店外观照片;⑫大堂设施照片;⑬收款银行卡照片;⑭所有房型名称价格及照片
美团	①注册手机号码;②邮箱地址;③酒店名称及地址;④酒店简介;⑤营业执照照片;⑥负责人信息及联系方式;⑦财务负责人信息及联系方式;⑧收款账号信息;⑨法定代表人手持身份证正反面照片;⑩法定代表人身份证正反面照片;⑪酒店外观照片;⑫大堂设施照片;⑬收款银行卡照片;⑭所有房型名称价格及照片
飞猪	①酒店基本信息;②房型信息;③酒店受邀人信息(非常重要,接收账号密码的);④收款信息:仅接受对公银行、对公支付宝、个人支付宝(3选1);⑤酒店简介;⑥营业执照和法人身份证正反面照片;⑦门头照(带有酒店名字的牌子)、外观照、前台照、房间照、卫生间照,至少5张;⑧若酒店地址和营业执照地址不一致,请提供酒店地址的租赁合同
Airbnb	①注册手机号码;②邮箱地址;③酒店名称及地址;④酒店简介;⑤收款账号信息;⑥收款银行卡照片;⑦负责人信息及联系方式;⑧房东身份验证;⑨营业执照照片;⑩所有房型名称价格及照片
小猪民宿	①注册手机号码;②邮箱地址;③酒店简介;④收款账号信息;⑤收款银行卡照片;⑥负责人信息及联系方式;⑦营业执照照片;⑧所有房型名称价格及照片
途家	①注册手机号码;②邮箱地址;③酒店简介;④收款账号信息;⑤收款银行卡照片;⑥负责人信息及联系方式;⑦营业执照照片;⑧所有房型名称价格及照片(卫生间、厨房、沙发、外景)
Expedia	①住宿类型(酒店/民宿/公寓);②房间数量;③负责人信息及联系方式;④邮箱地址;⑤酒店名称及地址;⑥所有房型名称价格及照片;⑦施设及服务;⑧取消政策;⑨付款方式
Agoda	①住宿类型(酒店/民宿/公寓);②房间数量;③负责人信息及联系方式;④邮箱地址;⑤酒店名称及地址;⑥所有房型名称价格及照片;⑦施设及服务;⑧取消政策;⑨付款方式
Booking	①邮箱地址;②注册手机号码;③酒店名称及地址;④负责人信息及联系方式;⑤所有房型名称价格及照片;⑥施设及服务;⑦取消政策;⑧付款方式

（二）线上App端营销平台

目前，新的民宿平台是在深度剖析了以上几类平台的优劣后，在码链技术的基础上，开发出为民宿数字化管理和运营降本增效的互联网平台，其使命是"围绕会员需求，提供全方位服务，助推会员做精做美"。

1.核心特色

（1）多业态、多场景支持，包括：精品度假民宿，一个系统解决住宿、餐饮、娱乐等多个场景的下单需求；精品酒店、客栈，客户不仅能在线预订房间，还能线上购买当地特产；集团品牌系列民宿，客户根据需求选择适合自己入住的分店。

（2）全业务场景支持，包括：日历订房、娱乐服务、票务周边、特产直销；民宿增值业务场景全面支持，增强客户黏性。

（3）轻松管理预订平台，包括：1分钟上手，3分钟开店完成；直观的操作界面，所见即所得；手机、电脑数据同步；移动化管理，随时随地，尽在掌握之中。

（4）专业团建活动对接平台，包括：企业团建、年会、高管度假；金融理财客户答谢；亲子活动；所有团体活动需求一键发布；服务质量、增值服务整合能力、历史接待业绩性价比；宿宿网大数据推荐平台，精确为民宿对接合适的团建客户资源。

2.核心功能

（1）一键开店。

（2）移动房态管理。

（3）核心业务系统。

① 团体活动在线预订平台：提供企业团建、年会、高管度假、金融理财客户答谢、亲子活动等全方位活动发布；团体客房、会议场地、活动资源在线预订；提供民宿活动服务经历与质量的搜索和资讯，一对一专业顾问全程免费对接服务，5秒钟提交需求，30分钟获方案。平台保障，安全省心。

② 民宿转让：提供经营权转让、托管经营、在线拍卖信息发布；在线预约看房；提供经过平台认证核实的民宿信息的搜索和资讯，一对一专业顾问全程对接服务。

③ 房源在线预订：提供民宿客房在线预订。

（4）民宿新媒体在线搜索与展示，包括：支持列表、详情等多种显示方式；支持区域位置、关键字、热门景区、地图定位多种搜索方式；标签模式，民宿特点一目了然；印象美文、全景视频、试睡体验，新时代民宿营销包装形式一键显示。

3.核心功能升级版

（1）码链分销管理系统：将码链技术专业用于民宿分销管理，让员工与客户轻松成为民宿的推广大使，并准确记录每个推广大使的效果与业绩；支持发布房源、特产、团购活动等多种分销内容；可以为个人、企业、渠道定制渠道二维码；自动统计渠道推广的效果。

（2）特产商城：是民宿自己生产或售卖当地特色产品的平台，包括干果、茶叶、糕点、海鲜等地方性特色产品在线直销。

（3）康体票务预订：提供游泳池、健身、美容一键预订娱乐服务；开通景点门票、旅游线路，打通商家、客户之间的不同需求。

（三）城市公寓民宿平台

所谓城市公寓民宿平台，主要是指这些平台的房源来自城市，以短租的方式提供服务。典型代表有Airbnb、途家、小猪短租等。当然，这种划分只是为说明现在市场上的一些特征，随着平台经营方针的调整，也在发生实际的变化。

优势：从商业模式来看，这些平台可以与屋主人直接互动，提供个性化房源与服务。

劣势：从服务民宿的角度分析，这些平台的经营思路是主做城市公寓，并不直接服务在广大农村的民宿。

（四）酒店自媒体

自媒体是指私人化、平民化、普泛化、自主化的传播者，以现代化、电子化的手段，向不特定的大多数或者特定的单个人传递规范性及非规范性信息的新媒体的总称。自媒体具有易操作、交互强、传播快等特点，平台包括博客、微博、微信、百度官方贴吧、论坛/BBS等网络社区。如今，自媒体营销越来越受到酒店业的青睐，自媒体不是单一形式，而是众多具有自主意识，以"我"为特征的交流平台的集合。

优势：这些自媒体提供真实入住体验，精准客户多。

劣势：无法持续导流。

（五）PMS信息化平台

PMS，即Property Management System的缩写，意思为物业管理系统，酒店PMS系统是一个以计算机为工具，对酒店信息管理和处理的人机综合系统。中央预订系统CRS（Central Reservation System）主要是指酒店集团所采用的，由集团成员共用的预订网络，它使酒店集团利用中央资料库管理旗下酒店的房源、房价、促销等信息，并通过同其他各旅游分销系统，如GDS（全球分销系统）、IDS（互联网分销商）与PDS（酒店官方网站预订引擎）连接，使成员酒店能在全球范围实现即时预订。

在酒店业，CRS中央预订系统和PMS酒店物业管理系统始终是管理层所关注的核心业务系统，通过CRS和PMS，能给客户提供高效快捷的酒店服务体验，提高酒店核心竞争力和管理水平，代表企业有番茄来了、云掌柜等信息化平台，通过移动互联网，帮助客栈、酒店、民宿进行房态管理、订单管理，提升旅行业态整体信息化水平。

优势：这些平台通常是免费使用，比较容易操作，移动端操作灵活，协助民宿做房态管理。

劣势：平台彼此不兼容，往往未给民宿主减少人力投入，同时，平台通常没有营销功能，不能解决民宿核心痛点。

因此，这些平台不适应民宿多业态、多档次发展需求。实际上，高端民宿往往有自己定制的类似系统。

(六)民宿金融平台

所谓民宿金融平台,是指为民宿投融资服务的平台,目前处在萌发阶段,比较典型的代表有多彩投等平台。

优势:这些平台通过互联网金融的模式,为民宿主提供快速配资服务。

劣势:从目前规模来看,民宿投融资还属于低频业务,民宿主与资本提供方的黏性与拓展都不够。

第三节 民宿营销文案撰写

民宿的营销更应该是一种分享,是对民宿主人生活的一种展播。在移动互联网时代,每个个体都可以是媒体。如果能把自媒体经营好,民宿品牌就会跟着个人品牌成长。哪怕是公众号,也是一样的道理,民宿的营销传播关键不是"告诉人家我这里有民宿",而是要"告诉人家我这里有怎样的民宿",即民宿在营造一种什么样的生活状态。跳出酒店的圈层看民宿,能给民宿注入更多的生命力。民宿不能单独看成住宿的酒店,而应该与周边环境融为一体,保留当地特色生活。民宿的营销要把"民宿+人+物产"结合起来,给客人一种当地深度的体验,给他们选择民宿而不是选择酒店的理由。入住民宿是为了旅行休闲,感受另外一种生活方式。因此,借用环境、人文等要素,注意设计感与卖点,把餐饮、客房、人、物产等结合起来,民宿经营会看到另一片新天地。如果单个民宿没有能力举办什么大型的节庆营销、事件营销,但至少要有连续不断的小型活动,尤其是那种结合当地民俗的活动,这样才能形成民宿项目强大的粘合力。

一、文案撰写法则

在民宿的营销推广中,所需要的文案应具备一定的法则,以下总结了六项文案法则,供大家参考。

(一)简单——精练核心信息

这里的"简单",是指便于让消费者记住。就民宿而言,不论是名称还是口号,都要通俗易懂,并朗朗上口。比如北京的人气网红民宿"白鸟集",会让多数人感觉到它的轻灵、自由、放松,而对于文化人来讲,又会联想到泰戈尔所写的诗集《飞鸟集》。就北京的众多民宿业态而言,类似白鸟集这样朗朗上口的民宿也有很多。再如,山楂小院、山里寒舍、渔唐等,这些都是北京区域的网红民宿,不仅创造了全年营销入住的"神话",同时也是北方民宿的代表,它们的走红,文案的加持起到了很大的作用。从品牌名称上,通过具体事物的借代与引用,便将核心信息提炼无余。没有生僻字,便于记忆,容易理解,也能够让人们产生情感认同。

（二）意外——吸引维持注意

山楂小院曾经有过一篇自媒体推文，描述了雪后的院落，共享天伦的一家人。活泼嬉笑的孩童，放松身心的家长……这一幕相信很多人都有印象，并且念念不忘。缘何？因为它营造了一种不同于城市生活的生活场景，可能是"60后""70后"儿时的记忆，可能是"80后""90后"，甚至"00后""10后"猎奇的新鲜事物。但不可否认的是，它其实是一场"意外"。

用神来之笔，描写意外的场景，笔者最推崇的，当属陶渊明笔下的《桃花源记》，"夹岸数百步，中无杂树，芳草鲜美，落英缤纷……"这是多少城市人梦中的理想居所啊！民宿其实就是要将它再现出来，所以人们热爱民宿。这意外之笔的描述，在于走心，它可以是景色，是物产，是民俗，是风情……

（三）具体——帮助深化记忆

说到具体，这应该是心路历程的再现。出于何种初心、始于怎样的契机，让民宿主开始了一段与民宿"相亲相爱"的记忆。

具体的重点是写出自己创办品牌是因何感动，再写出由这份感动产生何种梦想，最后写出此梦想如何带给别人感动，希望别人感动之后有何改变，这种连续不断的关联，就是读者最需要的文案内容。

（四）可信——让人愿意相信

文案是借用多种手法，用以吸引读者产生兴趣，从而达到营销推广作用的手段。我们常说，"术法有千万般变化，而道法自然"。其实就是说，不管做何事，都要"实事求是"，要有事实依据，不要夸张怪诞，更不要欺骗消费者。民宿的推广文案，可以用优美的辞藻堆砌，用丰富的修辞装扮，但最基本的一条，是不能脱离实际。

我们知道，"3·15"是打假的，而群众的眼睛又是雪亮的。商家通过虚假宣传欺骗消费者上当之后，后果是非常严重的。不仅消费者会在OTA平台、各大自媒体以及社群中发布自己的体验心得点评，甚至会受到相关部门的关注，如果再受到影响的制裁或惩罚，那简直是得不偿失的事情。因此，文案一定要建立在可信的基础上。

（五）情感——使人关心在乎

优秀的文案，能够化腐朽为神奇，通过最简单的文字，轻柔委婉，就像和一个很好的朋友谈心，让人觉得放松。它能够润物无声，不经意地直入人的内心，撬动人的情感。例如：

> 我们应该学会安静聆听
> 我们应该学会用心交谈
> 人们在哪丢失了自己
> 不断重复的模板瞬间
> 越来越快的单调节奏
> 你有没有问过

> 这一些
> 是你的全部吗?
> 不过不是
> 慢下来去生活
> ——《亲爱的客栈》

好的文案能够提升民宿与用户之间的好感,但这还远远不够。文案的目的并不仅是让消费者产生情感,而是要继续撩拨人们的欲望,只是这个欲望的表现点更加隐晦、清新一些,重在"情"字。要传递一种民宿所具有的温情、热情,甚至长情,从而让消费者按捺不住、跃跃欲试。文案的作用就是让这样的潜在需求升华。

(六)故事——促人起而行动

人与人之间的交往,其实本质是故事的交换,没有人是不喜欢故事的。许多人去拉萨是为了心灵净土,到北京是为了瞻仰首都,去丽江多数是为了寻找"诗与远方"……林林总总,其实都是为了寻求一段故事。这些故事可以是已经存在的,也可以是尚未发生的。许多人入住民宿,寻求的其实是一种发生"故事"可能。

你有好的故事,就不怕没有读者。因此文案的作用,同样要赋予民宿一个好的故事,这些故事可以跌宕起伏,可以发人深省,可以痛彻心扉。但不管是怎样的故事,都会有它特定的读者,对于民宿主来说,需要的就是吸引这些特定的读者,让其与自己的民宿产生关系,从而让民宿的故事谱写一出又一出。

奥美创始人大卫·奥格威在《一个广告人的自白》里曾经说过这样的话:"在动手写广告前,先确定这个产品是值得的。"

二、让营销成为情怀的翅膀

很多人说,住民宿,就是住在主人的情怀故事里。其实,民宿之所以在近些年越来越受欢迎,不仅仅是因为它不同于酒店,更重要的,是它满足了城市人们"守拙归园田"的质朴需求。那么,如何才能讲好一个情怀故事来增加民宿的卖点呢?

(一)营销满足受众的精神寄托

快节奏的生活会使得城市人群的旅行追求更多的细腻情感。在钢筋混凝土里被关得太久,谁都会渴望清风徐来,花朵芬芳,无拘无束的生活,向往有别于自己所熟悉的风土人情和文化特色。民宿的出现,刚好满足了这些城市人群对慢生活的需求,给了他们一种"采菊东篱下,悠然见南山"的洒脱感,为他们找到了"享受慢时光"这种人文情怀的精神寄托。因此,在此时,民宿就需要讲一个情怀故事,以满足受众的精神寄托。

(二)营销主题与主人特点接近

民宿定什么样的主题,取决于民宿主擅长什么样的领域。比如,民宿主是一个摄影爱好者,民宿故事就可以讲主人和摄影、民宿联合在一起的契机。总之,在讲民宿故事的时候,一定要定位在民宿主擅长的并且能引发受众共鸣的领域里,如果擅长的领域不够大众,就选择自己的爱好也可以。

（三）营销中有可延续、可拓展的故事

民宿的主角,在"民"不在"宿"。民宿承载的是主人的情怀和故事,它的特别之处不仅仅是原风貌的建筑和原风味的食宿,更多的体验表现在情景的纯粹性和生活体验的多样化。在体验这种纯粹性和多样化的时候,让人们的身心都有了一个他们所期望的归宿。在打造民宿的情怀故事时,尽量打造一个可持续、可拓展的情怀故事,这样的故事能帮助民宿吸引更多的受众。

（四）营销中有传播力的广告语

有情怀不一定能做好民宿,但没有情怀一定做不好民宿。虽说如此,但民宿故事的传播,还需要一个有传播力的广告语。简单来说,就是用简洁的话提炼出房子的情怀与卖点,并且让受众接受和认可。

（五）营销需要深入了解受众需求

内容营销的时代,文案是花样繁多的,但从民宿运营的角度来讲,情怀故事要做的就是被受众感知到。只有在悄无声息中戳中了受众心中的某个柔软的部分,这个故事才会打动受众,这样的民宿才会被受众认可。因此,在创作一个情怀故事之前,需要深入了解受众的心理和需求,将民宿主的想法和受众的需求相结合。这样,讲出的故事才有可能得到受众的认可。

（六）营销内涵故事要坚持讲下去

情怀不是仅仅需要热情就够的,还需要独特的匠心和坚持。酒总是陈酿的香,情怀越久远就越有故事。人看到老房子为什么会怀旧?因为老房子勾起了人们心中对儿时生活的回忆。坚持讲下去,你的故事里也就会带有温暖和回忆的味道。

例如,缓慢adagio民宿的品牌故事,文案没有去说自身服务与环境,而是使用文案造了一个梦,从而展现出民宿的独特之处,让人神往。相较于酒店,民宿最大的不同就在于有一种特有情怀,所以对于民宿老板来说,最佳的内容文案撰写方式就是带有故事性。不过,并不是每一家民宿都拥有如此文艺的编辑,想要改写这种状况,可以将内容撰写的步骤交给热点传递来负责,他们有资深的编辑,可以根据民宿提供的相关资料来专门撰写出符合民宿调性的文案,用故事来打动人,吸引更多的人来观看与体验。

三、热点标签是营销的助攻项

如果你喜欢民宿,你会发现网红民宿更能吸引人去游玩。之所以那些民宿能够成为网红,有可能是曾经明星光顾过,或是某个热点城市打卡胜地。这些网红民宿最大的特点就在于借势营销,即利用当前的某位明星、某个事件或自然风景这类话题来优化标签,从而增强民宿的卖点,吸引客源。对此其他的民宿也可以效仿,热点传递平台也能够为民宿专门定制可以借势的方案,根据民宿的专属风格,结合当下实时热点来增强品牌的知名度,有规律、有套路地进行推送。根据民宿的自身特色,并结合热点标签提供全新的撰写方向,增强文案的新鲜感,抓住实时热点,进而优化标签方向,才能够提升民宿的话题与活跃度,让更多人知晓民宿的优势。

第四节　民宿营销案例解析

下面以竹溪寒舍桃花岛夯土小镇为营销案例进行介绍。

一、项目介绍

桃花岛夯土小镇建设项目位于湖北省十堰市竹溪县水坪镇向家汇村,项目总占地面积12.3平方千米,规划面积5000余亩,计划总投资6亿元。它是一个集健身、休闲、度假、康养、观光、餐饮、娱乐为一体的多功能旅游片区,主题定位为"中国夯土居,生态桃花养",总体构架为"一带五区":一带,即水上极致体验带;五区,即综合集散服务区、桃花生态怡养区、夯土文化民宿区、滨水船坞度假区、原野极致体验区。

二、发展目标

第一,打造红色旅游胜地。

第二,打造国内知名研学基地(朝秦暮楚地)。

第三,打造国际夏令营基地。

第四,成为湖北知名乡村旅游休闲目的地。

第五,成为十堰市最美旅游小镇。

第六,打造国家五星级最美休闲农庄。

第七,打造大A级景区或国家旅游度假区。

三、市场定位

价格定位:价位适中,可以拓展更广的消费群。

多元服务:面向正式或非正式宴会、党建、团队、散客等不同消费群。

主要客源:康养度假、家庭亲子度假、企业团建、红色旅游、婚庆等。

重要产品:夯土民宿小镇、商业街、温泉康养酒店、沿岛船屋、露营帐篷区、山地木屋等。

配套产品:住宿、温泉、餐饮、会议、特色景观、娱乐项目、红色教育、当地民俗体验等;根据每年淡、平、旺季的不同客流做针对性的调整;策划每年不同节日的主题活动、特色IP打造及周边自驾游。

淡季：在淡季做引流，通过正式团队或非正式团队弥补淡季的盈收。

平季：为旺季做引导、做铺垫，对相关产品做出活动调整。

旺季：在旺季主要以散客为主，以团队为辅，包括线上散客及线下散客。

四、品牌输出

（一）文创产品衍生

故宫文创产品是将景区潜力发挥到极致的例子。桃花岛景区可以模仿故宫文创产品来筹备具备自己特色的文创产品进行销售，如桃花岛景区吉祥物、手机配件等。寒舍集团将持续挖掘竹溪特色元素，打造当地特色文创产品，制作带有桃花元素或景区业态其余特色元素的文创产品在线上线下进行销售，以此来增加景区的收入。

（二）文创产品视觉形象设计

特色文创产品需要运用多种视觉元素和设计审美来达到吸引客人的目的，所以在文创产品设计上需要充分发挥想象力，将竹溪特色和产品充分融合，并于视觉形象打造上抓人眼球。寒舍集团将结合竹溪当地特色文化设计竹溪项目Logo、吉祥物等VI系统设计，确保给市场以明确的视觉定位，打造项目本身的品牌理念。

（三）广告宣传推广

广告宣传时，必须抓住消费人群的特点进行宣传，或就竹溪项目特色活动IP等吸引消费人群。寒舍集团将依据桃花岛景区特色撰写对外推广文案并反复推敲，以求达到宣传效果最大化和品牌渗透最大化。 推广方面，依托寒舍集团网络平台，增设竹溪项目网络预订渠道，增加预订端口，包括小程序开发、手机预订、网站预订等网络平台服务产品。

（四）媒体平台线上线下联动

1. 线上

寒舍集团将通过旗下微信公众号、微博、官网、自媒体平台以及各大门户网站（新浪旅游、搜狐旅游等）平台实时推送桃花岛景区相关新闻及活动，并通过寒舍庞大的会员体系进行线上宣传，增发会员信息，充分在体系内扩大竹溪项目的宣传，从而进行线上引流，采用多种形式打造网红打卡地。

2. 线下

依托竹溪项目现有基础条件，针对现有业态，增设花海艺术节、碧海潮生活动、主题光影秀、主题节庆等户外体验活动，吸引各年龄段人群，针对商务集团会议及大型团建等实现销售引流。逢节日或景区活动IP时，寒舍集团将有计划地采取线下地推方式，选择合适的目标客群场所，提供活动小游戏等，进行前期预热和推广，吸引更多潜在消费群体的注意。

五、业态概述

(一)休闲娱乐

休闲娱乐(自营)包括酒吧、咖啡吧、书吧、茶吧、饮品吧、VR体验、KTV等。

(二)特色餐饮

特色餐饮(自营)包括特色小吃、农家小炒、特色宴席(蒸盆、桃花宴)等。

(三)文化体验

文化体验(外包)包括国医药馆、夯土体验、陶艺体验等。

(四)售卖区

售卖区(自营)包括土特产售卖、文创产品售卖、手工编织等。

(五)水上项目

水上项目(自营)包括竹筏、船舶、水上拓展、水上步行球、秋千桥、水上乐园、水上自行车等。

(六)共享项目

共享项目包括售卖机、按摩椅、充电宝、望远镜、单车等。

六、运营计划

(一)景区服务设施系统

(1)桃花岛主入口与主门口景观入口是游客进入景区对景区的第一形象认知,建设景区游客服务中心、生态停车场、检票入口、各项指示牌、智慧景区主题景观、集散广场、旅游公厕等服务设施,达到设施齐全、交通便利、景色宜人等基本要求。

(2)景区游客服务中心集票务讲解、咨询服务、宣传展示、医疗救援、受理投诉等功能于一体。重点考虑售票大厅、游客休息区、增值服务、景区导览图、LED影视屏、卫生间、共享设备、购物、ATM、视频监控、休憩区等综合服务体。

(3)生态停车场主入口采用智慧停车栏建设,避免人工升降,若满足大A级景区需要满足××个停车位,避免跨公路建设,确保游客进入景区安全。

(4)景区休憩空间:因桃花岛游览面积较大、游览时间较长,运营过程中应充分体现人文关怀,建立丰富休憩的空间和设施,如休息亭、仿古长椅、休息廊,并依托主要景观建立多视角景观设施。

(5)景区道路系统是景区游览体系骨架,起着组织空间、引导联系等功能,建议在基础建设上形成四通相连,避免走回头路,丰富街道空间感受,道路系统分为游步道、自行车道、水上交通系统,同时满足各类接待需求、住宿需求,并且充分利用现有环形水系,建立水上游览路线,在古城墙及重要游览景点建立码头,方便游客上下船。

（6）景区智能化系统：景区智能化已经成为景区管理运营的标配项目，智能化不仅是服务游客的好工具，也是提升景区服务营销的重要推力。景区智能化分为电子售票系统、电子检票系统、景区Wi-Fi覆盖、视频监控系统、语音广播系统、多媒体影视系统、停车场管理系统、电子商务系统、景区一卡通系统、业态商业街照明系统等。丰富多彩的景区标识系统起着引导、宣传、服务、解说等作用。景区标识系统分为五大类：一是全景导览图，含景区全景地图、景区文字介绍、游客须知、景点相关信息等；二是景点、景物牌，含景物介绍、相关来历、典故综合等；三是道路导向指示牌指引相关信息及相关建筑方向，明确指引为顾客提供便利；四是警示关怀牌，含游客安全、保护环境等温馨、警示标识；五是服务设施名称标识牌，如有名字来历的凉亭、公厕等。

（7）景区卫生系统：景区应在合理位置建设公厕，为游客提供便利，数量按景区体量配置，建筑造型与景观环境相协调。另外，垃圾箱数量能满足需要，造型美观，与整体环境相协调。卫生系统应采取多种方式进行环保宣传、教育，积极开展垃圾分类、"你丢我捡"等环保活动，坚持从基层做起，全体动员，人人参与，努力创建拥有蓝天、碧水、绿色、清净的桃花岛夯土小镇。

（二）景区二销

一直以来，很多景区还是比较喜欢，甚至满足于依靠单一门票支撑来生存的这种简单营业方式，但忽略了另外一种有效方法，那就是二销。新型二销与传统二销将会是两个大的发展方向：新型二销注重文化、情怀、理念，传统二销注重于体验、享受、娱乐；二销一般是抛开固有的传统模式，多在差异化与经营服务上进行结合提升；销售方案和产品要与客人的消费欲望产生共鸣，关注消费体验；充分考虑二销的长线销售，多从品质、品牌的角度去建立销售基础。

1. 传统二销

传统二销更多体现在整体景区的业态配套上，如滑索、单车、游船、水上步行球、水上自行车、竹筏、DIY体验等。传统二销模式可以改变盈利模式，让景区摆脱对门票的依赖，让顾客真正能沉浸在享受当中。

1）传统二销的主要特点

在满足客户对于产品兴趣的同时保证客户最大的体验感和满足感，更多体现在服务、时间、次数、价格上的追求，在固有二销产品的基础上做理念化的产品植入，如桃花岛吉祥物就非常具有代表性。

传统二销相对于新型二销更能抓住流量，丰富的景区业态，保证客人游玩时间。同时，将文创产品同时进行售卖，让客人真正来有可玩、走有可买，全方面地增加景区收入。

应根据景区的整体风格丰富传统二销产品，从而体现整体的全面性。传统二销可以带动整个景区整体消费情况，可以控制游客游玩时间和体验时间，从而衍生出其他消费项目。传统二销还可以根据景区季节性差异做出相应的调整，如春、夏、秋、冬做出不同季节的体验项目。准确的客群定位，适当服务，掌握分寸，是产品长销的起点与关键。

2）传统二销的宣传要点

（1）根据地方特色和季节特性，多进行二销方案以及产品衍生、加工的尝试创新，引起消费者的共鸣。

（2）结合活动与二销产品，做适度的营销宣传，让客户感知产品的价值与内容。

（3）旺季阶段筹划好淡季的营销方案，提前进行方案的策划和预热，旺季做流量，淡季做生意，找准旺季和淡季流量做消费导向对流，旺季的流量可以给二销产品在淡季做一个很好的宣传。例如，整体业态运营方案定位是，业态商业街打造未来的影视取景地理念打造，成为集购物、美食、客栈、酒吧、休闲、展馆等业态于一体的情景式、体验式景区商业街。

2. 新型二销

相对传统衣食住行之下的新型二销，更多为旅游景区的文创衍生品或土特产，很多客户在民宿景区的游玩中往往会自然提出购买当地土特产的诉求，这个时候土特产就成为必不可少的二销产品。这里的土特产并非是土里土气地推荐给客人，是在注重产品本身品质的前提下，提升包装，注重故事、文化背景、使用方法等细节。

通过正常的资料收集及使用体验，对自己二销产品的核心形成充分认知和了解。将产品往生活必需品类别上转化，提升客人在消费价值上的认识。站在客人的角度，真实去体验产品，负责对二销产品的来源、渠道进行相对有一定原则性的筛选和观察。保持取用有度的绿色生活理念，在产品价值上，让客户有惜物感。

1）二销产品的季节性要点

（1）结合桃花岛当地产品性质及生产季节进行深入的了解和数据统计，掌握产品信息。

（2）灵活地将产品形式进行多样化的转变、切换、衍生及周边开发，让其在二销的过程中不受限制地流通。

（3）掌握不同季节性客人的诉求，有目的地引进并推出相应的或相关的产品，保持可持续性形成桃花岛的品牌性产品。

（4）在店内自定并收费的旅游线路中，不额外收其他费用情况下，制造情景式引导客人有质感地去体验二销产品，如DIY体验。

2）二销产品的多用性要点

二销产品富有多用性，并非单一购买或组合购买。可以做增值服务，如与客房打包进行增值服务，将客人注重产品价格的焦点转移到产品价值上。

（1）做好二销产品与客房的销售打包定位，在一定条件下甚至可以把二销产品作为主要推广主题，合适搭配主角与配角的角色替换，让客人产生不同的消费概念。

（2）多方位推广二销产品的覆盖面，单一或打包推出同时，也要发展本地客户，而非仅仅针对周边游客。

（3）体现打包团购产品的价值特点，如民俗类、文化类、生活类，而非商业产品单一的销售。

（4）可以联合一些品牌做联合共生伙伴，进行物料资源整合，依托大品牌带动整体消费，打破固有思维，以多渠道的方式，在保证自身经营成本情况下进行大胆尝试。

七、销售运营

(一) 常规销售

1. 线上

与多家主流OTA渠道进行密切合作，同时打通预订和行业垂直平台的合作。多年来，寒舍集团与多家大型国内外OTA平台及国际交换平台建立了良好的合作关系，将为竹溪桃花岛项目提供更高质量的客源。增设线上运营，将酒店设施、酒店文化介绍、周边交通路线、热搜关键字、酒店图片进行完善，把控线上价格，对国内外网上评论进行优化，增设多种线上销售形式，丰富组合产品内容等。

可以通过主流的OTA平台，如携程、去哪儿、马蜂窝等进行导流、品牌输出、推广。

可以通过多种模式进行获客及增加收益。例如，B2B商家与商家或公司与公司之间的交易平台，通过独代形式或三方代理形式，将桃花岛吃、住、娱进行线上交易，针对大型OTA平台进行淡旺季的Banner置换，合理化地将桃花岛夯土民宿推向市场。

B2C更多体现在二销产品上，可以实现线上一键发货、一键订购等方式进行农产品、土特产、吉祥物等线上交易工作，从而节省人力、物力，更好地将桃花岛品牌的商品推向市场。如今传统的送礼方式已经越走越窄，价格越来越透明，各个礼品企业产生的利润也越来越少，这使得传统的送礼企业往电子商务网站方向发展。以另一种"收礼自选"礼品册的模式，完成了从做礼品到做送礼服务的转变。

O2O是指将线下的商务机会与互联网结合，让互联网成为线下交易的前台，O2O的概念非常广泛，产业链中既可能涉及线上，又可能涉及线下，O2O电子商务模式需具备五大要素：独立线上商城、国家级权威行业可信网站认证、在线网络广告营销推广、全面社交媒体与客户在线互动、线上线下一体化的会员营销系统。可以申请桃花岛自己官网、公众号，通过O2O模式推向市场。

2. 线下

例如，结合旅行社渠道，实现周边游、乡村游、研学游等市场合作。与国内知名旅行社进行协议合作，签署团队协议，进行阶梯式返佣政策，做好竹溪两日游路线活动。

1) 周边游

周边游秉承"爱周游"理念进行宣传，想到"爱周游"便想到桃花岛。

2) 乡村游

可借鉴生活服务纪实节目，如《向往的生活》中的元素和理念进行推广，城市向往田园，以有机、蓝天、养生、康养及静心养性的目的来桃花岛体验。

3）研学游

研学游的开展离不开研学旅游目的地的承载。随着研学旅游教育内容的细分，研学相关领域供应商纷纷开始踏入研学旅游基地建设，目前研学已经与户外拓展、科技旅游、社会大课堂、文化旅游及乡村旅游等结合，呈现出五类研学旅游基地类型，构成了研学市场重要产品体系。作为研学基地，要提高客群的参与度和加强体验感，充分开发双向互动式研学产品，呈现更具深度的景区研学内容。应加强研学课程开发，优化研学供给体系，加强研学导师队伍建设，深化研学课程教学操作，建立基地科学评价标准。

（1）夯土小镇：未来发展以青少年素质教育为主线，融合IP理念，努力成为集生活素质教育、社会认知教育、体验式教育、自然教育、艺术教育、休闲度假多种业态于一体的大型青少年素质教育亲子生态小镇。

（2）VR体验馆：科技研学旅游，主要通过VR、3D/4D等高科技手段来静态展示或科技体验，实现科技教育的目的。

（3）红色记忆博物馆：每年参加文化类研学旅游活动的青少年数量处于领先地位，其中以红色文化、民族文化类占据大多数。红色文化主题的研学旅游活动是文化类研学旅游活动中的重要组成部分，我国红色文化教育基地多数集中在革命老区，而桃花岛红色记忆博物馆则处于拥有悠久历史文化的朝秦暮楚地，博物馆从多角度、全方位视角，展示了中华民族由弱到强的发展历程，馆内分辉煌的文明、百年的屈辱、武装夺取胜利、新中国成立、共筑中国梦五大篇章，将历史文化与红色文化相结合。

（4）陶艺工匠馆：以弘扬陶艺历史文化特色，为游客提供包括拉坯、捏雕、彩绘等一系列亲手体验陶艺制作的机会，让游客感悟陶瓷制作乐趣，感悟泥性，感悟人生，一睹千年陶瓷文化独特魅力。由辅导老师亲自指导，游客亲自动手体验拉坯、捏雕等陶瓷工艺流程，打造鲁班工坊DIY创意手工教室。

（5）田园体验型研学旅游目的地：将生态农业与休闲观光相结合，让青少年亲身参与到农业生活中去，在实践中学习，在体验中游玩，在轻松愉快的气氛中完成农业知识科普教育。田园体验型载体功能上多以活动为主，以农业种植为辅，还配有农产品加工与交易、购物、游玩、手工、居住、餐饮、教育等功能，比如植树节、户外军事体验、田园农耕体验、红色书屋、艺术教室、浑水摸鱼、桃花岛星级垂钓等体系化课程等研学项目。

（二）会议、培训

（1）将桃花岛打造成国家会议基地。可以通过2020年首届桃花节活动，邀请中国药膳协会、中国电商协会、中国漆艺协会、大健康产业联盟前来参加并做好会议培训，加大对住宿的需求，满足会议1—2日的行程。多举办各项论坛从而增加二次消费，通过不同的会议和培训内容，有针对性地让大家了解康养的重要性。

（2）加强对培训基地的建设，打造独特的人才培训基地。不仅要满足企业的需求、市场的需求，还要满足个人的发展需求。

（3）建立培训基地管理长效机制。要与各培训公司主管单位加强交流、沟通，并在推进培训基地建设中,加强研究、吸取经验,及时完善和更新景区培训基地管理办法。

(4)要本着"以我为主,为我所用"的原则,广泛利用社会资源,提高培训基地的综合实力。重点拓展专家队伍的建设,可与社会知名培训协会或知名专家签署培训协议,而桃花岛将提供完善的培训场地及设备设施,提供住宿、餐饮、娱乐、康养等一系列服务。针对一些成人教育培训公司做重点拓展,如企业长青、接地气教育、天智教育等,了解桃花岛的夯土文化、理念、修身养性等特色。

(5)积极与各协会单位加大合作力度,做大培训平台,丰富培训内容,创新培训方式,确保项目贴近实际。

(6)培训基地的师资也要多样化,既要聘请各协会专家授课,也要放眼系统内外,选择优秀人才担任授课讲师(如讲解夯土文化),不断提升整体培训水平,将专业培训基地办出特色、办出水平。

(三)节日、假期推广活动

1. 线上线下

线上,可以选择重点节日以及寒暑假,提前布局主题活动,提升假日市场销售。线下,项目酒店依据地域特色、特产、文化配合当地政府、地方旅游局等,打造丰富的个性化创意活动。

2. 多元化产业合作

整合多元化相关产业,推出打包产品,挖掘品牌合作和集团采购项目(预售)。与影视艺术教育、婚庆平台及各社团机构开展合作,实现市场客户的消费共享。

3. 红色旅游

通过竹溪"朝秦暮楚地 自然中国心"的名片,讲好"自然中国心"的故事。结合竹溪当地革命元素,搭配十堰红色旅游线路,打造属于竹溪的红色旅游。将湖北省内党建工作、党员社区参观活动、党建会议、党建接待等与当地红色记忆展览相结合,开发专属红色旅游路线。

4. IP点导入

利用IP点,做好佳乡学院、民宿头条系列游学活动、主题酒店、餐饮比赛、采摘节等各项主题活动。

5. 事件营销

营造大事件,比如竹溪特色美食评选比赛、竹溪茶文化节、桃花岛音乐节、桃花岛山水田园摄影比赛等。通过大事件营销,很好地推广自身,树立良好的公众形象,让大众熟知桃花岛IP,从而建立游客心中的品牌形象。

6. 多业态经营战略联盟

通过自有业态发展,如国医馆、VR体验、咖啡吧、茶吧、书吧、酒吧特色餐饮、夯土体验、陶艺体验、手工编织、小吃街等,让游客体验当地特色文化。与各类文旅IP,如亲子、研学、婚庆、摄影、露营、艺术展览、音乐会以及手作文创等进行深度合作,让客人的住宿体验更加丰富、独特。

7. 夜游经济

夜间旅游经济既可以提升一个城市或景区的旅游资源和非传统旅游资源的旅游效率与使用价值，也能够提高游客的时间利用率和提升游客的旅游体验。做得好会极大地延长游客停留时间，同时便于吸引本地客源，提高餐饮及小吃等业态使用率，拉动当地夜间旅游消费。它相当于为当地再造一个旅游市场，推动当地旅游经济发展。

八、营销推广形式

营销推广形式包括微信公众号、三级分销系统、社群同步管理、"AI应答＋周边客传播"、直播吸粉、日常内容策划、微信活动策划，以及微信线上和线下推广、微信自动应答体系建立等。

官方企业微信平台独特差异点介绍如下。

展示：自媒体化超现实展示的案例分享。

互动：一切圈层互动的实现及展示、分享。

运营：针对意向客群，数十位销售人员即时沟通。一号多码，设置好级别和权限。

官方：官方品牌发布，高举高打，打造影响力。

迅捷：查找周边、二维码、朋友分享，迅捷添加。

资源：大数据库、精准数据库快速导入及筛选客户。

碎片：利用用户碎片时间，不打扰、高阅读、无障碍沟通。

精练：不同于微博，你能看到的都是最精华的信息和来自朋友的信息。

分享：针对意向客群，实现分享并实现"老带新"。

人机：实现人机自动聊天。

系统：客户管理明源系统。

社区：创建圈层互动的智能社区。

特权：在公众号和企业号之间，实现不被"垃圾桶化"。

支付：可以直接进行微信支付。

打法：配合有效的内容运营和外部打法，直接体现销售成果。

九、导流方案

导流方案包括会员系统导流、IP导流、活动导流、平台导流以及推出联合销售产品导流、重大节日活动引流、当地特色活动导流等。

会员系统导流：会员系统API接口无缝对接、会员提醒。

IP导流：寒舍异业联盟进驻导流。

活动导流：活动公司和媒体进行活动宣传导流。

平台导流：京东平台、携程等大流量体平台进行客户导流。

推出联合销售产品导流：竹溪周末游、十堰周边游、桃花岛一日游。

十、文创产品

(一)文创产品(旅游生态、多业态、衍生品/输出品牌)

对于民宿项目,文创产品必不可少,其附加值高、植入性强、扩散性广的特点有助于品牌的宣传,逐渐形成品牌认知、聚客效应。可以挖掘当地手工艺人,通过合作引入的方式形成文化创意业态的小集群。

(二)文创商品视觉策略

当地文化产品、特色餐饮、红色旅游纪念品等文创商品需要注重设计,配合Logo、二维码等,运用于不同环境、场合的多种组合视觉形象。该组合视觉形象全面运用于文创商品全程推广中,给市场以明确的视觉定位,打造项目本身良好的品牌理念。

(三)广告宣传推广思路

(1)打造一个良好的对外宣传的"PC+移动网络平台",树立品牌形象。

(2)充分了解项目,梳理核心价值点及产品细节,更契合项目进行网络营销工作。

(3)通过舆情监控三大行业论坛、项目QQ群等,了解目标客群的第一手资料,方便后续的市场、销售部门跟进阶段传播思路。

(4)结合产品核心价值点进行炒作,通过话题炒作、信息植入,提高项目美誉度。

(5)同时借助微信、微刊、创意图片及微活动的宣传,扩大项目在网络上的曝光度。

十一、最终目标

该系列项目依托竹溪完整丰富的生态资源、根基深厚的历史人文,结合周边特色,吸引游客了解当地历史及民俗文化和生活方式,形成独特的全域旅游发展业态,从而促进旅游业的可持续发展。

应用实操题

1. 依托一家熟悉并且考察过的民宿,对该民宿进行营销推广并提升总体方案。
2. 利用互联网平台对某民宿进行网络新媒体营销。
3. 撰写一篇民宿营销文案。
4. 开发共享民宿营销案例。

第四章

民宿运营与品牌价值

学习目标

1. 理解民宿运营前置的策划与规划思维,理解乡村民宿运营升级的侧重点。
2. 掌握线上、线下营销的知识点,熟悉数据运营思维。
3. 掌握民宿品牌的重要性,熟悉民宿品牌的定位与打造。
4. 能够设计民宿的标识(Logo),掌握民宿品牌的构成和民宿品牌的本质。

任务点

1. 根据所学民宿运营前置的策划与规划思维,利用见习期或者假期,在民宿管理者的安排下参与民宿运营管理至少1个月。
2. 协助一家民宿进行民宿线上、线下运营。
3. 交流讨论民宿品牌和民宿标识(Logo)的重要性。
4. 分析一家民宿品牌的构成与品牌本质。

知识框架

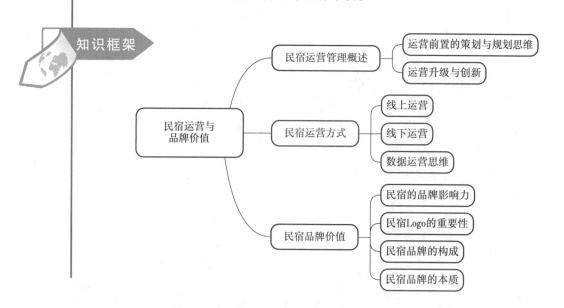

第一节　民宿运营管理概述

在如今,乡村振兴大力发展,文化赋能旅游,让无数不可想象的事情都变为了现实。文旅度假行业当下的痛点是——规划好、故事好却落地难、运营难。一轮又一轮的特色小镇巨浪,让许许多多的特色小镇梦破灭在路上。运营没有做好,即使有再优秀的策划、再好的故事、再强大的IP也是枉然。从地产开发思维模式到运营前置思维模式的转变,是特色小镇的转变之路。当前,随着乡村振兴的不断推进,民宿运营与管理市场集中在乡村民宿。狭义的民宿就是指乡村民宿,包括乡村景区民宿。本节主要是有针对性地探讨乡村民宿的运营管理。

一、运营前置的策划与规划思维

运营前置的核心是用户思维、产品思维、创造思维。以规划引领、设计拉升、运营支撑,以运营思维打通内在联系,实现可操作性、可落地性、可执行性。在操作上,做好策划规划并落地执行,就成功了一半。

(一) 引入专业的规划设计及运营团队

在开发村落的筹建期,要及早引入专业的规划设计及运营团队参与前期的策划设计工作。乡村旅游产品规划设计成功的关键在于一个有经验的团队,本着专业的人干专业的事,它势必是一个集体团队作品,而不是个人作品。这个团队要熟悉整个乡村旅游产品。因此,政府或投资商在寻找合作方时,也要注意筛选出那些真正做过整个乡村旅游落地项目的方案设计单位,及早搭建筹建班子,不盲目崇拜和选择,否则设计建造出来的乡村旅游产品一定是有缺陷的产品。如果缺陷致命,势必开业后不久就得整改,甚至停业。

团队中,先期引进的运营骨干可以用宝贵的经验进行运营设计提资,提升产品质量。产品定位是否适合市场消费需求和乡村旅游运营需求,也应由运营团队或聘请的专业运营服务机构、专家顾问团队进行把关。

(二) 厘清规划设计与运营的关系

运营管理行为作为一种成本,它在组织中是客观存在的。重视规划设计与运营的关系,重视运营在设计中的重要性,乡村旅游项目可以少走很多弯路,规避工程建设所遗留的问题,降低建设与后期运营维护成本。

有经验的专业团队,一开始就会从乡村旅游落地实操方向厘清运营规划要点,根据开发节点进行运营设计提资,包括对村落游客量的设计、项目是否具备吸引力,以及经营模式的考虑,并且对二次消费相关的农产品、餐饮、手工艺品、演出等运营板块做到心中有数。在村落开发建设过程中,通过将运营前置,系统化整合资本投资、产品业态、规划策划、建设施工、品牌推广、销售运营等资源,结合项目招商诉求、运营投资,编制项目招商规划、投融资规划、

空间落地规划等。

运营前置,重点解决村落项目的招商条件、业态配置、运营投资、盈利项目、如何建设等问题。在启动前期,确定业态组合与盈利项目,通过管理运营,保障项目最终可实现持续的高增长盈利,实现资本投资的高效盈利与安全退出。然后进行需求预算,并落实到位。

(三)建立运营管理体系

成立运营管理公司,建立运营管理体系,推动乡村旅游核心产品品牌策划,研究项目的开发模式,以及梳理制定村落的标准化运营管理流程,提供项目开发建设的资本、模式、产品支持,保障各区域拳头项目落地、各专业板块运营工作的推进。

运营部门重点负责每个板块的具体运营工作。结合不同区域的产品内容与运营模式,在项目投资、策划规划、开发建设、营运管理等全生命周期中,通过对进度、资金、质量、成本、商业、经营等各个业务点的管控,以及规范化、流程化和精细化的高标准运营体系,最终实现乡村旅游的持续增长盈利与稳定现金流。

乡村演化到今天,在资源等各方面存在自身的优势。因此,更要通过紧密的沟通,探寻合作机会,从而实现互联互通、优势互补、合作共赢。

二、运营升级与创新

(一)旅游为什么要转型升级

在中国,旅游业的发展经历了外事旅游阶段、观光旅游阶段和新型旅游阶段三个阶段。对于旅游业来说,转型升级的脚步一直没有停止。

从市场需求的推动因素来看,在如今人们的生活品质明显提高、学历层次明显提升,以及家庭结构明显改变等背景下,市场对旅游特别是乡村旅游的需求愈发强烈。游客们希望旅游的时间可以延长,资源可以延拓,产品可以更加个性化,空间可以实现迁移,因此,开设符合这些特征的农家乐或民宿,才能真正迎合市场的需求。

从市场供给的周期因素来看,一个产品的生命周期主要分为萌芽期、起步期、发展期、平稳期、衰落期、转型期和消亡期这几个阶段。通常情况下,当一个旅游产品的旅游、交通区位比较优势渐失、设施设备陈旧老化(5年以上),以及理念、模式与行为固化明显、产品条件和市场条件并不突出等情况出现时,就要考虑转型。

从政府政策拉动因素来看,无论是国家层面还是省、市、县级层面,近几年都在实施乡村振兴政策。例如,浙江省作为"两山"重要思想的发源地,省、市、县级都在进行全域旅游示范创建,给酒店、旅行社、民宿和农家乐的转型发展提供了有力支持。

(二)乡村旅游该如何转型升级

1985年,杭州富阳新沙岛"农家乐"诞生,开启了乡村旅游的发展步伐。此后,乡村旅游经历了餐饮为主、休闲农业、民宿兴趣等多个发展阶段,并从2016年开始,全面扩展步入转型。

那么,乡村旅游转型到底怎么转?郎富平教授认为,对于经营或开发主体来说,一方面,要注重理念与意识的提升、服务水平能力的提升、产品设计能力的提升、资源整合能力的提升,以及营销推广能力的提升;另一方面,也要有"让位"思维,要让位给专业民宿管家、专业连锁运营,以及职业经理人团队。

从经营或开发的理念着手,乡村旅游转型要坚持以下几个原则。

1. 生态可持续、再利用原则

生态可持续、再利用原则包括:设施设备、项目产品、景观环境的生态化;倡导生态的仪式感、参与感、可视感、废弃空间或场地的再利用;传统风景名胜资源、生产资源、生活资源、生态资源等的综合利用。

2. 可体验性、可参与性原则

可体验性、可参与性原则包括:让游客可以从参与、体验生活中找到身份认同、找到乡村记忆、找到天人合一;鼓励玩家型游客引导参与、家庭型游客集体参与等。

3. 既标准化又个性化原则

既标准化又个性化原则包括:通过标准化解决"有"的问题,通过个性化解决"特"的问题;通过标准化解决尺寸、面积、流程等底线问题;通过个性化解决主题、品牌的问题。

4. 既主题化又细分化原则

中国人口基数大,大众旅游难以持久,中国市场"蓝海"在年轻人,是个性化的一代。目前,单个乡村旅游接待规模小,只能照顾小众,乡村旅游产品要主题突出、个性彰显,紧抓自身优势资源和市场细分需求,因此,仔细研究目标细分市场是关键。

(三)乡村旅游转型有几大侧重点

从经营或开发的内容着手,乡村旅游转型主要有以下几大侧重点。

首先,要注重大环境的整洁、卫生与美观。比如,高速互通枢纽,机场、车站、码头整体形象要好等。

其次,注重小环境的细节、景观小品的打造。例如,各个设施细节要彰显个性化或便利性;旅游接待设施的景观小品要突显主题。

再次,注重大旅游的功能、要素与产品。要突出旅游项目的复合性或综合性功能,强调旅游传统"六要素"和新兴"六要素"的结合,注重传统基本旅游功能和新兴非基本旅游功能。

最后,要注重小产品的个性、主题与晒点。每个群体的关注点、兴趣点或兴奋点不同,在设计产品时,可以围绕大主题,拥有相应系列子主题。

从经营或开发设施的转型着手,有三个方面需要重点升级。

一是旅游交通设施与服务的转型升级。既要注重传统的外部交通标识导览系统,又要注重导航地图的细节或体验,提供邻近加油等服务信息,联合相关租车平台公司,提供专车接送、儿童座椅等服务。

二是旅游信息设施与服务的转型升级。要注重自有网络媒体的建设(认证、可信),无线、有线网络的认证,简易自助导览系统的设计制作与使用,以及提供网络预订、支付等功能等。

三是旅游公共设施与服务的转型升级。包括游客中心、咨询点、前台等,关注内部标识导览系统是否人性化、艺术化;积极推进"旅游厕所革命";完善旅游安全应急服务与设施设备;提供安全有效的投诉处理机制。

(四)乡村民宿应该怎样创新发展

你眼中的民宿是什么?在郎富平教授看来,民宿不是乡村旅游的一种新形态,不是农家乐的简单升级版,不是主题文化酒店,不是品牌连锁酒店,而是一种生活方式与选择,一种思想的碰撞与交融。

乡村民宿应该设计什么主题和拓展什么市场?有以下几种思路:讲区域文化;讲地方产业;讲岁月故事;讲理想情怀;讲细分群体;讲区位品级。

民宿的本质决定了其规模不能太大,边际收益明显高于边际成本才能实现盈利。办民宿之初,就要考虑5年之后该何去何从。若以5年为限,如果边际投资成本明显偏高,则要考虑开源节流。

目前,除少数民宿不以盈利为主要目的(如视民宿为人员安置、旗舰体验、VIP接待、交流平台),其他大部分民宿都要以盈利作为最终目的。民宿基本产品盈利包括住宿、餐饮、购物等,还有一些非基本产品盈利,如特色培训、活动定制,当然还有一些衍生产品盈利,如民宿学院、创客基地、母公司核心产业等。

要实现民宿创新发展,重点要处理好六大关系:品牌与主题的关系;情怀与市场的关系;标准与个性的关系;硬装与软装的关系;老板与主人的关系;好看与实用的关系。这可以从小产品和大产品两个层面寻找创新路径。从小产品来看,民宿产品要有品牌意识、品控机制、创新创意、景观晒点、沟通氛围、表达渠道。而从大产品来看,民宿创新要学会借力周边乡村旅游,借力周边景区、度假区,借力民宿旅游联合体,借力周边村镇配套设施,以及借力周边相关互补产业。

第二节　民宿运营方式

一、线上运营

近年来,各种民宿创业项目涌现,国内民宿市场在不断增长。移动大数据监测平台Trustdata发布的《2019年中国在线民宿预订行业发展研究报告》显示,2016—2019年,民宿行业房源数量、线上交易额保持高速增长。市场总房源数量从2016年的59.2万套增至2019年的134.1万套,而线上交易额2019年突破200亿元,较2016年增长近5倍。而2020年受疫情影响,中国民宿线上房源数量及交易额增速明显放缓,房源数量或突破160万套,线上交易额破250亿元(见图4-1)。

图4-1　2016—2020年中国民宿线上房源及交易额情况

民宿行业"渠道为王、品牌为皇",想要民宿生意好,要么有一个好的品牌,能让消费者慕名而来,要么建立好自己的销售渠道,有效地吸引客源。

（一）线上渠道分类

1. 新自媒体推广

新自媒体推广,包括微信公众号、微博、抖音、小红书推广等。

2. 线上销售平台推广

线上销售平台推广,包括携程、美团酒店、飞猪、途家、爱彼迎、几何、缤客等,即人们常说的OTA推广。

3. 搜索引擎推广

搜索引擎推广,包括百度、高德地图、搜狗、UC推广等。

4. 相关网站软文推广

相关网站软文推广,包括旅游类平台、酒店民宿类平台、豆瓣、贴吧、知乎推广等。

（二）渠道运营

1. 清楚民宿优势,把握卖点

民宿的优势包括：民宿的线上资质(是否挂冠、点评数量、店铺排名、商圈流量、价格优势等);线下资质(民宿质量、增值服务、地理位置、商家服务等)。

2. 找出民宿不足,以待优化

通过对内外网的全面分析,找出最致命点、待提升点、可优化点。例如,流量转换、图片优化、价格确立等。

3. 分析商圈流量,明确客源

清楚民宿定位,知道商圈流量特性,避免盲目,抓住目标客源。

4. 找准竞对,重新确立价格

明确商家定位,通过位置、商圈、排名、人工干预等多方面比对,找准竞争对手,把控价格,学习优点,突出优势。

5. 调控活动,促进单量转化

(1) 合理搭配新客立减、天天特价、今夜特价、连住优惠、早定多减五个常驻活动,获知民宿低价,采取有效方式来确保民宿收益,起到促销作用。

(2) 美团会不定期推出各类活动,考量参与,增加曝光(如独家展位),提升转换(如暑期折扣),获取资源(如闲置房更换推广通)。

(3) 积分金币兑换点金手、代金券、营销标签等。

6. 图片优化,提升店铺质量

图片是顾客了解民宿资质的第一窗口,图片的优化,包括头图的选取、图片的美化、房型图的搭配、图片的补充完善等。

7. 分析数据,做出相应调整

统计分析每日民宿的流量、订单数量、转换率、商圈排名、畅销与滞销房型、推广通数据,竞对排名销量情况等,做出相应的调整,缺什么补什么,达到全面提升。

8. 文案编辑,展现商家形象

(1) 评价的优质回复,是展现民宿形象的重要窗口。

(2) 房型名称的修改,避免房型的杂乱,添加酒店的增值卖点。

(3) 关键词的添加,从细节抓住顾客的心。

(4) 问答与简介,给自己做个广告。

9. 争取权益,实现稳固提升

(1) 为商家挂冠,提升并稳定排名。

(2) 单量提升,自然挂冠。

(3) 联系业务,给予特权。

(4) 联系业务,可获得优惠券、代金券、营销标签、独立活动等优质资源。

10. 合理推广,确保商家收益

通过对市场的研究,合理使用推广通。例如,什么时间开始推广,设置多少推广费用,预估排到商圈第几等。

二、线下运营

有一些民宿经营者认为,自己的房源主要客源来自线上,线下无非是一些接待、打扫卫生之类的活,这种观念其实是错误的。相比于线上运营,房源的线下运营同样值得关注。

(一) 了解房客各种入住场景,为线下运营打下基础

线下运营的根本,就是熟悉不同需求房客的入住场景,对这些入住场景进行整理分类,分析归纳后,从中提炼出有价值的信息。这些信息可以助力民宿经营者提升房源品质和服务,还可以拓宽民宿经营者的经营思路,丰富民宿的盈利。

（二）基于不同房客入住场景的分析，拓展民宿经营思路，丰富民宿盈利

民宿经营者可以在住宿的基础上尝试提供给房客更多的服务，从而获得更多盈利。例如，对于来旅游的客人，部分游客不想走马观花式地走走看看，希望有一个对当地和各个景点都比较了解的人带着自己一起玩，这样不仅能够找到足够好玩的地方，还能在游玩过程中了解当地的文化和历史，让自己不虚此行。如果民宿经营者自身有足够的能力提供此类陪玩服务，则可以考虑适当收费带着客人一起玩，让客人在入住之外获得更多的快乐体验。还有些游客对吃比较感兴趣，对吃有研究的民宿经营者就可以带着客人吃遍大街小巷的特色美食，给客人介绍本地的饮食文化。独栋别墅房源可以考虑接待一些聚会客人，类似于生日趴等活动都可以承接。这些或大或小的服务都可以成为民宿拓展盈利的增长点，当然还会有更多深入的服务等待民宿经营者去挖掘。

（三）线下运营的另一个关键点是寻找线下客源

城市民宿客源结构，一般以线上平台为主，这是因为民宿分散的特点。过去的旅游团规模都较大，少则数十人，多则上百，民宿很难接待这么大的客源。另外，掌握旅游团资源的旅行社对合作住宿压价比较严重，所以民宿也无利可图。但随着消费升级，旅行社为一些消费能力强的游客提供个性化的出游服务，类似于一些小包团、定制团等，这些客人往往注重个性化和游玩品质，旅游团人数不多，通常也就是几个朋友或者一两个家庭一起成团出游，这些人相比于入住酒店，更喜欢民宿的个性化和氛围，而且消费水平更高，能够接受更高价位的住宿水平。所以，在拓展线下客源这一块，可以重点发力这个客人群体，找一些提供优质小包团的旅行社进行合作，争取这部分客源，在线上渠道之外，为自己的民宿寻找到新的稳定客源渠道。

（四）民宿配套：放在前面图标方式

民宿房源要想正常运营，除了那些上线接单规则外，还需要一些配套服务和设施，没有这些配套，民宿就只是想象中的一套房子，没办法具体落地实施。这些配套包含了很多东西，虽然都是一些细节，但没有这些细节，民宿就没办法正常运营。

1. 保洁

保洁作为民宿房源配套服务，十分重要，这是因为所有客人都十分关注房源的卫生情况，有些房源条件可能稍微简单一些，因为房客付出的价格比较低，自然还能够接受。但是如果卫生不过关，让房客感觉脏乱差甚至恶心，房客一定会毫不犹豫地退单甚至投诉，这会给房源造成极其恶劣的影响。另外，保洁是房源除了房租成本以外较大的成本支出项，所以民宿经营者也要格外注意。

针对只有几套民宿房源的民宿经营者，如果时间允许，保洁可以考虑自己做或者采用"自己＋付费保洁"的模式。自己做的话会比较用心，能够保证质量。另外，自己做可以节省房源运营成本，提高收益。若偶尔自己忙不过来，可以考虑在一些生活服务平台预约付费保洁来做，注意检查付费保洁的服务质量，筛选质量比较好的保洁人员，建立长期合作关系，后

面自己如果有保洁需求,便可以直接联系。

若是运营多套房源的职业民宿经营者,则要与专业的保洁团队合作或者考虑建立自己的保洁团队。在寻找合作的保洁团队的时候,注意综合考虑质量和价格因素,多筛选几家质量过硬的合作伙伴作为备选,这样如果一个团队因为意外无法提供服务,另一个就能立马顶上,不会出现混乱。建立自己的保洁团队,要考虑房源区域分布和人力配置,还要制定保洁服务标准,这样才能提高服务效率。

2. 布草

房源的布草包含很多东西,有床上四件套,以及沙发布、桌布、窗帘、杯子等,民宿经营者在选择布草的时候,最好选择居家用品。例如,床上四件套,不要选酒店标准的白色用品,因为房客入住民宿,主要是喜欢民宿个性化的氛围和居家的感觉,如果使用酒店标准化的布草,会让客人感觉乏味。布草的风格要搭配房间的整体装修风格,布草质量要过关,好的布草可以给客人舒适放松的感觉。

3. 智能门锁

现在,一些大的线上平台都推出了自家的智能门锁,主要是为了简化民宿经营者的接待工作,避免一些特殊状况给民宿经营者、房客带来的不便。例如,房客将钥匙落在房间里,民宿经营者如果离得远,没办法第一时间把钥匙送到;或者房客很晚回来发现钥匙丢了等,智能门锁会给房客一个临时密码,房客输入密码就可以进入房间,省了以上麻烦。但是,民宿经营者要知道,密码锁并不意味着民宿经营者就不需要接待房客了,有的民宿经营者安装密码锁之后,房客从预订到入住、离店全程自助,连民宿经营者的面都没见过,这样并不是民宿提倡的个性化服务,民宿经营者不应该在房客接待上面懈怠。因为通过接待,民宿经营者可以与房客建立很好的沟通,为后续的房客会员体系搭建等更多工作打下基础。

4. 身份证登记

这也是提醒民宿经营者必须会面接待房客的又一重要原因。各个平台现在在房客身份验证方面存在漏洞,如有些房客用虚假的身份证号码预订房源,这就要求民宿经营者在接待房客的时候,必须当面登记房客本人的身份证信息,并问清楚几人入住等信息,这样可以最大限度地减少与降低房源的安全隐患和毁房的可能性。

5. 安全设施

安全设施主要指灭火器。公安或者消防偶尔会检查民宿房源的安全设施,为了防止意外的火灾情况发生,建议民宿经营者在房源里面配置几个灭火器。

6. 监控

这里所说的监控,并不是在房源内部安装监控设备,这是违法的,也一定会遭到房客投诉。监控是指民宿经营者可以考虑在楼道里房门处安装一个监控设备,这样可以留意房客有没有什么异常行为,尽可能避免一些违法乱纪活动的发生,减少房源安全隐患。

三、数据运营思维

越来越多的民宿、中小型单体酒店以数据为导向,数据运营的重要性愈加凸显。数据运营是一种数据管理业务,它能使组织将数据价值最大化,并助力提升其在行业内的地位。然而,若是没有目的地盲目收集、整理数据,就没有办法更深入地理解民宿或酒店的数据,更加无法使用这些数据使民宿或酒店的整体业务收益提升。

(一)三类关键数据信息

民宿经营过程中,每天都会有不计其数的数据信息。其中,值得关注的关键信息包括以下三类。

1.客户数据信息

客户数据信息包括年龄、性别、学历、消费能力、住宿需求、出行目的、出行方式、预订方式等。因为每个人的喜好各有不同,只有客户数据信息才能帮助民宿经营者准确地制定产品定位,以便做出符合市场判断、达到产品预期的经营策略。

2.民宿数据信息

1)民宿基础数据

民宿基础数据包括GMV(营业额)、OCC(入住率)、ADR(平均间夜价)、RevPAR(单间实际收入)、成本定价等。

2)民宿运营数据

民宿运营数据包括定价策略、动销策略、回复时长、回复率、接单率、接单时长、好评率、投诉率,还有一些平台推出的房源综合指数,比如美团民宿推出的"榛果指数"等。

3.行业数据信息

1)官方数据

官方数据包括各地的政策法规、统计局的统计数据信息。

2)平台网络

比如,"榛果指数"给出房源供给及需求的热力图,可以看到平台房源的供给和当前客户的需求。还可以在平台上看到总订单量、浏览量、间夜价等。

3)实时资讯

实时资讯包含天气信息,比如台风、地震等,这些都会影响客户的出行;还有城市的热点事件,比如会议、展会、颁奖典礼、演唱会、体育赛事等。

(二)民宿数据获取的四大途径

1.文旅局、统计局等官方渠道

官方渠道的数据,通常可以传递出提纲挈领的指向性信息。所以,平时注意关注政府部门,比如全国各地的文旅局官网、国家统计局的一些旅游数据信息。

一般在重要的时间节点,比如春节、中秋、国庆,各地官网会发布一些出行以及旅游的相关数据,包括此次出行的人数预测、星级酒店和民宿的入住率,还有后期会做相应的总结报告。

2.民宿自营数据

自营数据最能直观地反映民宿本身经营的结果是好还是坏。民宿经营者可以打开房态管理软件,比如西软、番茄来了、订单来了等,查看财务报表,它会非常详细地展示包括民宿的营业额、入住间夜数,还有平均间夜价等数据。

3. 各大平台数据

像美团民宿、爱彼迎、途家等民宿平台,通常都会定期汇总自己平台的行业数据,做成分析,而且会形成一个非常详尽的报告,这部分数据对民宿经营者来说是非常精准的且很有参考性的行业数据。

4. 自媒体及社交圈

比如,某数据类的公众号Trustdata大数据,它会提供各类行业的数据,很有指导意义。小红书、微博、抖音也应该去关注其头条、热搜,能反映出当地实时的动态热点,可以为房源的引流,如为标题的设置或者文案的设置提供参考。

(三)数据分析的三大维度

分析数据,是为了找准民宿经营的正确定位,找到自己产品适合的目标群体,然后不断充实和改进民宿的方方面面。在进行数据分析时,可以重点从用户维度、民宿维度、行业维度三个维度去进行思考。

1. 用户维度

在用户维度这个层级上,我们可以关注消费习惯、消费人群、消费能力等信息。我们需要以用户本身为研究对象,去洞见用户不同的消费行为与消费心理。

2. 民宿维度

除了用户维度的分析,每一个民宿经营者都应该去做的,是基于民宿维度本身的分析。我们需要去分析自己民宿经营过程中的基础数据和运营数据,譬如定价策略、动销策略、回复时长、回复率、接单率、接单时长、好评率、投诉率、评分、评分维护、房源的综合指数等。

3. 行业维度

行业维度上的分析必不可少,我们需要对某段时间的民宿行业有一个宏观的认知和判断。比如2019年春节前,厦门旅游发改委发布的一个官方数据,旅游市场的预期没有那么的乐观,各大酒店和民宿的房源预订率没有特别的高。那么,民宿经营者在捕捉到这一信息后,就应该调整自己对于春节期间房源销售的预判。除了官方数据,针对平台网络上的数据分析,同样可以帮助我们及时调整运营策略。

(四)数据助力经营的五点措施

1. 优化产品定位

1)设计层面

民宿的一些标签会带来更高的流量,比如亲子房、厨房、停车场、商务出行等。所以在设置民宿产品定位时,可以按照各种标签的要求进行设计,以得到较大的流量支持。

2)选址层面

不同城市在选址上有不一样的考量,民宿不能一味地照搬照抄,而是要认真地从数据上分析不同城市的不同特性,制定合适的产品策略。

2. 改善销售策略

1) 建立多样价格体系

建立多样价格体系,即对房间类型进行区分后,对每种房型建立基础价格。这个价格策略不仅通过目标人群去划分,还应综合考虑渠道特征(如民宿平台/OTA/朋友推荐)去制定。

2) 动态定价

动态定价,即根据市场需求及时进行价格的调整。

3) 渠道选择

商户收益及平台收益是衡量一个房源在平台权重流量的重要指标,应选择合适的平台,即合适的渠道。所以,建议大家把重心放在1—2个平台,有了一段时间的积累,你的平台收益越高,你在这个平台上的权重会越来越高,你的排名会不断地提升。这样不仅会让你的营收、利润不断提高,而且也可以便于你去节省精力,节约成本。

3. 升级收益管理

民宿的收益管理简单来说就是"五合适",即在合适的时间、用合适的渠道、以合适的价格、向合适的客户、出售合适的房间,通过控制成本,获得最大的收益。

民宿运营时,要开源节流。以民宿成本控制为例,民宿成本分为固定成本(包括房租、物业、人工等)和可控成本(包括电费、客房保洁、布草清洗、日耗品等)。

电费一直是民宿可控成本中的重要部分,节约用电是民宿提高利润率的关键点。除了通过安装智能节电设备,也要充分发挥峰谷时电价政策作用,引导用户削峰填谷、促进新能源消纳,保障电力安全稳定供应。

在收集了民宿客人外出与在民宿的时间段数据后,经营者发现有84.6%以上的客人在晚上10点至次日早8点在房间内休息,而有75.3%以上的客人选择在上午10点前离开民宿去景点游玩。这说明,住宿行业客人的消费习惯,还是总体把民宿当作一个夜间休息的地方。拿7月、8月两个月的数据进行对比,发现同样一个房源,使用了峰谷分时,客房电费由每个月1000元降低到了640元,仅一个月就节省了360元的电费开支。

4. 提升竞争优势

首先,对产品进行差异化的设计,比如民宿的设计中的智能家居的引入。其次,可以根据用户需求,不断创新,譬如提供接车服务、管家服务、24小时值班制度,或者是在房源内提供必备的生活药品,还有旅游线路推荐、民宿经营者精心准备的早餐等。最后是注重服务品质的不断提升。

5. 树立品牌意识

目前,国内多数的消费人群是认可品牌的。所以,民宿形成自己的品牌,提升品牌价值,培养客户的忠诚度,把民宿的客户圈粉,会对每一个民宿经营者长久经营起到至关重要的作用。

第三节 民宿品牌价值

近年来,随着国际及地方政府的利好政策不断出台,民宿似乎也成为这些年的又一个产业风口。从最初当地居民的家庭小旅馆,到大量文艺青年奔赴厦门、云南、浙江等地租用或建设民房打造"梦想家园",尤其是近年来大量媒体人、艺术工作者、设计师们纷纷扎堆在丽江、大理、莫干山、太湖边等,开起了一家又一家的民宿,民宿行业的发展如火如荼。

随着民宿投资迅猛升温,民宿的数量在这几年呈井喷式急剧上升,市场的存量不断增长,内部的竞争也逐渐白热化。而且这一领域已然激发了大公司、大资本的兴趣,进而转化为实质性的投资布局。如家快捷酒店2016年3月正式启动民宿运营,符合条件的民宿业主将以合作形式纳入旗下品牌"云上四季民宿",希望打造中低端民宿连锁品牌;2016年5月,绿城宣布进军民宿,同年秋季第一家绿城开发经营的民宿在杭州开业。除了大企业的进入,得益于互联网的发展,也有一些乡村民宿也被开发出来。此外,在国内已经具有一定知名度的民宿品牌,如花间堂、宛若故里、幸福时光等纷纷开始了连锁扩张。

民宿的专业化、品牌化、连锁化运营,似乎成为新趋向。但在民宿这个以小众、独特、精致著称的非标准住宿领域,民宿的个性化、人格化特质与品牌连锁复制所要求的标准化,却存在着内在的紧张关系。到底是拒还是迎?民宿经营者们莫衷一是,理解并不统一。民宿品牌连锁化之后,是否会离本源渐行渐远,这让一些民宿经营者不无忧虑。针对这些问题,民宿行业的先驱也在不断探索未来民宿之路。

一、民宿的品牌影响力

我们常说的所谓民宿的品牌影响力,就是民宿的个性化特质,这需要我们找到属于民宿的独特标签,并持之以恒地宣传自己的标签。最开始的民宿,民宿业兴起初期,很多民宿依靠附近景区带来的人流量。旅游旺季,民宿的生意就不错;旅游淡季,入住的客人就大幅减少。因此,民宿虽然整年的入住率不低,但是周期性明显。也就说,很多民宿几乎没有打造自己专属标签——品牌,而只是靠近旅游资源,将民宿作为景区的配套。事实上,民宿品牌的价值远大于民宿本身的价值,如山里寒舍、过云山居等,除了拥有大量的回头客,打破淡旺季影响外,还拓展了新的产品和业务,收入远不止房费一项。若还不能有意识地打造自己的品牌,只能被抢占市场,狼狈出局。那么,如何打造民宿品牌就显得迫在眉睫。

  松阳云上平田慢生活村

（一）建设民宿品牌，找准民宿品牌的定位

品牌的个性与独立性决定了品牌的差异性，而精准定位品牌是建设优质特色品牌的前提与关键，而且决定着品牌的推广市场以及目标群体。虽然可以通过大量的市场调研、研究分析以及系统综合诊断来确定民宿品牌定位，但更重要的是发挥民宿自身独一无二的优势资源，如展现优美画卷的自然资源、唤醒童年记忆的乡村院落、挖掘深厚内涵的地域民俗文化、开拓传递生活品质的美学理念等，这些才是民宿品牌精准定位的有力抓手，如山里寒舍、花间堂、西坡等独具特色的民宿品牌无不体现出民宿品牌的内涵。定位不仅体现出品牌理念、品牌创意，还包含了品牌文化。品牌文化是民宿行业茁壮成长的肥沃土壤，民宿离不开所在周边环境和历史文化的融合。如我国台湾地区的一些发展较为成熟的民宿，正是以地域文化创意的品牌定位走入了游客的心中；云南的花间堂以融合唯美人文与乡土特色的品牌文化吸引大批游客，大幅度提升了品牌竞争力。因此，民宿经营者应该结合自身资源，深入挖掘文化内涵，精准定位民宿品牌。

（二）塑造民宿品牌形象，打造个性标签

品牌形象是游客在有形识别和无形体验过程中建立的一种主观印象。民宿品牌的有形标志包括品牌的名称、标记、民宿建筑，以及客房的毛巾、浴巾、布草等生活用品，还有装饰摆件、民宿工作人员的形象等；而无形体验则包括民宿产品的品质和服务的质量。此外，民宿品牌的内外形象均要契合品牌定位。在塑造民宿品牌的过程中，经营者不仅要关注民宿建筑风格、室内装修、品牌标识的设计，保证游客生活用品的质量，更重要的是需要对工作人员进行系统的培训并统一制定标准，提高服务人员的水平，从内外两个方面塑造民宿品牌的独特形象。独特的民宿品牌形象能够给游客留下清晰且深刻的民宿体验，有助于提高品牌的辨识度和品牌忠诚度。

（三）创新民宿品牌营销，抢占消费市场

品牌营销有助于进一步宣传推广民宿品牌的知名度和影响力。但是，目前民宿的营销手段多局限于线下单一的预订渠道，宣传力度不够，营销效果不理想。在互联网蓬勃发展的背景下，民宿经营者可以从消费群体、营销方式、预订渠道、媒体投放等多个方面创新民宿品牌营销方式。就消费群体而言，可以运用互联网大数据技术深入挖掘消费群体的数据信息，利用互联网技术为民宿客群精准画像。根据画像内容精准营销，不仅能够帮助民宿增加客户黏性、促进增值服务，还可以对游客消费偏好进行实时追踪，完成消费趋势预测。

（四）开拓民宿品牌，延伸产品价值

在品牌影响不断扩大的背景下，民宿业发展会从个体发展走向群体发展，依托民宿品牌，开拓民宿创意旅游产品类别，达到民宿品牌的延伸、维护，进一步提高品牌忠诚度，促进民宿业健康、可持续发展。可以根据民宿客群画像，从客群需求出发，开发个性化、多样化的旅游项目，迎合游客的偏好，以增强他们的参与感和体验感。例如，民宿主可以将自己的人文情怀、审美情趣和生活态度融入民宿经营中，开展美食、陶艺、插花、扎染、剪纸等人文体验活动,或是私人订制服务项目,既能丰富游客的民宿体验,又能巧妙地将当地文化融入民宿中。除体验活动外,还可以设计一些民宿品牌下的文创产品,如本地特色伴手礼、专有民宿布草、特色艺术装饰品等。

二、民宿Logo的重要性

随着科学技术的飞速发展,印刷、摄影、VI设计和图像传输等发挥着越来越重要的作用,这种非语言传播的发展对语言传播具有一定的竞争性。民宿酒店品牌标识(Logo)设计是酒店独特的传播方式之一。

精品民宿在风格的设计上往往独具匠心,倾注着建造者的理想、灵感与情怀。民宿设计有着独特的美学价值,每一家民宿都有自己的故事。民宿的故事从它的名字开始,而民宿的Logo设计更是倾注了设计者大量的心血,好的Logo能为民宿增添许多情趣。

自然本真就是一种家的感觉,体现依山傍水、归隐山居、拥抱自然,回归本真的美,这类Logo的设计多突出自然山水、花草树木、虫鱼鸟兽等(见图4-2、图4-3、图4-4)。

图4-2　朴实无华

图4-3　诗意、浪漫

图4-4　故事、寓意

Logo的设计是否结合品牌理念、是否具有记忆点、是否传达出丰富的产品信息、是否容易让人产生兴趣,对一个Logo来说是非常重要的。与此同时,民宿就要给人一种住在家里的感觉,有踏实感、归属感和幸福感,那么,Logo的设计要能够很好地诠释家的概念。

三、民宿品牌的构成

民宿品牌是指民宿企业或民宿主以消费者为中心,在主客交流的长期互动过程中塑造出的具有个性特色、品质保障、情感体验、符号识别性强的功能特征,传递出人文情怀、民宿氛围的物质载体,用于与消费者建立牢固的情感联系,并能赋予产品或服务附加值的特殊资产,是提供产品与服务的综合标识。

随着商业文化的日益成熟和商业渗透力不断增强,品牌及其所附着的商誉已经成为民宿重要的核心资产,品牌经营及品牌管理也将成为民宿重要的战略业务之一。如果要成功构建民宿的品牌,那么应该做好以下几个方面的工作。

（一）品牌的价值度

品牌必须依存价值而生,它是价值的象征:首先是依存于产品价值;其次是依存于服务价值;再次是依存于长期价值;最后是依存于超乎顾客心理期望的价值。离开了价值,品牌将不复存在。

（二）品牌的传播度

传播品牌,就是传播品牌的核心价值。确定了民宿的品牌价值之后,品牌传播的主线和基调就可以确定了。要做好的品牌传播:一是品牌传播途径的选择;二是要致力于做品牌的口碑传播。

这里要特别说一下,民宿做品牌建立,专业的传播渠道确实很重要,效果也显著。但其投入也很大,可能经不起时间的考验,所以需要慎重考虑。

（三）品牌的吻合度

在品牌经营与管理当中,由于盲目追求提高品牌知名度、品牌影响力及其带来的现实收益,就很容易造成品牌传播与品牌价值的错位。有许多民宿的品牌知名度是很高的,但不被顾客所认可,就更不用指望他们为之买单了。由此可见,不能盲目追求知名度,要追求顾客满意度,实现品牌价值与品牌传播的高度吻合。

（四）品牌的持久度

说到品牌的持久度，就不得不提到国际上非常成功的品牌案例。例如，耐克的产品，一直与运动结合在一起，让顾客把运动当成一种时尚；百事可乐把饮料与年轻人、音乐和运动结合起来；麦当劳传播的是欢乐，面对的是情侣、家庭和小朋友。

通过这些案例，我们不难发现，这些品牌不管用谁来做品牌形象代言人，也不管品牌广告和传播方式如何，传播的都是一个永恒不变的主题，品牌持久度较高。而很显然，这些企业成功地将品牌深刻植入顾客的脑海当中，这正是民宿品牌需要学习的地方。

（五）品牌的创新度

传播主题可以不变，但传播的方式和创意，完全是需要创新的。让顾客产生审美疲劳，肯定不利于品牌的科学经营与管理。创新是活化品牌的灵魂所在。

（六）品牌的亲和度

正如上面所说的，民宿就要给人一种住在家里的感觉，有踏实感、归属感和幸福感。对于民宿来说，真正的口碑传播就是来源于品牌的亲和力。通过顾客的口口相传的口碑传播，才是一个民宿品牌印证品牌价值的体现。

（七）品牌的忠诚度

做品牌的最高境界，就是要让品牌像一面旗帜。要达到这样的境界，必须具备良好的服务、整洁的环境、贴心的人文关怀，给人一种从内而外的舒适感。让客户只要有住宿需求，第一个浮现在脑海中的选择就是某家民宿，那么这个客户就已经成为这家民宿品牌的忠实客户了。

四、民宿品牌的本质

大旅游、大需求催生"大住宿"产业，这几年星级酒店、主题酒店、经济型酒店、青年旅舍、民宿客栈竞相发展，恰如雨后春笋。但是，在"民宿热"的驱动下，民宿发展的"乱象"不少，诸多民宿与其他住宿业态的差异越来越小。一些成片新建的酒店，一些"高大上"的酒店，都冠上了"民宿"的美名，甚至演变成了一种纯商业投资行为，这就远离了民宿的本义。

（一）民宿就是民宿，应坚守自己的本质

民宿的本质，首先应是"民"字当头。这里的"民"，应是利用民居改建，保持当地民居风格；应是彰显地域人文特色，具有当地民俗民风个性；应是民宿主人，也应是入住客人。

民宿的本质，其次应是"宿"字为本。民宿最基本的功能是提供住宿。

但民宿不应仅仅只是"住宿"，而应是一种生活空间；这是一种融入当地民俗民风、具有文化个性和生活气息、有着更多体验的生活空间；这是一种有故事、有情感、有品质的生活空间；这是一种本土化了的生活空间。如果只是找个地方住宿，那么多星级酒店设施更好、服务更规范、更可预期，何必来民宿这里"住宿"。

本质上,民宿提供和创造的是一种生活方式。当下,民宿之所以受到部分年轻消费者、家庭消费者和中产阶级消费者的青睐,正是因为在民宿可以享受到一种有情怀、有个性、有家有园、有归属感,而且是自己追求的一种生活方式。所以,民宿,一定要坚守自己的本质和个性,方可在倡导和创造生活方式的路上走得更远、更好。

(二)民宿当更应接"地气",更具自己的个性

民宿应当更具当地乡土风情和生活气息;民宿,当有个性,即生动演绎不一样的生活故事。每家民宿都应"讲好"自己的故事,提供不一样的体验,营造不一样的生活,让消费者"总有一个喜欢上你""来了还要再来"的理由。其实,不必模仿别人,不需要"克隆"版本;只有做出自己的个性,创造自己的"IP",才是民宿可持续发展之道。不同的地缘环境,不同的地域文化,不同的民俗风情,不同的生产业态,不同的生活方式,不同的装饰风格,不同的情景体验,都可以成为民宿的"IP",进而形成自己的独特魅力。

(三)民宿还应有一个鲜明特征,就是更加关注"民生"

民宿中的这个"民生",首先是要让入住民宿的消费者住得舒适,生活有品质。当下"设计感"已成为民宿的一个"热点"。民宿相比较其他住宿业态,当有更强的"设计感",也不否认不少民宿的设计感确实颇有创意。但是住宿首先得要舒适,人们喜欢民宿,追求的是一种生活品质。

(四)民宿不仅要"看上去很美感",更要让人们体验到"住下来很舒适"

民宿卧床和枕头是否舒服?卫生间是否有气味?淋浴是否方便?灯光是否适宜?开关是否好找?房间里的摆设和书籍是否适用?这是细节,往往关系到是否"舒适",而往往被过度追求"设计感"所忽略。这一"忽略",则往往影响到民宿的生活品质。

(五)民宿的标准化与非标准化耦合

让民宿"纠结"的,还有一个问题,就是"标准化"与"非标准性"。当下的民宿,当属"非标准性",如果以类似星级饭店的标准"套用"于民宿,那也许就会"泯灭"民宿的个性和特色,如房间的情感要素、休闲的生活空间、提供体验的项目和个性的定制服务等。但作为提供住宿和休憩的处所,在诸多要素上也得有所"标准"和起码的要求,如配置、卫生、安全以及经营管理等方面。

近年来,一些地方和有关部门出台了关于民宿的"服务导则"和"管理规范",以及消防管理等规范,非常及时而可行。民宿,就是要首先在惠及民生、提升生活品质上守住"底线",坚守本质。

(六)民宿当惠及民生

民宿当惠及民生,不仅体现在提升品质上,还应"落地"到提高经营的综合效益上。

投资、投入,总要讲究收益。提高民宿的经营效益,同样是民宿可持续发展的关键所在。现在一提民宿,谈及的更多的是情怀。做好民宿,当然需要情怀,但光有情怀是远远不够的,

还必须要有经营模式、盈利模式。

如当下许多民宿"周末与非周末"经营状况落差很大,管理、营销和服务人才缺乏,资源闲置现象严重,管理成本上升,经营效率维艰等问题,当引起足够的重视,更需要市场、政府、经营主体一起来破解。民宿好不好,市场说了算。民宿的发展,需要政府的推动、情怀的驱动、设计的炫动,但根本还是需要市场的拉动。民宿当有自己准确的市场定位,并以产品、业态、营销和服务创新引导市场、创造消费。民宿要注重弘扬自己的特色,做好场景式、体验式营销,"切割时间卖空间",让服务创造价值;引入或组合多元经营和管理主体,创造出适合自己的经营模式,实现消费者和经营者的"双赢",是众多民宿增添活力的必然路径。给予必要的政策扶持,导入金融的融合发展,帮助破解民宿发展中的"瓶颈",营造更好的消费环境,则是地方政府和社会为民宿发展应做的事情。

(七)互联网时代的"民宿+"

在互联网时代和全域旅游背景下,民宿就是一个旅游微目的地。做好"民宿+"的文章,对于实现民宿发展的初衷具有现实意义。

民宿要将空间、服务和经营延伸到"民宿以外",即拓展民宿新业,拉长民宿的产业链。比如"+农副产品"的加工营销、民俗文化、节事活动、农事体验、亲子研学、健康体育、养生养老、房车露营和文创产业等新业态,让消费者为深度体验"买单",进而拉动综合消费。还可以充分利用民宿的区位优势和资源优势,与周边的乡村旅游和其他资源融合发展整合经营,形成"共生效应",创造一种新的旅游体验方式、一个更大的旅游生活空间,共建旅游度假乃至旅居的目的地,这也是实现民宿资源配置优化和利润最大化的经营创新之路、可持续发展之路。

(八)"当我们走了一半路程时,别忘了自己当初为什么出发"

民宿发展要"回归本义、坚守本质、弘扬本色"。切忌"一哄而上""遍地开花",而当顺势而为,更加务实地引导正在经营中的民宿,在本土化、个性化、产业化、品质化等方面把自己做得更好,提升水平,创新经营。引导正在规划和建设中的民宿,选好地域区位,找准市场定位,锁定个性品位,走"精品民宿之路""特色民宿之路",并在全域旅游和产业融合发展的背景下,促进民宿和其他旅游业态的整合发展,实现共生共建共享,进而让民宿之花在大众旅游的"春天"里绚丽绽放,并春华秋实,结出丰硕的果实。

应用实操题

1. 根据所参与的民宿运营管理实践,撰写一份民宿运营管理实践报告。
2. 协助一家民宿主进行长期线上运营,并对运营结果进行分析。
3. 完成一家民宿品牌价值分析,找出问题,并完成提质改造。
4. 设计一个民宿品牌与Logo。
5. 探讨思维在民宿运营中的重要性。

第五章

民宿服务与管理

学习目标

1. 掌握什么是真正的服务。
2. 知道优质民宿的服务项目有哪些。
3. 理解有灵魂的服务才动人。

任务点

1. 根据民宿见习实际情况,分析一家民宿服务存在的问题。
2. 根据一家熟知的民宿,制作一份该民宿服务提质改造方案。
3. 制作民宿服务标准书。
4. 探讨民宿服务标准化建设。

知识框架

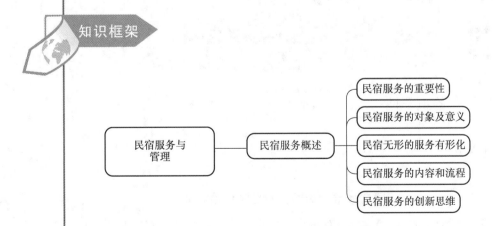

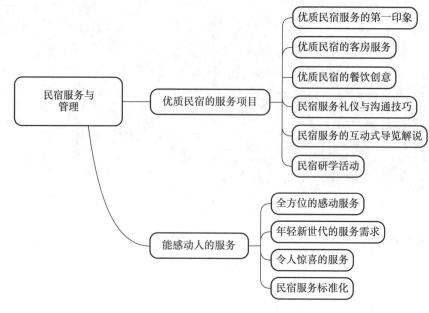

第一节 民宿服务概述

随着社会经济的发展,中国服务业转型升级加快,推动国内外服务外包产业发展,助力"中国制造"(Made in China)向"中国服务"(Served by China)转型,中国的服务业产值从2017年起连续数年占GDP比率超过50%,2019年就业人口更是高达47.4%。由此可见,服务业将是我国经济发展的主流,也是国际经济发展的潮流趋势。因此,对于民宿服务业有必要进行探讨。本章的内容主要是了解民宿业服务文化、服务管理系统与经营绩效之间到底存在着什么样的关系。本章每一节用一个故事当作引言,结合理论依据,用实务的案例与情境,希望能诱发读者对旅宿民宿的服务有多元化的认知。

  "中国服务"概念下的旅宿管理

一、民宿服务的重要性

 引言故事

网友最常讨论的民宿地雷体验

台湾地区的媒体DailyView网路温度计就通过《KEYPO大数据关键引擎》,分析网友最常讨论的民宿地雷体验。

旅行已经是现代人的精神食粮,在出发前费心查资料、做攻略,就是希望自己能有趟完美的旅行,但若不小心遇到民宿以下这些状况,先前的规划可以说是全毁了。除了环境脏乱、民宿主人怪怪的,还有哪些是网友最讨厌的住宿经验呢?

1.浴室水管堵塞、没热水、厕所超级雷(卫生服务问题)

结束一整天的行程,回到房间最重要的当然是洗个舒服的澡好好睡觉。但住民宿最讨厌遇到的,就是水管堵塞,洗完澡结果浴室变成游泳池。要么就是水压太低,出水小;还有一种,冬天遇到民宿没有热水,真的会崩溃。

2.吹风机不强、冷气不冷、硬件设备出问题(设备服务问题)

虽然民宿都有基本的硬件设备,但未必保证这些东西都是堪用的。洗完头想吹个头发,结果吹风机风力弱;夏天到了进房间想开冷气但不冷,还有灯光暗到怀疑自己住的是不是"鬼屋"? 这些点都是网友讨论,进到房间后瞬间不知所措的原因之一。

3.民宿主人一直来打扰(过度服务问题)

虽然遇到贴心的民宿主人,会让这趟旅程更有温度。但也有网友认为,出来度假就是想要有安静的空间和个人隐私,民宿主人一直来提醒事情,或是过多地嘘寒问暖,反而会让人倍感压力。因为付了钱,就代表这段时间旅客其实不想被打扰。

4.房间内没有备品(备品服务问题)

随着环保的风气越来越盛,许多民宿业者会标榜不附赠洗发露、牙刷等备用品,希望减少一次性用品。但有的民宿明明没有这样的规定,其房间内的洗发露、润发乳要使用的时候发现短缺,通知了也不补,让不少旅客还得出门去买,影响了旅客的住宿体验。

5.潮湿到房间发霉(环境服务问题)

有些民宿位于山上或海边,难免潮湿。但日前就有网友抱怨,入住其游乐园区的民宿,进到房间就傻眼,因为房间都是霉味,不只墙壁漏水、壁纸发霉,木头地板水汽也重,反映了以后,经营者也说是气温比较低才会有这种感觉,让这名网友觉得踩到地雷!

6.订房网站和现场房型不同(预订服务问题)

订房网站上总是会放满美到浮夸的房间照片,吸引旅客前往(见图5-1)。但有不少网友分享,每次满怀期待到现场,一开门却发现这不是自己想要的"预订房型"或根本是"照骗",但跟经营者反映,得到的答案也是没有别的房间可以更换,只能"不爽不要住"。

图 5-1 民宿美景

7.灰尘满地、脏到不行(卫生服务问题)

虽然住外面也许不比家里舒服,但起码基本的清洁程度还是要有吧!在饭店昏黄的灯光下,沙发跟床看起来都很舒服,但床上到底有没有灰尘,过敏族一躺上去就知道了。更离谱的是,还有的民宿灰尘脏到肉眼可见,叫人怎么安心好好睡觉啊!

8.蟑螂、蜘蛛、昆虫到处飞(环境服务问题)

一家人出去旅行,包栋的民宿是大家的首选。不过却有网友发现,这种民宿的环境卫生很容易成为地雷。不但有蟑螂、蚂蚁、蜘蛛,甚至在民宿的室外空间,草丛花园里,还会有各式各样昆虫、青蛙的尸体,想不尖叫也难。

9.民宿主装了监视器随时监控(主人服务问题)

每天有这么多陌生旅客来来去去,不少民宿主都会装监视摄影机,避免有素质低下的客人破坏环境,或是有安全问题及偷窃行为,但是通过监视摄影机时时刻刻监控就有点离谱了。有网友分享,曾碰到过民宿主总是"精准"提醒房客要记得关灯、倒垃圾,还会贴心地提到,因为大家都出门了,所以就先把房间冷气关闭。离谱的行径让网友相当不舒服,觉得自己根本是被监视了!虽然素质较低的客人的不良习惯确实让人很头痛,但对客人一直监视提醒,侵犯了客人隐私,就有点夸张了。

(一)民宿业经营特征——服务人员对服务品质的影响

民宿业通常给人的印象,就是工作环境、福利与薪资待遇跟一般行业有所差别,尤其又重视基层实务的历练养成,因此较难以吸引并维持专业人士长期投入。而不少经营者偏好雇用临时工来降低成本,因而忽视整体人力之短、中、长期的服务训练发展规划。

从市场上来看,国内各种住宿的业种业态一应俱全,各方面替代性选择高,其他高星级酒店与农家乐提供高端与低端商品,加入战局瓜分市场。另外,因为消费者不同的需求所产生的消费同时性,以致员工表现受到平日与假日、高峰与离峰时间或淡季与旺季之分,与工作负荷量的不同而产生差别。加上民宿业因为人的个性、情绪、态度等不同差异性,与员工训练、经验上的区别,而导致不同结果,因此难以维持像商品标准规格化的一致性。民宿经营者为配合一般消费者作息需求,而在较长营业时间下,让从业人员以轮班或加班补休制,弹性因应工作之需要。此外,地区性差异(海边、山区、城市、乡村)与服务无形性等,都是民宿业不同于其他产业所显示的特征。因此,就顾客消费市场所导致民宿业者的经营现象和因应结果,用图示归纳如下(见图5-2)。

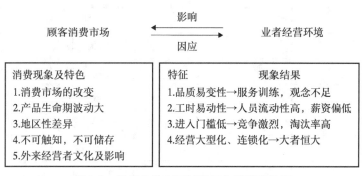

图5-2 民宿业的市场环境与业者因应做法

因此,民宿产品就跟一般的服务零售一样具有无形性(Intangibility)、不可分离性(Inseparability)、异质性(Heterogeneity)、不可储存性(Perishability)四个特质。民宿消费者感受到服务品质的好坏,就在于比较其对于服务期望及服务感受之间所产生的差异。如果消费者对于服务的期望高过于所感受到的结果,则会认为所得到的是不好的服务品质。经营者可以借由塑造消费者的期望来控制其服务的品质,其中一个重要的原则就是不要做出过度的承诺。根据民宿服务业的特性,参考日本学者杉本辰夫归纳出应具备的五项服务品质:一是内部品质(Internal Quality),即使用者看不到的品质,如民宿客房卫生、民宿环境卫生等;二是硬件品质(Hardware Quality),即使用者看得见的品质,如民宿主题、房间装修特色、布置与照明亮度等;三是软件品质(Software Quality),即使用者看得见的软件品质,如入住手续流程、宣传广告是否夸大不实等;四是即时反应(Time Promptness),即服务时间与及时性;五是心理品质(Psychological Quality),即服务人员应对的态度等。

(二)民宿顾客——对服务品质的诉求

来自民宿顾客的赞美和抱怨向来是民宿服务品质的指标,因此不少经营者经常借此来发现自己的缺失与不足之处,作为后续改善或者强化促销的依据。美国宾夕法尼亚大学在《服务业顾客满意度》的研究中发现,会影响顾客满意的最主要因素就是服务的品质,而房间价格也是一项重要因素。顾客消费的模式通常是他们总记得其他民宿的价格并比较服务的品质,如果价格高过预期,满意度就会降低;如果价格低于平均,满意度就随之提高。因此,民宿定价时须留意其他竞争者的定价区间。另外,笔者曾对我国400多家民宿业经营者或店长,进行关于顾客的客诉类型和频率的调查。结果显示,顾客常抱怨的服务项目包括停车空间、住宿环境、服务品质、民宿价格和附加服务、噪音程度、员工态度、食物品质与制备方

法、住宿点外观、服务操作时间、服务次数(见表5-1),顾客常称赞的服务项目包括服务品质、装修与设计、员工积极主动帮忙态度、环境卫生、配套设施、配套民宿、员工仪容仪表、服务次数、抱怨处理、附加服务(见表5-2)。

表5-1　最常抱怨服务项目

1	停车空间
2	住宿环境
3	服务品质
4	民宿价格和附加服务
5	噪音程度
6	员工态度
7	食物品质与制备方法
8	住宿点外观
9	服务操作时间
10	服务次数

表5-2　顾客最常称赞的服务项目

1	服务品质
2	装修与设计
3	员工积极主动帮忙态度
4	环境卫生
5	配套设施
6	配套民宿
7	员工仪容仪表
8	服务次数
9	抱怨处理
10	附加服务

将表5-1、表5-2两组数据相互对比,不难发现一般顾客对于民宿服务行业要求的重点,以及对服务品质重视的程度。举例来说,停车空间位居客诉项目的榜首,民宿业更应该慎选民宿设立的地点,考量停车方便性与附近交通情形。注意餐厅位置的安排、让顾客感到民宿是否隐秘或是宽敞、使用能降低或吸收噪音的设施、提供顾客干净清洁的寝具,以及在高峰时段针对大量顾客所提供的快速服务等问题妥善解决,均可为民宿业者塑造更积极专业的形象。

（三）民宿服务品质的衡量原则

通常来说，消费者在评估民宿服务品质时所用的衡量准则不仅复杂，而且难以精确决定；同时不能光由服务品质的结果来衡量，必须将整个服务过程给考虑进来(Kotler，1994)。Fitzsimmons 等学者(1998)用更广泛的角度来看待服务系统，指出可以从内容、过程、结构、结果与影响等五个观点来衡量服务品质。

整体而言，服务品质不仅是一种结果，还包括提供服务的过程和方式。而服务品质主要是由期望的服务与认知的服务所组成，而两者之间差距则代表了服务品质的良莠好坏。消费者衡量服务品质时，除了服务本身，对服务过程与服务的方式也会加以衡量，因而增加了民宿服务品质的复杂度。对消费者而言，无形的服务品质比有形的产品品质更难评估，因为服务品质的评估不只是依据服务的结果，还包括对于服务传递过程的评估。

由于服务品质是不确定的，不同时间及不同服务人员，甚至不同顾客传送或接受的服务品质皆有所差异，因此规模较大的精品民宿与连锁民宿需要考虑将其服务标准化，为顾客提供一致的服务品质。

服务有其特性，传统的"4P"营销组合(Product，产品；Price，价格；Place，渠道；Promotion，营销)已经不足以涵盖民宿服务业的营销功能，因此，需要新的元素来补充原有组合的不足。综合学界的建议，应该再加上实体环境(Physical Environment)、服务人员(Service Person)与服务过程(Service Process)三个新的元素，与传统的营销组合加起来合称为"7P"。而服务品质的构面就是这三个新增的因素（见表5-3）。

表5-3 服务品质的构面表

构面	项目	顾客可能的反应
实体环境(Physical Environment)	空间/功能	民宿设计摆设有品位，房间布局合理、干净
	周围环境	民宿花园真是富有诗意，周围景观也很美
	标志/装饰	这个民宿房间标示不明，我找了好久才找到
服务人员(Service Person)	可靠性	这个人的表现像月亮，初一、十五不一样
	回应热忱	他的迅速回应，马上就能切中我的需要
	信赖感	这个民宿前台披头散发，实在让人很不放心
	同理心	她常站在顾客立场着想，迅速解决问题
服务过程(Service Process)	精确度	这家民宿老是出状况，预订好的客人到前台没房
	延误处理	他们客房服务效率差，等了好久

注：参考曾光华《服务业营销与管理：品质提升与价值创造》一书，根据民宿情况修改。

（四）你的民宿服务品质达标吗？

无论是何种形态的民宿服务业，民宿经营者必须具备能建立一套标准化作业系统的专业知识和管理技能来支援并满足顾客的需求，并确保提供完善的服务品质来赢得顾客忠诚度。管理者可以同时运用许多不同的方法来评估其所提供的服务品质，当然每一种方法各有其优缺点,要看使用者依据评估的目的与内容来决定使用何种方法。以下分别介绍服务业常用的服务品质评估方法。

1. 观察法(Observation)

适用:一般民宿经营者。

方式:观察法是业者评估服务品质最简单且成本最低的一种方法,管理者可以在例行的管理工作之外,有系统地观察并分析每天服务提供者与顾客的互动过程。

优点:可以确认真正的服务缺失和导致原因,并针对缺失立即改进;不需要顾客的参与,可将造成顾客不便的情形减少到最低。

缺点:观察者需要接受高度专业训练,时间和金钱的成本相当高;产生侵犯隐私权有关的道德争议,因此许多公司常告知顾客和员工基于改善品质的目的,管理阶层会进行观察。由于第一线员工十分清楚自己的角色,若是由他们来代替管理者担任观察者的角色并进行同侪评估,效果会更好。

2. 员工反馈法(Employee Feedback)

适用:一般民宿经营者。

方式:一线服务人员在现场与顾客面对面的互动,大多数的顾客可以很轻松自然地和面对的服务人员互动,也常常将感受到的服务品质告诉一线服务人员。因此,借由一线接触的员工来搜集顾客对服务品质的看法,最能清楚地知道顾客对民宿所提供服务的最直接反应。

优点:能得到顾客对服务品质第一手且最及时的看法,有助于管理者立刻改进。

缺点:必须注意避免员工本身的偏见,得到的资讯或许是片段的、不完整的,甚至并非实话。

3. 顾客访谈法(One by One Customer Interviews)

适用:一般民宿经营者。

方式:与顾客访谈是评估服务品质方法中最少用但也是最有效的方法,就像学术研究常使用的结构式深度访谈法,设计一定顺序固定问项的问卷来访谈顾客。

优点:可以搜集到最及时且丰富的资讯,可以让受访顾客感到餐厅重视对顾客感受到的服务体验。

缺点:进行访谈耗费时间和费用,尤其是访谈员的专业养成训练成本相当昂贵,因此许多公司倾向在每年特定时段或针对主要客户、特殊事件或是个别抱怨的顾客进行个别访谈。

4. 目标顾客邀约法(Focus Group)

适用:中大型民宿经营者。

方式:许多精品民宿或连锁民宿经常邀请重要客户,进行单场10—15人的焦点团体座谈或沙龙,座谈设计的目的就是让参与者针对民宿是否达成顾客的需求来进行讨论,特别是可以确认什么是顾客认为最重要的服务品质项目,来设计开放式问题进行讨论。例如,"请您评估本民宿所提供的整体服务品质""我们该如何改善服务品质""当发生顾客抱怨时,我们的处理方式是否令人满意"等。

优点:从顾客角度确认服务缺失的问题及解决的方式,是实用且有效的评估法。

缺点:需要相当高的费用,因为必须负担参与者的差旅费以及支付专业引言人的酬劳,对规模不大的民宿而言是一笔大的开销。

5.意见卡法(Critical Incident Technique)

适用:中大型民宿经营者。

方式:主要针对服务特别满意或特别不满意的顾客而设计,借由一对一的访谈或是餐厅旅馆业常使用的开放式顾客意见卡,让顾客描述抱怨的问题或是需要改进之处。

优点:可鼓励或诱导顾客针对印象最深刻的满意或不满意事件来作答,让顾客明确地指出服务中最重要的项目,业者能借此重新设计服务的传递系统。

缺点:不像其他常见的顾客意见表的设计,顾客必须针对事先已设计好的问项来回答。

6. 问卷调查法(Customer Surveys)

适用:中大型民宿经营者。

方式:问卷调查法是目前旅馆业及民宿业者最常使用的方法,分为例行的顾客意见卡及不定期使用具有特殊属性的服务品质量表问卷。

说明:顾客意见卡通常置放在民宿的前台或房间上,内容从简单到非常复杂的设计都有。顾客意见卡上已有事先设计好的问项及评量尺度,请顾客针对服务的实际感受来填写。

优点:资料搜集简单,只要放置问卷在房间或柜台接待处即可,因此费用较低廉。也有部分餐厅设计已付邮资、约明信片大小的简单顾客意见调查回函来搜集顾客的意见,若得到顾客的正面回复,还有用微信公众号及扫描二维码填写,管理者可借此奖励相关员工。

缺点:由于是顾客自愿参与填写,因此回收率很低,而且填写的多是十分满意或很不满意的顾客,无法反映出一般顾客的实际感受。因此,许多餐厅常会用免费的餐券、折价券或是折扣优待等诱因,来鼓励顾客填写作为奖励。

其次是处理的效率问题。通常经营者每周汇整一次顾客意见卡,当发现记录的意见或问题时,顾客可能早已离去。因此,最好就是每天针对搜集到的顾客意见卡进行分析,以提供及时的补救措施。有些餐厅业者是由当班的干部来检视顾客意见卡,并将问题意见交接给下一个班次的干部,避免问题重复发生且尽快将问题解决。

二、民宿服务的对象及意义

(一)民宿服务的对象

如前言所述,在人生的舞台上,我们每个人都兼具各种角色,一方面在服务别人,同时也在服务自己。一般人都误以为"服务"是对外,服务顾客的事,其实并不尽然。民宿服务的对象不是只有上门的顾客,而是有以下三种。

一是外部顾客,包括上门的顾客、查询资料的顾客、途经的顾客。

二是内部员工,包括正值及兼职实习员工,让员工满意,员工自然让顾客满意。

三是合作伙伴,包括用品供应商、食材供应商、设计师、建造工人、周边社区居民。

(二)民宿服务的意义

民宿服务的意义是指在特定的时间、地点,针对顾客提供一种"创造价值"和"增加利益"的活动,可以分为三个部分。

一是价值与利益(Value and Benefit)。此处所指即为提出可以获得顾客与消费者所认同的价值利益,使他们愿意支付报酬获得该服务。二是活动(Activity)。是指服务也是一种循环性不断重复且不随意间断的活动。三是无形与有形(Intangible and Physical)。无形与有形是指服务可以分为无形的方式以及附加在实体产品下的产物,包括完全无形之服务(如观看球赛、观看电影、聆听音乐会等)、实体产品与无形服务(如餐饮业、民宿业)、实体产品为主的服务(如饮料、运动用品等非必要消费物品)。然而,民宿服务本身具有无形性(Intangibility)、不可分割性(Inseparability)、异质性(Heterogeneity)、易灭性的特性(Perishability),如表5-4所示。

表5-4 民宿服务的特性

1	无形性(Intangibility)
2	不可分割性(Inseparability)
3	异质性(Heterogeneity)
4	易灭性(Perishability)

1. 民宿产品之无形性

飞机上的旅程、晚上住宿的民宿、海岸风光的浏览、艺术博物馆的参访以及美丽的山岚景观,游客旅游一趟回来,并不能把这些东西也给带回来,这些产品即使它们占有空间,但最后也只是游客脑海中的回忆,存在游客亲身经历或体验当中。有形体的产品,如机上的座位、民宿房间的床铺、民宿的美食等,都是被利用于创造经历或体验,而并非旅客真正消费的目的。旅客付费是为了无形的效益,如放松心情、寻求快乐、便利、兴奋、愉悦等。有形产品的提供通常是在创造无形的效益与体验无形性。因为产品的无形性,增加了消费者在购买旅游产品时的不确定感,旅游行程的品质与民宿真实内容也不易从行程介绍折页或销售人员的推荐中得知。

因此,克服民宿产品无形性有以下几个策略。

1)让产品有形化

例如,旅行社内部的电脑设备、旅馆的建筑外观与内部设施、装潢、员工的仪表与态度等,这些都可以协助消费者辨识企业的服务能力与专业形象。

为了让产品有形化,旅行社的业务员可以利用视频及照片等展示行程特色,旅馆中负责的推广人员可以带着视频、照片和餐点的样品去拜访顾客。

2)善加管理有形的环境

有形环境的管理不当可能会对一个企业造成伤害,例如掉字的招牌、堆积的垃圾、没人修剪的花草等,都会对企业形象造成负面影响。善加管理有形的环境可以协助企业强化其服务在消费者心中的定位。例如,台北福华饭店的员工穿着庄重的专业性制服、垦丁福华饭店则穿着活泼的夏威夷服装,分别代表着商务型旅馆与度假型旅馆在定位上的差异。民宿也是一样,可以有自己的主观视觉吉祥物跟相应制服。

3) 降低顾客风险知觉

由于产品之无形性,顾客无法事先得知产品的服务品质,造成购买时的不确定感及风险承担,所以,民宿业者要想办法去降低顾客的风险知觉。例如,亲自带客人参观民宿的设施、招待顾客免费享用的机会,以增加其对民宿的信心。

2. 民宿产品之不可分割性

一般实体产品是在甲地制造,而在乙地销售。例如,一部电视机在工厂生产线上制造组装完成之后,运送到零售商店进行贩售。但大多数的旅游产品却是在同一地点、同时完成生产与消费。例如,旅客搭乘飞机时所接受的服务,空服员在从事生产的同时,旅客是在进行消费。因为交易发生时,通常是服务提供者与消费者同时存在,因此,接触顾客的员工应被视为产品的一部分。假设某家餐厅的食物非常可口,但其服务员的态度很差,那么顾客必定对这家餐厅的评价大打折扣。正因生产与消费的不可分割性,所以顾客必须介入整个服务的生产过程,这使得服务人员与顾客之间的互动关系更为频繁与密切,但是这种互动关系也会影响产品的服务水准。例如,一对情侣为了寻求浪漫和安静的气氛而选择某家餐厅用餐,但若餐厅将他们和一群喧闹聚会者的座位安排在一起,那么势必会影响那对情侣的用餐情绪。因此,生产与消费的不可分割性,也显示出顾客管理的重要性。

民宿业是由"人"来传递服务的产业,而服务的对象也是"人"。由于受到服务不可分割特性的影响,加上服务品质的呈现必须达到一定标准的前提下,因此民宿产品无法像制造业产品一样具备显著的规模经济性。

因此,克服民宿产品不可分割性有如下几个策略。

1) 将员工视为产品的一部分

Morrison(1996)将员工纳入营销组合的"8P"之一,这意味着人力资源部与营销部门应紧密结合。民宿员工的招募、挑选、教育训练、监督和激励都非常重要,尤其是将与顾客进行直接接触的员工。公司应筛选亲切且有能力的员工,并告知他们如何与顾客建立良好的关系。

2) 加强顾客管理

选择目标市场时,除了考虑获利程度外,还必须考虑到这些顾客的融合性。某些餐厅在定位中就明确地指出自己希望吸引与服务哪些顾客群体。在共享服务经验的过程中,服务人员应善尽顾客管理的责任。例如,抱怨顾客的情绪安抚、餐厅及客房吸烟区与非吸烟区的规划、商务楼层与女士楼层规划。

3. 民宿产品之异质性

异质性又称为易变动性。制造业产品在工厂生产线的制造过程中,都经过标准化的设计规格与严密的品管程序,因此产品规格与品质容易控管。但是观光业的服务过程中掺杂

着甚多的人为与情绪因素,使得服务品质难以掌控,而服务品质也受到环境因素的影响而产生容易变动的情况。例如,一位领队带团时的服务品质与表现,会因带团过程中不同的人、事、时、地、物而有所差异。此外,民宿员工服务的过程中也可能会因为其他顾客的介入而影响其服务品质的呈现。

因此,克服民宿产品异质性有如下几个策略。

1) 服务品质管理

学者Kotler曾说,在制造业中,服务品质的目标是"零缺点"。在服务业中,服务品质的目标应该是"无微不至"。较高的服务品质可以导致较高的顾客满意度,但它也会导致较高的经营成本。因此,民宿业者要先清楚地确认其所提供的服务等级,让员工知道他应该提供的服务层次,也让顾客能了解他应该享受的服务范围。服务品质的"稳定性"是许多观光业者努力追求的目标。但是服务业毕竟不同于制造业,即使民宿尽了全力还是会有一些无法避免的问题发生。譬如,客房打扫太慢、天气不佳、食物烹调不善、情绪低潮的服务人员等,即使是一个最好的带团领队,也无法让所有的团员完全满意,如何解决呢?

虽然企业无法避免服务瑕疵的出现,但是却可以想办法弥补这些缺失。一个良好的补偿措施,不但可以使顾客怒气全消,更可以使其对公司更加信赖而成为忠诚的顾客。

例如,丽思卡尔顿酒店要求所有的员工在收到客人抱怨后,必须在10分钟之内做出回应,并在20分钟之内再以电话追踪,以确认问题已在顾客感到满意下获得解决。每位员工都被充分授权,在不超过2000美金额度内,让每位不满意的客人变得心满意足。

2) 标准化的服务程序

如果服务人员都有一套可以依循的服务标准作业程序,那么就可以尽量避免抱怨。但过度标准化的结果也有可能会因失去弹性而无法反映顾客需求的差异性,甚至影响到产品或服务的创新。所以民宿业者对于标准化作业可能带来的影响,都要仔细地加以评估,才能达到真正提高服务品质的目的。

4. 民宿产品之易灭性

实体产品在出售之前可以有较长的贮存期间。工厂制造出来的产品可以先储放在仓库中,等接获订单之后再运送到贩售地点出售。但是民宿服务是无法储存的,民宿的客房在当晚结束之前没人登记住宿,机位在班机起飞前仍然没人购买,就会丧失销售的机会,这种产品特性称为易灭性或不可储存性。因为产品无法储存的特性,造成了产品的供给和需求无法均衡的现象,也形成旅游产品的所谓"季节性"。另外,旅游资源的季节特性也是造成需求变动的原因之一。例如,北半球的人为了躲避严寒而前往温暖的南半球海滩度假,赏枫或赏雪之旅的主题旅游产品都需要气候季节来配合。

因此,克服民宿产品易灭性有如下几个策略。

1）提高高峰之服务产能

遇到节庆或假日时,民宿业经常要把握时机来进行销售。但是因为需求大增,而又不能让顾客感到不满意,因此如何提高服务产能和作业效率非常重要。例如,民宿餐厅可以采用顾客自助的方式来提供餐点及饮料,或不提供特别的点餐服务来加速其服务效率。另外,也可以增加兼职服务人员的使用。

2）加强离峰之促销活动

为了解决离峰期间产能过剩的问题,民宿业者经常在淡季期间推出各式各样的促销活动,如价格折扣、优惠券、赠品、免费行程等,以增加顾客的购买意愿。尤其是为了回馈平常对公司销售有贡献的忠诚客人,业者会制订优惠常客会员的回馈计划,于淡季期间提供免费或廉价的服务。

3）应用营收管理之技巧

营收管理(Yield Management)乃是利用差别定价的观念,来协助房价与房间容量的调节,以达成利润最大化的管理过程。换言之,价格随离峰与高峰需求而异,正常日的住宿较为便宜,节假日的住宿价格较高。航空公司、旅馆、餐厅都采行预约系统来管理需求状况。经常使用的技巧就是超卖(Overbooking)策略,航空公司或是旅馆业者,经常会将机位或客房作一适度比例的超卖,以避免顾客临时取消机位或订房而造成营业的损失。

了解民宿服务具有的特性,就能针对不同的特性采用不同的执行关键策略,如此对每个顾客价值区块赋予顾客价值承诺,发展优质的服务与适当的组织,人力资源专业能力的培训,资源、流程与系统的整备,剔除不必要的资源浪费,通过内外部沟通,使顾客认同其从企业接收到的价值,并肯定企业所提供的顾客价值承诺,激励顾客采取行动。

三、民宿无形的服务有形化

服务的无形性,尤其是民宿行业的信任性服务,往往使服务的结果很难衡量。这就需要民宿行业,通过对服务过程的有效管理来提高用户感知价值。让无形的服务"有形化",不仅意味着要"说出好服务",还要"做出好服务",让服务被人看见,被人知道,被人传诵。服务有形化,可以通过以下三个方面来实现。

1.服务产品有形化

服务产品有形化,即通过服务设施等硬体技术来实现服务自动化和规范化,通过能显示服务的某种证据,如各种VIP卡(见图5-3)、住宿券(见图5-4)等代表消费者可能得到的服务利益,区分服务质量,变无形服务为有形服务,增强消费者对服务的感知能力。

图5-3　埔里错喜欢民宿VIP卡

图5-4　高雄合法民宿住宿券

2. 服务环境有形化

服务环境是民宿提供服务和消费者享受服务的具体场所与气氛,它虽不构成服务产品的核心内容,但能给企业带来"先入为主"的效应,是服务产品不可缺少的条件。一个功能齐备、高雅、清洁、明亮、和谐的环境,会增强消费者享用服务的信心,对民宿产生信赖,产生良好的口碑效应,反之,则会使消费者产生反感,对民宿提供的服务采取排斥的态度。而对民宿来说,尤其要关注前台及客房的"服务环境"(见图5-5)。例如,日本民宿退房离开,服务人员在门口与你挥手道别,直到你的身影消失在视线之内。

图5-5　民宿环境

3. 服务提供者有形化

服务提供者是指直接与消费者接触的民宿员工,其所具备的服务素质和性格、言行以及与消费者接触的方式、方法、态度,会直接影响到服务营销的实现。为了保证民宿服务营销的有效性,应对员工进行服务标准化的培训与认证,让他们了解企业所提供的服务内容和要求,掌握进行服务的必备技术和技巧,以保证他们所提供的服务与企业的服务目标相一致。服务需要借助在品牌营销的各个过程中的有形要素,把品牌看不见、摸不着的服务产品尽可能地实体化。也就是说,品牌需要利用内部的实体环境、员工形象、员工的服务行为,以及外部的品牌载体、业务信息等一切"有形线索",传达服务特色及优点,传递品牌提供服务的能力,让消费者产生期待、加深体验和形成记忆。这些"有形线索"看似微不足道,却极有可能影响消费者的最终决策。

例如，好客民宿（见图5-6、图5-7、图5-8）是台湾地区的一家合法民宿，是一群代表台湾热情活力的乡村旅游达人创办的。民宿主人秉持着亲切、友善、干净、卫生、安心、素养六大精神，展现台湾友好人情味及热情服务、在地生活文化及认识台湾风土民情，为每位旅客带来最精彩的美好回忆。好客民宿是台湾民宿中的精选，热情好客的主人是基本要件，住宿好客民宿更安心也更有保障。通过好客民宿主人的解说，每位旅客可以深度认识台湾风土民情与生活文化，真正体会住好客民宿有如读万卷书。

图 5-6　好客民宿宣传

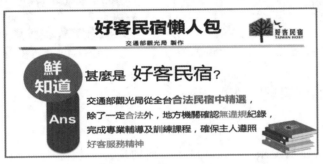

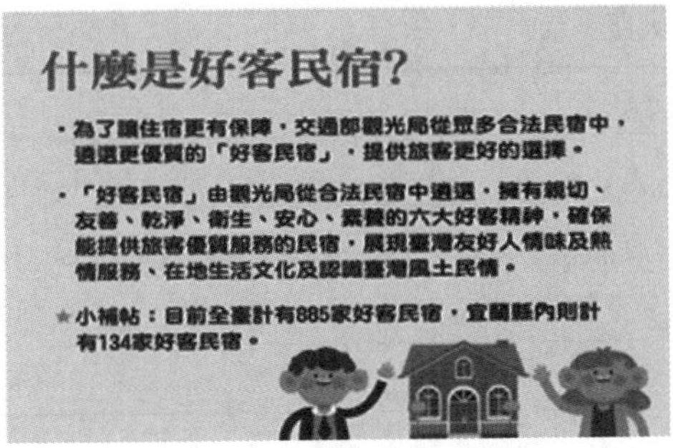

图 5-7　好客民宿资料 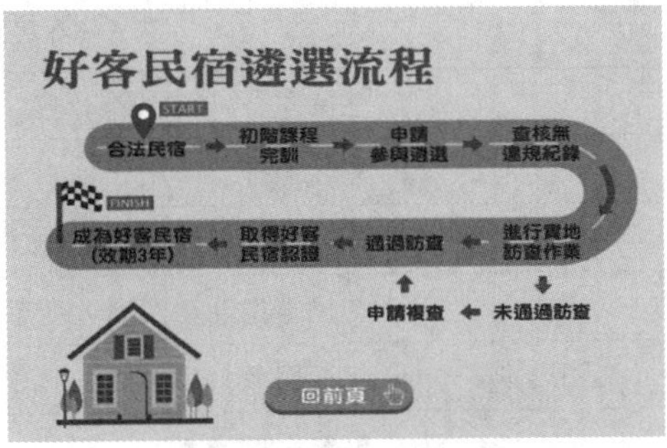　　　　　图 5-8　好客民宿遴选流程

民宿是提供客户休息服务的场所，目的就是让客人休息好、感觉好，怎样才算感觉好呢？比如，马桶上写着已消毒（见图5-9）。你的感觉是什么？也许有点好感，再看拖鞋（见图5-10），写着一次性使用，而且可以带回去当纪念品，你又会有所放心。去浴室洗澡，看到浴巾是消毒过且有塑料袋包装（见图5-11），避免房务人员的二次污染，也会使你眼前一亮。如果你去了两个民宿，一个民宿这样做，另一个民宿却没有这样做，

图 5-9　放已消毒的一次性标签

你会选择哪个？当然选择这样做的民宿了，因为你尽管人没入住，但是你已经感知到其服务了。这样的民宿通过便条告知的形式，把抽象的服务具体化和形象化了，当然选择这个了。而另一家民宿无论如何描述舒适性，也无济于事，因为你没法去感知它，我们经常会选择我们确认了的，而不会去选择我们没有确认过的。

图5-10 特色且可以带走的一次性文创拖鞋

图5-11 原色客栈的消毒浴巾

四、民宿服务的内容和流程

（一）民宿的十大服务

民宿依据不同环境及条件，可以提供不同的服务，具体分为以下十大服务面向（见表5-5）。

表5-5 民宿的十大服务面向

1	住宿服务
2	餐饮服务
3	旅游咨询及代订活动、旅游项目
4	与民宿主互动及周边生态或景点导览解说服务
5	接送服务
6	停车服务
7	各种研学DIY体验服务
8	特定活动或派对组织承办
9	宠物住宿服务
10	按摩SPA服务

（二）民宿的服务流程

1. 完善服务流程

服务的本身就是一种流程，因此，流程中包含了先后顺序而又环环相扣的步骤，只有把每个步骤确实做好，才能为顾客提供优质服务与创造价值。在民宿的高度接触服务中，服务流程涉及相当多且繁杂的步骤。例如，门口的接收行李、前台、入住、房务等，甚至在特殊的节日场合（如求婚、跨年夜）的精心设计和安排等，流程多样且复杂。值得一提的是，有些服务的步骤是为了协助完成核心的服务，包含电脑操作、退房结账和收款，因此称为辅助型服务（Facilitated Services）。有些则不但协助完成核心服务，还可以借此提升核心服务的水准与绩效,如咨询、接待、照顾和危机处理等,这类服务称为增值型服务(Value-added Services)。

2. 设计具有水平的民宿服务

要做到具有水准的民宿服务,就应该从服务流程中界定具体的服务程序及服务态度,从而建立起高品质的服务标准。

1)服务程序的要领

(1)迅速适时:有效率的服务就是对入住顾客提供迅速适时的服务。

(2)未说先做:服务与产品的提供总在顾客要求之前;服务必须做在顾客需要之先。

(3)人际关系:简洁清楚的沟通,是服务人员与顾客之间,以及服务人员彼此之间所必须具备的条件。

(4)顾客反映:来自顾客的反馈要立即处理,了解提供的产品和服务的品质是否合乎顾客所需以及期望,从而加以改进与提升。

2)服务态度的具备

对于民宿服务的从业人员应具备的态度,可以参考以下事项。

(1)积极诚恳:积极的态度能使顾客上门并愿意再度光临,诚恳的态度更能流露出与人沟通的意愿。

(2)肢体语言:在与人交谈中,肢体语言就传达出2/3的信息。无论是眼神的接触、嘴角微笑、脸部表情、手势动作以及身体移动,皆会传递对顾客的态度。

(3)语气声调:声调柔和及较实际的言辞更能表达真实的信息。友善、开朗、祥和的态度,是在沟通上要求高品质的服务所必备的条件。

(4)机智稳重:在适当的时间说得体的话是一种技巧,尤其要避免说出会令顾客尴尬的话。

(5)解决疑难:机智地、流畅地,并冷静地站在顾客立场,来处理顾客的抱怨和困难。能够圆融地处理顾客的疑难纷争,是民宿业追求高品质服务的最高境界。

五、民宿服务的创新思维

(一)脑洞大开的服务创新

文旅景区、乡村旅游民宿的服务创新为什么这么难?有着千百年历史的独特自然景观,或处处可见平凡无奇的乡村与森林、草原,或者投资动辄数亿至数十亿的文旅小镇、景区项目,要怎么让服务创新这件事发生?IBM前执行长葛斯纳说过一句话——"让大象跳舞",意思是要将文旅景区进行创新,就像一种叫象龟的动物,不只是身躯庞大的大象,更多是背着沉重的历史包袱的壳,民宿相对大景区,是比较容易做创新的。

在《商业周刊》,有这样一则故事,故事是关于一个工作中的"漩涡场景"。一家提供健康解决方案的新创公司,CEO发现客服电话号码太拗口,于是亲自出手把它们逐一改成好念好记的号码,没想到,线上订单一时暴增。这样的举措,为什么其他人没想到呢?问他,这件

事如果CEO不出马,营销部或者客户服务部会不会主动发现进而动手解决?这位历任外商总经理的CEO则肯定地摇摇头,"这是三不管地带"没有被界定在特定部门,这就是工作中的漩涡场景——没有人愿意被卷入。

因此,创新其实不难,也没想象中的那么复杂或拥有高科技、高技术,而是必须用心。在民宿产业也是一样,转型提升的过程,要让人知道你,还能建立顾客忠诚度,是一个长期、迂回且涉及更多部门的协作过程。在营销大师科特勒的"5A架构"中,从顾客对品牌的认知(Aware)、诉求(Appeal),到询问(Ask)、行动(Act)、倡导(Advocate)的顾客旅程中,只要任何一个阶段出现低转换率,都代表一个瓶颈、一个断点,都可能功亏一篑,由此形成了一个个棘手、众人避而远之的漩涡。民宿产业创新转型之难,关键在于很少有人愿意在漩涡中心工作。很多人都喜欢摇旗呐喊,人云亦云,甚至随波逐流,或是安于现状。民宿产业转型创意提升的年代,工作场域的漩涡不仅变多,也更巨大,海面上卷起千层浪固然壮观,多数人却怕被卷入深不见底的海底洞中。

(二)不持续的跨界创新

出门旅游"住在陌生人的房间里",本来是一件不可能的事情。但旅游民宿网站Airbnb却通过创新的点子,把一般住家的空房变成民宿,成功吸引千万背包客来此民宿网站,寻找既陌生又充满温度的"家"。2009年,Airbnb刚推出其创新服务时,每周只有200美元的收入,但到了2019年,这个旅游民宿网站的市值却已突破310亿美元,超过携程50%。这就是创新科技的威力,结合智慧科技与创新创意,带来了全新的旅游住宿模式。目前,各种产业都出现智慧科技运用的冲击,企业若能成功运用并注入创新价值,不仅能协助消费者打造更便利美好的生活,还能带来跨界创新的无限商机。

1. 让生活更美好,增强吸引力

在全世界,这股异业结合、跨界融合创新创意风潮也正在形成并发展。例如,一群30岁左右的青年集结电商、农产品加工与农产品行销商,建立以发掘某地优质农产品为宗旨的"采一踏"网站平台,整合农村体验服务与民宿文创设计,为某地民宿及农产品加值营销,在市场发光发热。再如,三位毕业于某高校财金系的学生,为了实践与社会共好的理念,创办了"绿藤生机",以最能还原食物风貌的有机活体芽菜作为产品,研发出可回收再利用的芽菜泡壳,达到循环经济的愿景,并成为该地区第三家国际B型企业而登上世界舞台。别怀疑,这群人的年纪都在30岁上下,却怀抱着"让生活变得更美好"的理想,勇敢投入并改变社会。他们的"武器"除了热情以外,还包括掌握科技趋势、跨界群聚合作、绿色环保与创新活力等。

有别于传统中小企业擅长以制造加工,在全球接单生产,新时代的年轻中小企业主要以跨界资源整合,并实践社会价值方式,创造崭新的服务商机。不同世代有其各自的创新优势与机会,年轻一代不代表没机会,年长世代也不代表过时,如何让不同世代的创新人才相互交流、融合观点,正是未来产业与经济发展必须发展的路。

虽然全球经济在当前环境下仍有不少变数,但破坏式创新、大数据分析、智慧移动设备、虚拟货币的兴起,加上社群媒体、云计算、穿戴装置等新科技不断发展,将为企业带来更多新契机。

2.科技浪潮改变市场,提升顾客感受价值

"顾客需要的不只是产品,而是价值。"营销大师科特勒很早便看见了这个趋势,并提醒:"未来企业行销的目标将不只是销售产品,而是让世界变得更好。"消费者愈趋重视食品安全、健康、环保等友善社会价值,这显示传统产业模式已然翻转,不仅需要将科技与创意导入民宿商品中,更要注重商品背后的价值。

例如,以"买一捐一"模式打造全世界成长最快鞋业的TOMS Shoes,创办人布雷克·麦考斯以阿根廷传统懒人鞋作为产品发想,在产品本身价值之外,赋予消费者更深一层的购买动机:"顾客每买一双鞋子,同时就捐赠一双鞋子给世界各地有需要的贫困儿童。"这让消费行为更具有意义,也使TOMS成为目前世界成功的社会企业之一。

(三)民宿整合创新案例

以下以台湾地区的三家民宿为例,进行阐述。

1.南投清境农场佛罗伦斯民宿

南投清境农场的佛罗伦斯民宿,由意式乡村城堡、君士坦丁堡和欧洲庭园SPA馆三个馆组成。森林有可爱的彩绘小屋,由法国巧克力工艺大师蒂芬·勒鲁亲临指导制作的"Nina巧克力工坊"(见图5-12、图5-13),贩售各式各样不同造型与口味的巧克力,相当吸引旅客的目光。来访者不仅可以品尝手工巧克力、体验巧克力手作DIY,还能漫步在浪漫的佛罗伦斯民宿中,自在地在梦幻的城堡皇宫下拍照(见图5-14、图5-15)。

图5-12 清境农场佛罗伦斯民宿"主题创新+巧克力工坊"

图5-13　Nina巧克力工坊

图5-14　笔者带领海南森林客栈访问清境农场佛罗伦斯民宿品尝巧克力

图5-15　Nina巧克力梦想城堡

· 点评：

民宿除了住宿餐饮之外，可以导入不同行业的内容，除了创造新奇感，增加游客的重游率，也同时可以增加二次消费收入，像Nina巧克力，从民宿旁的创始工坊，已经发展到有三个店，其中一个店还是大型城堡观光工厂。

2. 台北西门町意舍"文旅民宿＋世界杯"特色套餐

吃吧疯世足：结合热血的足球旋风，台北西门町意舍旅宿吃吧餐厅准备"世界杯足球套餐"，每人新台币380元起，也提供"世界杯足球赛分享餐"感受这风靡全球的足球魅力（见图5-16）。

图5-16　西门町意舍"文旅民宿+世界杯"特色套餐

·点评：

民宿在餐饮方面进行创新，采用有创意的点子，要能与特色活动和年轻人喜好的元素组合，打造独一无二的情景体验服务。

3.嘉义新港板头村交趾剪粘艺术村

嘉义新港板头村虽然是一个小村庄，但处处是艺术、处处有惊喜，民宿结合其交趾陶艺术创作工匠，组合成快乐的生活美学空间（见图5-17至图5-20）。

图5-17 "民宿+交趾陶"艺术创作

图5-18 翻墙的小孩

图5-19 用碗剪出来粘上的花

图5-20 交趾陶庙宇彩绘景观柱

·点评：

乡村旅游民宿往往因为没有特色，或是同质化高，导致无人问津。因此，可以结合当地特色，跨业联合，打造区域旅游与产业及民宿的共荣发展。

第二节 优质民宿的服务项目

 引言故事

在鼎泰丰餐厅（见图5-21、图5-22）内，客人转了一圈放置调味罐的转盘，似乎正在寻找什么，一抬头，与服务人员对上视线，"请问您是不是需要辣油？"客人惊讶地点头。

另一桌,妈妈手忙脚乱地喂食小朋友,"请问您要纸巾吗?"服务人员微笑着递上,妈妈呆了一秒,马上换上开心的笑容,一手接过纸巾并道声"谢谢!"

鼎泰丰董事长杨纪华曾说,"服务不足,是怠慢;殷勤过头,变成打扰。刚刚好的服务是鼎泰丰团队努力追求的目标。"而这个目标,需要每一位员工协力,才能在对的时机,以对的方式满足客人需求,做到"有温度的服务"。

图 5-21　鼎泰丰餐厅

图 5-22　鼎泰丰美食

· 点评:

这种"不用客人开口,服务人员就能递上对方所需的物品"的读心术服务,一直是世界顶级饭店的传说,却每天都在鼎泰丰店内发生。这家台湾地区知名的中式小吃、香港分店更连续蝉联5年米其林一颗星荣耀(米其林给小吃类最高评价为一颗星),它驰名海内外的理由,在于美味食物和细致服务所组成的完美体验。

一、优质民宿服务的第一印象

（一）柜台接待服务

民宿前台是民宿的门面，是客户对民宿的第一印象，是民宿与客户之间的桥梁，是客户了解民宿的窗口，所以民宿前台接待人员的礼仪规范、接待水准将直接影响到客户对民宿的评价。

工作效率的提高必定是建立在一个完善的制度上的。制度一旦施行起来那必须是严格执行的，否则制度就没有任何意义。但制定制度的时候必须要灵活富有弹性，如何能用完善的制度令员工将客人留在民宿才是前台制度需要考虑的第一位。

（二）按照规定办理入住

1. 住宿等级须知

（1）登记住宿时，出示居民身份证、护照、回乡证或其他有关证件，填好住房登记表，并告知离店日期。

（2）临时换人必须先到服务台办理手续，一般不允许增加人数（如三人住两人房）。

（3）退房时间一般都定在次日中午12点前。

（4）亲友来访，不能过夜。多数民宿或酒店把时间下限定在晚11点到12点。

2. 住宿安全注意事项

（1）最基础的，就是贵重物品随身携带，离开房间时关好房门。

（2）住宿期间旅客如有贵重物品而又携带不便，可以交到服务台并办理保管手续。

（3）不要在房间内使用电炉、电饭煲、电熨斗等，也不要躺在床上吸烟（很容易引发火灾）。

（4）根据政府的有关规定，易燃易爆品、放射性危险品等是不能带进民宿或酒店的。

（5）万一发生失窃，尽快通知服务台。

（三）优质的大厅服务体验

以下以台北西门町的文旅民宿路境行旅进行说明。路境行旅的大厅除了接待亲切外，还有面积不小的儿童亲子活动区域（见图5-23），更有免费点心跟泡面区（见图5-24）。颠覆一般大众思维，"来路境行旅当房客，你喜欢你就拿去吧！"因为路境行旅怕顾客半夜起来肚子饿没东西吃，所以准备了泡面。怕顾客在房间内太无聊，可以到大厅公共区吃爆米花、喝饮料、看电影，无限供应免费的饼干小零食、免费的泡面、免费的饮品，而且零食、泡面也不是随随便便准备，光零食就有七八种，每天都会更换。泡面也有七种，还有分荤素，非常贴心（见图5-25、图5-26）。

图 5-23　大厅的儿童游乐室

图 5-24　大厅免费 24 小时的点心跟泡面区

图 5-25　各种点心和不同口味的泡面

图 5-26　大厅免费 24 小时的饮品

二、优质民宿的客房服务

(一)客房服务内容符合顾客需求

1. 客房设备

民宿客房里的设备,根据民宿等级的不同而有很大的差异。有的客房内有空调、烤箱,有的可能有酒吧,有的客房内会有简易的运动设施、个人游泳池等(见表5-6)。

表 5-6　民宿客房设备一览表

1	迷你酒吧及冰箱
2	三台电话机并附国际直拨电话服务
3	可收看国内电视节目和卫星节目之彩色电视
4	LCD液晶显示屏(浴室)
5	DVD放映机
6	电视上网、手提电脑上网或无线上网服务
7	床头音响、闹钟(早晨唤醒服务)
8	浴袍、拖鞋
9	吹风机
10	擦鞋服务(请与房务部联络)
11	手电筒
12	自动烫裤机
13	沐浴美容用品(洗发水、润发乳、沐浴乳、泡澡精油、抗菌沐浴包)
14	防烟面罩
15	密码式保险柜
16	衣柜、衣架
17	热水瓶、杯组及茶包/三合一咖啡

续表

18	按摩浴缸、纳米牛奶浴或维琪浴
19	烤箱与蒸气室
20	付费电影/MOD电影选台
21	空调冷气/暖气供应
22	电暖炉
23	毛毯
24	逃生梯或逃生绳索等设备
25	电动遥控窗帘
26	行李箱置物架
27	晒衣架
28	舒适床垫
29	床头柜有杂志
30	按摩椅

2.服务项目

至于客房服务的服务项目,也根据民宿等级的不同有极大的差异。一般来说,高端民宿,大大小小的服务都有。例如,临时想要换浴巾,有朋友来访想请客房服务人员再整理一下,生病发烧可以打电话问一问有没有医务部,想要吃个牛肉面,衣服想要烫一烫,想出门去玩不知道附近什么景点,需要专车接送,肩膀酸了需要人按摩一下,想要送个花给等一下要来访的女友,想要买套西装好参加等一下的宴会……但凡顾客想得到的,只要顾客付费,客房服务几乎无所不能(见表5-7)。

表5-7 民宿客房服务一览表

1	早晨唤醒服务
2	房间服务(清理、整理、备品需求)
3	衣物送洗
4	报纸提供
5	叫车服务
6	传真、影印
7	邮务(寄信、快递)
8	网络、E-mail
9	花房(代为订花)
10	医疗服务、协助就医
11	叫修服务(代为叫修车厂修护、维修、拖吊)

续表

12	提供各种机型手机充电器
13	加床加被服务
14	送餐服务

3. 注意事项

但是,一般的民宿就要量力而为,而且用书面的方式告知客户。每家民宿都有自己的规定,需要客户遵守,例如禁烟,或是入住时间、退房时间及相关设施(温泉、SPA)的使用时间,还有房内物品设施的使用须知。表5-8为某个民宿的参考住宿注意事项。

表5-8 民宿客房注意事项

1	进房时间为订房日期下午3:00,退房时间为隔日上午11:00
2	住宿的朋友请于住宿日下午3:00—6:00办理住宿登记。若行程另有安排,敬请来电告知
3	住宿时,请记得出示您的身份证,以便我们办理登记
4	早餐用餐时间为上午8:30—9:30,敬请准时用餐
5	严禁未经许可加人或携带宠物入内
6	严禁吸烟、打麻将,并于晚上10:00后请降低音量,以维护住宿品质
7	请勿于客房使用电磁炉等危险物品,离开房间请随手关闭电视、冷气、光源等电器用品
8	离开客房时,请随手将房门锁上,贵重的物品请自行小心保管;退房时请务必缴回房门的钥匙。
9	为响应低碳生活,民宿采用热泵热水器,提供补充式洗发水、沐浴乳,不提供一次性备品。如需抛弃式牙刷,请向民宿主人索取

(二)客房清洁管理

清洁是民宿客房的重中之重,如何快速又高效地清洁房间也是民宿经营者关心的重要问题。客房维护保养的重要性主要表现在以下几点。

(1)客房是"我们吃饭的家伙儿"。

(2)客房保养水平影响着酒店声誉及客房出租率。

(3)客房保养能延长民宿的建筑、设备、用品的使用寿命,节约成本。

(4)客房保养好,员工心情更好。

(三)客房服务员服务规范

客房服务员在客人入住后,是第一线并时时有可能接触顾客的人员,也会遇到各种不同情况和问题,以下列出几种情况处理提供参考。

(1)在行走中,有急事需要超越客人:在走道行走,遇到客人在前面走,而服务员又有急事需要超越过去时,应先对客人讲:"先生(女士)对不起,请让一下。"然后再超越,如两位客

人同行切忌从客人中间穿过。

（2）发现有可疑人员：在客房发现有可疑人员，应尽快上前询问客人："先生（女士）您好，请问您有什么事吗？请问您找哪位客人？"并注意对方的神态，如有异常应及时通知保安。

（3）在楼层接听电话时：首先要问好并自报所在楼层，如"您好，×楼，有什么事可以帮您吗？"当对方问自己的姓名时要主动报上。接听电话时声音要柔和，音量适中，同时要耐心听清，准确答复，说"再见"后挂电话。如对方打错电话应说"对不起。请再拨电话×××"。

（4）遇到有事询问的客人：应立即停下手头的事情，主动热情地打招呼。客人询问时，服务员要双目注视对方，并集中精神耐心、仔细听清楚，以示谦恭有礼。对客人询问的事应详细答复，自己不清楚的也不可模棱两可，支吾以对，更不能不懂装懂随便答应客人，也不能直接说"不清楚，不知道"，这样会使客人失望和不满意。如果确实不清楚的事，应设法打听清楚后再答复客人。

（5）在楼层碰到客人想参观房间：应有礼貌地告诉客人，让客人先到总台咨询，并由总台的通知将OK房态房间给客人参观。当员工接到前台客人前来参观的通知，再带客人到指定房间进行参观并详细地讲解客房内的各种设施。客人走后，要将客人移动过的家具复原。

（6）公共区域内遇到客人：在楼层的大厅、走廊遇到客人时应主动打招呼，主动让路。如果知道客人的姓名，早上见面应称呼"××先生（女士）早晨（早上）好！"对不熟悉的客人亦要面带微笑，有礼貌地问好。不能只顾走路，视而不见或毫无表示。如果是熟悉的客人，相隔一段时间没见，如相遇时应讲："××先生（女士）很高兴见到您，您好吗？"这样会使客人感到分外亲切。

（7）客人入住：客人刚刚登记入住进入房间，服务员在电梯口或走廊遇到客人应主动、热情地打招呼，并欢迎客人的到来。当客人进入房间时，应主动帮助客人介绍房间内的设施设备和物品的摆放位置，向客人介绍民宿店餐厅、服务设施、娱乐设施位置、营业时间。要是客人脸上倦意较浓，应以不打扰客人为主，退出房间并轻轻关上房门。

（8）客人要求换房：当客人要求换房时，服务员应该了解客人换房的原因，是房间太小或太大、位置不好，还是房间设施有问题或是其他原因，并及时与前台联系，尽量为客人调整合适的房间。如果客房入住率高时无法给予换房，要向客人耐心解释，并表示一有空房将马上为其调换。如客人说换房是因为房间的设施有问题，除为客人换房外，还要及时报修，以维护民宿声誉，提高房间的使用，提高经济效益。

（9）打扫房间发现有设备损坏或运行不正常：打扫房间期间，服务员应边抹尘边做卫生，边检查各种设备完好情况，如有损坏或是运行不正常，要及时通知工程部维修人员前来维修，以保证房间内的设施设备的完好和安全。

（10）在打扫客房期间听到有客人要进房：在打扫房间时，发现有客人要进房间，应询问客人有什么事情要帮忙，并请客人到房间外面等候；如是住客，要询问客人是否为该房间的客人，如"请问是否住这间房，为了房间的安全，按照酒店规定，你能配合跟我核对一下您的身份吗?"并要求客人将房卡从门锁刷过。如是绿灯亮,说明是该房客,并表示谢谢他的合作;如是红灯亮,应请客人出示身份证件核对,如果不是该房客,应礼貌地请客人出去。

(四)民宿游泳池救生员工作规范

民宿游泳池救生员工作规范及职责主要如下。

1. 游泳池概况

(1) 本店的游泳池位于××,为室外(内)游泳池,长×米、宽×米、深×米。游泳池周边附设大理石桌、塑胶椅、遮阳伞及塑胶躺椅等以提供泳客休憩之用。

(2) 应泳客之需求,备有简式餐点及饮料,服务台边有点菜单,一切餐点均由客房餐饮负责供应及服务。

(3) 游泳池开放于每年×月×日至×月×日,每日上午8时至下午7时开放,仅供本店之住房客及会员或特定人员使用,其他一律不对外营业。

(4) 游泳池开放时间内设有救生员,轮流服务,以确保泳客之安全。

2. 游泳池救生员之工作职责

(1) 上班时间:每天8:00—19:00。

(2) 每日上班后随即打开进水阀及循环器,使池水循环。

(3) 每天上午10点及下午2点左右各做一次水质测试,并记录在报表上。

(4) 每天9:00、13:00、15:00各倒一桶漂白水于泳池四周。

(5) 18:00开启泳池周边所有照明灯光。

(6) 18:30将泳池排水10厘米。

(7) 19:00关闭所有灯光,记录簿等相关资料于房务部办公室,并用帆布盖上服务台桌。

(8) 保持涉水之清洁及周边设备清洁之维护。

(9) 随时扫除池边地板积水及周边设备清洁之维护。

(10) 督导及检查清洁公司人员有关泳池四周之清洁工作。

(11) 指导客人使用健身器具。

(12) 随时补足大浴巾20条备用。

(13) 泳客进入时,请客人签名于记录簿上。

(14) 时常和房务部办公室保持联络。

3. 其他注意事项

(1) 准时上下班,不可迟到或早退,并得穿着制服。

(2) 本游泳池不对外营业,如有特定人员持招待券入场,必须请其签名于券上及在记录簿上登记。

(3) 身高140厘米以下、年龄12岁以下儿童如无成人携带,严格禁止入池游泳,以免发生危险。

(4) 开放时间外,禁止任何人入池游泳。

(5) 上班时间严禁饮酒,亦不得任意吸烟,不得在健身房使用健身器材及观赏电视。

(6) 爱惜所有财产,如有破损应随时提报办公室维修。

(7) 如有意外事件,应从容应对,排除困难,并即时呈报上级寻求支援。

(8) 遇台风或暴雨,除固定周边设备,塑胶椅、躺椅及遮阳伞得收入男女更衣室,以保安全;池水亦应排放一半左右,以防满溢。

(9) 不可任意和泳客搭讪,尤其是女泳客,更应保持适当的距离,以免发生不必要的困扰。

(10) 上下班负责健身房的空调及灯光的开关。

4. 附记相关部门分机号码

(1) 民宿分机号码。

(2) 前厅部分机号码。

(3) 洗衣部清洁组分机号码。

(4) 医疗保健室分机号码。

(5) 客房部分机号码。

三、优质民宿的餐饮创意

(一) 一份网红早餐对民宿的重要性

住民宿,除了为求有一张床能睡一晚,其实更重要的是整个住宿体验。民宿主题、建筑、布置的小细节、附近环境、服务态度、人与人之间的交流和用餐体验都非常重要。越来越多重视早餐的人,当然最关心民宿有什么早餐吃,一顿优质早餐,尤其是兼顾摆盘效果的,那可以让客人愉快地打卡拍照,发到朋友圈或抖音快手这些社交媒体,这对于民宿的推广也大有助益。

民宿早餐可以是自助餐,但餐具必须慎选,要挑选质量好、有品位的餐具。如果人数不是太多,建议用套餐方式,如缓慢民宿的"九宫朝食"早餐(见图5-27)、宜兰民宿特色早餐(见图5-28)、南投民宿"散步的云"早餐(见图5-29)、屏东小琉球民宿早餐(见图5-30)、宜兰蓝气球民宿早餐(见图5-31)。如果有泳池,可以尝试从巴厘岛传至各地的漂浮早餐(见图5-32、图5-33),必然是让很多旅客觉得非常值得一顾的打卡点。

图5-27 缓慢民宿的"九宫朝食"早餐

图5-28 宜兰民宿特色早餐

图5-29 南投民宿"散步的云"早餐

图5-30 屏东小琉球民宿早餐

图5-31 宜兰蓝气球民宿早餐

图5-32 巴厘岛泳池的飘浮早餐

图5-33 垦丁民宿漂浮早餐

(二)特色餐饮午晚餐和下午茶

1. 南投八番私人住宅

日月潭是一个相当受本地人喜爱且著名的观光景点,南投八番私人住宅这个位于猫兰山脚下的私人秘境民宿,能让渴望宁静的旅客,在这里深刻体验闹中取静及身心的放松。秉持着"崇尚自然""疼惜大地"的理念,在经营和自然和谐共处的功夫上,也是下足了苦心。从吃到住,都是环绕着"崇尚自然""疼惜大地"的理念所展开,餐点使用埔里在地食材,融合各种元素的创意料理,以无菜单形式,带给旅客们不同的惊喜(见图5-34)。

图 5-34　南投八番私人住宅的无菜单料理

2. 宜兰蓝气球民宿

超人气的法式甜点店"蓝气球——有点法式的手工点心铺",从台北士林向东部宜兰扩展,在宜兰兰阳溪旁打造别墅豪宅等级的梦幻民宿,可以吃好吃的法式甜点下午茶来放空,还有管家式的贴心服务,睡饱喝足醒来马上就有客制化的美味早餐享用(见图 5-35)。这里很适合喜欢拍照的网红网拍取景,也可以和朋友相约当作远离市区的梦幻歇息后花园,作为假期派对、放松约会的梦幻选择。

图 5-35　宜兰蓝气球民宿甜品

3. 宜兰蜻蜓石民宿

蜻蜓石外观是相当普通的清水模板建筑,从门口根本看不出有什么特别的,也很难想象这间民宿入住一晚竟然要价近万元台币。坐靠雪山山脉出海口,鸟瞰宜兰湾全景,海天辽阔,叠岭层峦,让人忘却尘嚣、拥抱自然。挑高的钢构通透大厅里,豪迈的毛柿原木长桌绝对是视觉焦点,清水模板与粉光墙面简约清爽。

当著名建筑师安藤忠雄的清水模板建筑遇上台湾传统老家具,那会擦出怎样的火花?原为昆虫系教授的老板石正人,因为工作的关系需经常走访各地,到处采集标本,因此从年轻时期就有退休后要远离尘嚣的梦想。他跑过全台四五十个乡镇,才在宜兰找到了这个遗世独立的世外桃源,在整地期间发现附近有许多的蜻蜓,便以日文的蜻蜓"Tonbo"与老板从小的绰号"Stone"(石头),为蜻蜓石命名。

来蜻蜓石民宿,最不能错过的就是这里的下午茶(见图5-36),其中的绿豆糕入口即化,很多人会买回去当礼品送人。

图5-36　蜻蜓石民宿的下午茶

4.日本福井县的MATCHA民宿越前蟹晚餐

日本福井县最具代表性的美食就是有"冬季美味之王"赞誉的越前蟹。越前蟹是日本全国唯一进贡皇室的名牌蟹。福井的冬季寒冷降雪,美食饕客依然趋之若鹜,甘愿冒着风雪远道前来MATCHA民宿,就是要大快朵颐这冬季限定的鲜美无敌好滋味。

第一道菜是当日的一品——越前蟹的压寿司(见图5-37)。它是在米饭和蟹肉之间包进了蟹膏和飞鱼卵,把味道和口感都算进来的一口寿司。用有盖子的器皿来盛装,以保持寿司进到客人嘴里之前,水分不会蒸发,服务很细心。

第二道是蟹腿刺身(见图5-38),蟹肉得要非常新鲜方可生食。民宿一般会将活跳的越前蟹先养在饲养槽里,等到要烹调前才取出使用,所以提供的刺身色彩晶透,新鲜欲滴。客人坐定用餐后,才开始烹饪,用冰水冰过使肉质更富弹性后,马上就送到客人的餐桌上来。这样大费周章的烹调程序与上菜时间计算,让客人能够品尝到蟹腿刺身最Q弹的口感与鲜美。直接吃最鲜甜,沾一点酱油品尝也很棒。

图5-37　越前蟹的压寿司

图5-38　蟹腿刺身

第三道是甲罗烧(见图5-39)。将蟹膏和蟹肉装进蟹壳,然后再放进烤箱里烤。经过烧烤的蟹肉,水分蒸发后,鲜甜更凝缩。蟹膏、蟹肉搅一搅,吃进嘴里香味满溢。

第四道是炸蟹腿(见图5-40)。外皮酥脆,蟹肉软嫩,淋上柠檬汁或沾一点盐更加提味。

图 5-39　甲罗烧

图 5-40　炸蟹腿

第五道是蟹膏涮涮锅(见图 5-41),是非常特别的一道小吃。据说蟹膏涮涮锅和特制酱汁可是主人独创出来的好味道呢!涮完了蟹膏,换涮蟹腿。新鲜的生蟹腿涮了 5 秒左右,颜色转白,看好刚熟的刹那起就可以品尝了。涮蟹腿的肉质软嫩多汁,跟一般煮了长时间的蟹肉口感大不相同。

第六道是火锅里再放进蟹螯及搭配蔬菜(见图 5-42),鲜美的汤里更增添蔬菜的滋味。

图 5-41　蟹膏涮涮锅

图 5-42　蟹螯及搭配蔬菜

第七道,满是螃蟹及蔬菜精华的汤里,加些饭做成蟹杂炊(见图 5-43),也就是蟹粥,极为开胃。

第八道,刚煮好还在冒烟的整只越前蟹上桌,蟹腿上的黄牌子是越前蟹的认证招牌。越前蟹最主流的吃法就是整只的水煮蟹(见图 5-44),加入适当的盐来煮蟹,可以提增蟹肉本身的鲜甜味。据说加多少盐,煮多久,煮得恰到好处需要多年经验。此处的这道越前蟹蟹肉滑嫩顺口,鲜美回甘;蟹膏浓郁,口齿留香。

图 5-43　蟹杂炊

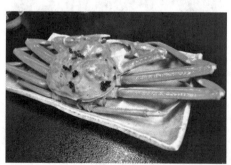

图 5-44　越前蟹

第九道是蟹肉炊饭(见图5-45)。每一粒米饭都吸满了蟹肉精华,就连飘上来的雾气都是蟹味香。

图5-45 蟹肉炊饭

·点评:

民宿的餐食需要符合以下几种条件:一是本地化;二是好看;三是好吃;四是好拍;五是有故事。

四、民宿服务礼仪与沟通技巧

(一)有礼走遍天下

民宿员工是民宿的门面,是客户对民宿的第一印象,是民宿与客户之间的桥梁,是客户了解民宿的窗口,所以,民宿员工接待客户的礼仪规范、接待水准将直接影响到客户对民宿的评价。民宿员工接待服务礼仪规范,可以从形象、仪态等多个维度来说明。

1. 形象礼仪规范

(1)礼貌待客:热情服务还不够,民宿员工接待人员还要注意自己形象礼仪规范。男员工头发不可过长,头发不得油腻和有头皮屑;女员工头发梳洗整齐,长发要捆绑好,不宜戴夸张的发饰,只宜轻巧大方的发饰,头发不得掩盖眼部或脸部。

(2)面部修饰:男员工不得蓄须,脸部要清爽宜人,口气清新;女员工上岗要化淡妆,但是不得抹太多胭脂水粉,只宜稍作修饰,淡扫娥眉,轻涂口红,轻抹胭脂便可。

(3)身体修饰:不得留长指甲,女员工不能涂鲜艳的指甲油;要经常洗澡,身上不得有异味,不能喷太多的香水。

2. 仪态礼仪规范

(1)民宿员工接待人员是民宿的形象代言人,或称民宿的门面,因此要求前台接待人员坐、立、行、走端正自然,保持良好的精神风貌。

(2)前台接待人员在工作中要注意站姿、坐姿、体态语、目光和微笑等;在工作时,要保持自然的笑容,表现出和蔼可亲的态度,能令客人觉得容易接近。不得故作小动作,打哈欠要掩着口部,不要做出搔痒、挖鼻、掏耳、剔牙等不雅的动作。

(3)不得表现出懒散的情绪,站姿要端正。不得摇摆身体,不得倚傍墙、柜而立或蹲在

地上。不可歪头歪身及扮鬼脸做出奇怪的动作。用词适当,不可得罪客人,亦无须阿谀奉承,声线要温和,不可过大或过小,要清楚表达所要说的话。

3. 接待礼仪规范

(1) 客人来到柜台前,马上放下正在处理的文件,礼貌地问安,表现出曾受过专业训练的风范,称职及有能力为客人服务。

(2) 对客人的咨询,应细心倾听后再做解答。解答问题要耐心,不能准确解答的应表示歉意,如"对不起,请稍等,我帮您问一下",问完要向客人反馈。

(3) 前台的工作是很细碎烦琐的,同时也是锻炼一个人综合素质的良好途径,民宿员工可以从一点一滴做起,互相学习,持之以恒,共同成长为优秀的民宿人,推动民宿业繁荣发展。

4. 民宿员工接待礼仪纠正

1)坐式服务

目前,很多民宿为了体恤自己的员工,前台站式服务改为休闲式的坐着为客人服务。这原本是让客人来到前台,大概离前台2米左右就站起来,跟客人问好并示意客人坐下,然后接待员再坐下为客人办理相关手续。但是自从改成坐式服务之后,很多民宿的前台,当客人来的时候都懒得站起来,直接坐在座位上向客人问好,然后直接办理业务,这一点是值得商榷的。这是一种服务意识的表现,民宿是人性化了,但是客人却感觉不到尊重了,所以前台接待人员要切记,即便自己所在的民宿是坐式服务的,当客人快要走到前台的时候也要站起来向客人问好。还有就是在坐着的时候要保持优雅的坐姿,切不可躺在椅背上或有一些其他的动作。

2)没有微笑

微笑是人类最基本的动作,对服务行业来说,至关重要的是微笑服务。微笑服务是指服务人员以真诚的笑容向客人提供服务,同时也反映出一个服务员的美好心灵和高尚情操。微笑服务并不意味着只是脸上挂笑,而应是真诚地为顾客服务。试想一下,如果一个营业员只会一味地微笑,而对顾客内心有什么想法,有什么要求一概不知、一概不问,那么这种微笑又有什么用呢?因此,微笑服务,最重要的是在感情上把顾客当亲人、当朋友,与他们同欢喜、共忧伤,成为顾客的知心人。

3)不耐烦表现

有时候个别客户会因为劳累或者是服务人员工作上出现了差错而发脾气,或者是说一些激动的话语,但是前台接待人员绝对不能因为客户的不礼貌而表现出不耐烦的情绪。相反,应该通过主动、热情的服务使客人意识到自己的失礼行为而及时纠正。

5. 民宿员工电话礼仪

1)物品准备

平时,接待人员在工作的时候就应该在电话旁边准备好纸和笔,方便记录客户的来电内容。

2）左手拿话筒

大多数人习惯用右手拿起电话听筒,但是,在与客户进行电话沟通过程中,往往需要做必要的文字记录。在写字的时候一般会将话筒夹在肩膀上面,这样,电话很容易夹不住而掉下来发出刺耳的声音,从而给客户带来不适。为了消除这种不良现象,提倡用左手拿听筒,右手写字或操纵电脑,这样就可以轻松自如地达到与客户沟通的目的。

3）接听时间

一般在电话铃响三声的时候接听。如果有事情耽误了接听电话的时间,在接到客户电话时应该首先向其道歉。

4）保持正确的姿态

接听电话过程中,应该始终保持正确的姿势。一般情况下,当人的身体稍微下沉,丹田受到压迫时容易导致丹田的声音无法发出。大部分人讲话所使用的是胸腔,这样容易口干舌燥,如果运用丹田的声音,不但可以使声音具有磁性,而且不会伤害喉咙。因此,要保持端坐的姿势,尤其不要趴在桌面边缘,这样可以使声音自然、流畅和动听。此外,保持笑脸也能够使来电者感受到你的愉悦。

5）重复电话内容

电话接听完毕之前,不要忘记复诵一遍来电的要点,防止记录错误或者偏差而带来的误会,影响整个工作的进展。例如,应该对会面时间、地点、联系电话、区域号码等各方面的信息进行核查校对,尽可能地避免错误。

6）道谢

最后向客户道谢是基本的礼貌,来者是客,以客为尊,千万不要因为是电话里接待客户,不直接面对而认为可以不用搭理他们。还有就是切记,在电话结束之后要让客户先收线挂电话,服务人员再挂电话。

(二)民宿从业人员与客人的沟通技巧

1. 民宿从业人员之特性

(1)喜好接触人。

(2)服务导向。

(3)热心。

(4)注意仪表。

(5)注重细节。

2. 民宿从业人员不可或缺的能力

(1)英文听说读写流利(Language Skill)。

(2)管理能力(Management)。

(3)组织能力(Organization)。

(4)领导统御能力(Leadership)。

(5)计算机操作能力(Computer Skill)。

(6)危机应变处理能力(Problem Solving & Decision Making)。

(7) 沟通协调能力(Communication)。

(8) 顾客导向(Customer Focus)。

3. 良好沟通的五样法宝

(1) 养成先思考、再行动的习惯(Think before you do)。

(2) 乐意做(Enjoy what you're doing)。

(3) 正面思考(Be positive)。

(4) 开放、接受不同意见(Be opened)。

(5) 不断学习(Keep learning)。

4. 不能碰的三种"死型"的做事态度

(1) "怕死型":认为多做多错、少做少错、不做不错。

(2) "等死型":上面告诉你怎样,你就怎样做,等着上班,等着退休。

(3) "找死型":脑筋动得快又聪明,但常常不务正业,懒惰又无所谓,整天一副无所事事的样子。

5. 有效沟通秘诀

55%根源于视觉,包含表情、仪态、容貌、服装、接触、空间、环境。

38%根源于听觉,包含语调、音调、说话内容。

7%根源于专业,包含技能、技术。

6. 沟通的第一关键:懂礼貌、知礼仪

礼仪包括礼节和仪式,是人们在社会交往活动中,为了相互尊重,在仪容、仪表、仪态、仪式、言谈举止等方面约定俗成的,共同认可的行为规范。民宿服务人员在与客人沟通过程中,应懂礼貌、知礼仪,才能给客人留下良好的第一印象。

7. 语言与非语言表达沟通技巧

(1) 语言表达,包含利用逻辑、理性、感性的声音等,用语言进行沟通。

(2) 非语言表达,包含表情、眼神、肢体、服装等,虽然不说话但通过表情及眼神可以表达。

8. 沟通的十大技巧

(1) 展现同理心:美国总统罗斯福曾说过:"人们不在乎你知道多少,而是在乎多少。"同理心让我们情绪有所联结,在传递信息时更容易被对方理解。怎么做呢？试着站在对方的立场去思考。

(2) 解决冲突:人与人之间难免会有意见不合、发生冲突的时候,这很正常,怎么去化解才是重点。在情绪风暴中常常会反应过度,说出气话或是伤人的话,这对解决问题没有帮助,也因此人们该做的是"回应"不是"反应"。

(3) 问对问题:掌握沟通的要点不仅止于对于每个问题都有适切的回答,当提出问题时,怎么问、问什么也是课题之一。如何问正确的问题呢？首先要学会反推,什么答案是有趣的,是否可以延伸出更多话题？反推回去,那就是正确的问题。

(4) 有效谈判:"谈判"被多数人视为是沟通技巧中最困难的一项,也可以说是最重要的一项,尤其是在工作上,有不少情况都需要应用谈判技巧。厉害的谈判技巧需要经验的累积,不过,有三个重点可以注意与学习,分别是:自信、给予选项、营造双赢的局面。自信展现自己的论点;好坏选项是相对来说,因此给出选项提案,会让对方去比较;最后,营造一个看似双赢的局面,让对方觉得不吃亏。

(5)主动聆听:沟通是互相的,因此会表达还不够,还得要会聆听。一位好的听众除了听懂对方想表达的重点,还能消化,用自己的想法或心得去回应对方。

(6)肢体语言:肢体语言绝对是沟通的一部分。例如,有些人在其演讲中,常常搭配着夸张及强调用的手势,给予观众更深刻的印象,强调想要传递的信息。

(7)合适音调:声音其实很容易表露情绪,当你紧张时,你的声音也许会微微发抖;当你激动时,也许会不自觉提高你的声量。平稳的音调会令听众比较安心,而你的抑扬顿挫则可以适时强调你的重点。

(8)认同他人:和赞美与恭维不同,认同他人的某些论点或是个人特质就像是支持他一样,比较像是发自内心的行为。简单来说,就是"具体地"表达赞同。

(9)领导投射:不知道你是不是有注意过,一位成功的领导,在演讲时常常会散发出属于自己的个人领袖魅力,如果你试着将自己在讲话时,心中投射一位你喜欢的个人意见领袖,你会不自觉地更有自信。

(10)真实性:有很多人在叙事时,会不自觉地夸大,或是为了吸引更多人的注意,增添故事的戏剧感,自行添油加醋。这样的确会成功引起大家的关注,但在叙事时也会因为不够真实而心虚,或是造成矛盾点,别忘了,声音还会出卖你的情绪,让人听出破绽。尽管吸引别人的注意力很重要,但真实的叙事才会让人想继续听下去。

9. 利用LEARN方法处理难题

遇到出"无理难题"或者是"投诉"的客人,该怎么对应呢?可以试着用"LEARN"方法。使用这个方法,会让顾客从愤怒迅速安静下来。"LEARN"是指Listen、Empathize、Apologize、Resolve、Notify这五点。站在客人的立场听取状况,然后同理心,适时道歉,解决问题,将处理的过程及结果记录下来备注。特别是在报告整个经过的时候,顾客会理解服务人员,在认认真真对待这件事。这个是很重要的,这样做也会维持好人与人之间的关系。

总之,不论发生任何问题,民宿服务人员的最终目的不仅仅是解决问题,而是让顾客满意。实际上,成为民宿的长期回头客中,有很多都是当初有过投诉事件的。

五、民宿服务的互动式导览解说

"导览"(Docent)一词,源自拉丁文"Docere",其意为"教导"(to Teach)。一个博学的引导者,特别善于引导观众,进行边走边讲式的导览解说。

(一)导览的重点——协助参观者认识环境

导览非常重要的一点是协助参观者认识环境。协助参观者认识环境包括以下几点。

(1)为参观者提供相关周边信息。

(2) 激发参观者的学习动机。

(3) 掌握参观者的情绪。

(4) 为参观者提供正确专业知识内容。

(5) 引导参观者进一步关注后续学习途径。

(二) 导览的肢体语言

(1) 手部动作：不要以手指直接指向观众或展品，而要用手心向上整个手掌指出；在聆听参观者问题时，双手应自然下垂交叠在一起，不可双手交叉于胸前。

(2) 体姿：精神抖擞、移身就教的倾听方式可以让参观者感觉受到尊重。面对身高较低的小朋友，可以蹲下身子，以拉近彼此的距离。

(3) 触摸：触摸的使用原则要视年纪和性别来决定，如果是女性就不大适合，但对小朋友，拍拍他们的肩、摸摸他们的头有时候反而会拉近彼此的距离。

(三) 导览解说的基本认识

解说是一种信息的传递过程，它运用了各种媒体传达沟通，借此方式将名胜古迹、山川美景、自然奥秘传达给有兴趣的人。解说包含两个部分：解说员解说和非解说员解说（租借语音解说器）。

"解说"是借由许多不同的传播媒体，使信息的传递者与接收者有所互动，目的是在通过实际存在的物品、第一手经验和解说的媒体来显示出该物品的时间和纵横交错的关系，而不只是陈述表面的信息或事实。

另外，"解说"是以事实与经验为基础，经过归纳和演绎的程序，产生出解说者的观点和信念，通过解说传播媒体传达给游客知道的一种工作。

  小琉球海岛文化生态导览解说

(四) 导览解说的六大原则

将导览和解说进行结合，就是带着参观者边走边讲解的一个过程，"解说之父"费门·提尔顿在《诠释我们的遗产》(Interpreting Our Heritage)一书中提出了导览解说的以下六大原则。

(1) 任何的导览解说活动都应根据游客的性格和经验来叙述。

(2) 导览解说是根据资讯而形成的概念，导览解说应包含资讯。

(3) 导览解说是一种结合现代科学、人文历史、古迹建筑等的艺术，无论讲述的内容是人文或艺术的，都应具备教育的功能。

(4) 导览解说主要的目的不是教导,而是启发游客的观察力与思考力。

(5) 导览解说必须针对整体来描述,避免断章取义或片面介绍。

(6) 对12岁以下的儿童做导览解说时,应依据该年龄层的需求,设计另一套合适的导览解说内容。

(五) 导览解说的注意事项

(1) 引起兴趣。

(2) 根据资讯而形成的。

(3) 不是教导而是启发。

(4) 像说故事般有告知、分享及教化作用。

(5) 注意沟通技巧与解说品质,能够不断地充实知识与技能。

(6) 精心设计活动,让游客获得最佳的游憩体验。

(六) 导览解说的"4W"

导览解说的"4W",解说归纳起来四个字:人、时、地、物。

(1) 针对性原则(Who):针对各类属性、社团、需求不同的旅客进行解说。

(2) 计划性原则(When):根据参观时间长短、久暂,有计划性地进行解说。

(3) 深广性原则(Where):根据景点、城镇、规模,决定解说的深度与广度。

(4) 用万物原则(What):天生万物皆有用,见景说景、博征广引进行解说。

(七) 导览解说针对不同族群的特性分析

1. 儿童的特性

(1) 学习能力强。

(2) 对夸张的语气、动作感兴趣。

(3) 好奇心强。

(4) 喜欢动手操作。

(5) 不守秩序,或坐下,或蹲下。

(6) 不听解说、爱讲话、好表现、爱提问题,喜欢小礼物,视线等高,频率相同。

(7) 设计儿童版/学习单,不是成人的精简版。

2. 青年的特性

(1) 希望被当成大人看到。

(2) 重视同侪的看法。

(3) 自以为是。

(4) 完全不顾他人的看法。

(5) 私底下希望受到重视。

(6) 旺盛的求知欲与好奇心。

(7) 解说内容要有凭有据。

3.老年人的特性

(1)健忘。

(2)喜欢回忆。

(3)时间有余裕,常常来。

(4)经验多,好为人师,好心,爱帮忙。

(5)有权威性,政治立场强。

(6)不喜被打扰。

(7)不爱排队。

(八)导览解说的首要技巧

(1)你对观众有吸引力吗?创建个人魅力。

(2)让观众保持注意力,是最基本的专业,观察听众眼神反应。

(3)让观众笑,看到观众绽放笑容的一刹那,就是对于解说服务的一种肯定。

(九)导览解说的语言沟通技巧

1.音量大小

(1)注意话筒的品质与音量大小调整。

(2)先确定群体是否能听到你的声音,尤其要注意到外围的人是否能听到。

2.说话速度

(1)不疾不徐,每分钟控制在180—200字。

(2)遇有专有名词时要放慢速度,逐字说清楚。

3.声调和音韵的运用

(1)声调加入适度的抑、扬、顿、挫,使解说生动化。

(2)发自内心的音韵,来表达喜、怒、哀、乐。

(3)特殊口技、歌曲的应用。

4.赘词的减少

(1)发现自己表达时常有的赘词,例如,"这个""那个""然后呢"。

(2)努力练习减去赘字,练习时请人抓赘词。

(3)能用三个字表达的句子,不要用第四个字。

(4)避免使用双关语。

(5)不要拿错误的事情当笑话。

(十)导览解说的基本配备

(1)资料夹或夹板、小卡片。

(2)麦克风。

(3)指示棒。

(4)辅助解说的小道具(如就地取材的 种子、树叶)。

(5)自制的小礼物。

六、民宿研学活动

(一)民宿研学活动的概念

研学旅行,或称研学旅游、游学旅行、教育旅行,提倡的是一种带孩子离开课室,亲身去体验、探究,让知识的学习不再只是书本、网络,通过更多的人际互动、感官体验来验证学习知识。近年来,研学旅行和营地教育一样,成为户外教育范畴的主题曲。

(二)研学活动的操作要点

1. 善用丰富的教学资源

大城市交通四通八达,社教机构更是应有尽有,像是科教馆、天文馆、图书馆、乡土教育中心、历史老街、美术馆、故宫、虚拟银行、大卖场、农场、蓝色公路、各校特色课程、历史古迹、文创园区……琳琅满目的协同教学机构就在那儿,守在教室默默教学倒不如走出教室,让孩子接触更多的学习户外项目,未来也会善用它们来充实自己。

2. 随时随地进行礼貌教育

对老弱妇孺要让座,不再只是课本上生硬的内容,而是可以让学生在公交车上、地铁上进行体验学习。孩子争先恐后地请老师就座,遇到老弱妇孺就主动让座。其他还有参观、看展览的礼节也可以进行现场指导,对导览老师要尊重,注意听讲、勤做笔记、举手发问等礼貌细节。

3. 训练解决问题及生活能力

告诉孩子不必害怕犯错,有错才能找到解决方法并且修正它们。更要感谢提出问题的同学,因为我们可以从别人的疑问及解决方式中获得经验,进而将这些经验转变成自己的能力。

4. 将课本立体化

如何让孩子在学习上充满兴趣?可以亲自去看看,去观察,去探索。以建筑为例,参观内部,现场有建筑说明,孩子印象一定更为深刻;眼见为凭,课本上陈列少数民族的服装和生活工具,吸引力远远小于到现场亲眼见识,甚至将服饰穿戴在身上,自己制作少数民族传统武器等。

5. 发展多元兴趣与拓展人生格局

带上孩子去溯溪,孩子爱疯了;带孩子去写生,孩子感到非常新鲜;孩子在参观学习的同时,见识了各行各业的人,例如社工、园艺师、建筑师、科学家、政府官员、警察、消防员、银行人员等,扩展了他们在学校只能接触老师和同学的人际网络,并且对许多行业有了更多的认知,会产生更大的兴趣。

6. 亲近大自然,培养休闲习惯,宣扬环教观念

不管到哪里研学,尽量通过地铁、公交车、步行,用行动照顾地球,教他们如何爱地球,常常让孩子和大自然约会,接触久了不就爱上它了?接着不就会想保护它了?这些"约会日"就成为"我们与地球之间的美好故事"了。

7. 学习品味"慢生活"

到图书馆看本书,或是找一家店一起喝喝下午茶、聊聊天,度过美好的下午时光;打开味蕾,品尝一碗远近驰名的拉面,不管是大口吃面条或喝汤,一同发出嗖嗖声以表示超好吃;全班同学在电影院里因幽默搞笑的剧情而哄堂大笑;画展展厅内,手背在后面,久久看着一幅画沉思,然后点点头说自己看懂了;席地而坐,拿出画纸与笔,靠直觉开始描绘眼前的景色,然后和同学在广场上追逐嬉戏……可以从这些校外活动,教孩子如何放慢生活的步调,活出生命的美好。

8. 拉近师生之间感情,增进班级向心力

老师在孩子心目中的形象,不外乎是站在台前谆谆教诲、苦口婆心的教授者,在教室角落努力用红笔点评作业、眉头深锁的评分者。如今有机会让孩子知道老师可以有很多化身:我可以化身为美劳老师,指导孩子写生;可以是导览老师,帮孩子导览寺庙、佛堂,说说有趣的民间故事;可以是同学角色,和孩子并肩而行谈天说地、开开彼此的玩笑、同桌吃饭;可以是学生角色,和同学们讲自己的所见所闻,坐在地上听讲、做笔记。

  胜洋水草休闲农场

(三)研学旅行参考案例

研学活动必须有很好的组织规划,除了学习知识,还要能学习做人,帮助民宿提升知名度。台湾地区某民宿结合周边社区研学项目及内容参考如表5-9所示,低年级研学项目参考如表5-10所示。

表5-9　台湾地区某民宿结合周边社区研学项目及内容参考

一、蕈菇类生态与植物教学	二、自我探索体验营	三、当地文化体验
1.蕈菇类教学 2.水生植物与变态植物认识 3.金钱树DIY(每人送金钱树苗) 4.新奇钥匙圈(纳米科技)DIY 5.水火箭(反作用力的运用) 6.趣味捞鱼乐(体验水的重量与表面张力)	1.步步高升——攀岩 2.山训体验——双索与三索 3.野外植物认识 4.探索教育训练 5.大地游戏VS团康 ☆以上活动依学校时间斟酌排定	1.迎宾区礼炮表演 2.歌舞场当地舞蹈演出 3.当地生活形态展示 4.当地工艺展示 5.山地歌舞教唱 6.纹面、荡秋千、摇臀铃体验 ☆以上活动依学校时间斟酌排定

续表

四、客家文化探访之旅	五、求生及生态教学体验	六、蚵壳岛独特人文生态
1.竹田驿园探访 2.彩绘槟榔扇DIY 3.客家麻糬DIY与品尝 4.客家文物馆(碌碡与农家) 5.客家伙房(三合院)参观导览 6.有圣旨的万金圣母圣殿 ☆以上活动依学校时间斟酌排定	1.萤火虫生态教学 2.野外求生——竹筒饭制作 3.高楼求生——缓降机教学与体验 4.火场逃生教学与体验 5.对牛谈情——喂牛吃草 6.FUN肆戏水乐(请着泳装) 7.手染手巾DIY	1.蚵壳岛奇观(人为形成的岛) 2.养蚵人家与彩绘蚵壳DIY 3.徒手抓虱目鱼 4.天才小钓手 5.红树林植物生态学习与观察 6.水上踩脚踏车船与划船乐 7.招潮蟹视听教学

七、精致农业体验之旅	八、古迹体验研学	九、古迹体验研学
1.蚕桑文化馆、下营三宝介绍 2.乳牛(羊)生态参观教学 3.手抄桑皮纸DIY 4.白鹅生态与彩绘鹅蛋DIY 5.当季水果果园教学与采果乐 ☆依时间1—5项任选3项组合	1.左营旧城 2.旧城孔庙崇圣祠 3.雄镇北门 4.前清打狗英国领事馆 5.旗后炮台 6.旗津灯塔 7.旗津天后宫	1.赤崁楼 2.全台首学(汉人文化传承) 3.安平古堡(地图与环境差异) 4.亿载金城 5.台湾第一街(开拓新乐土) 6.大天后宫、祀典武庙 ☆依时间与课程需求选定景点

十、蝴蝶生态精致教学体验	十一、盐山潟湖赏黑面琵鹭	十二、消防体验、老街巡礼
1.蝴蝶生态(蛹与化蝶) 2.喂羊咩咩吃草 3.蝴蝶转印卡片DIY 4.贝壳标本、蝴蝶标本 5.季节蔬果采摘乐 6.彩球池内显身手	1.七股盐山、海水曝晒制盐 2.搭乘胶筏游七股潟湖,赏水鸟 3.登沙洲看消失中的海岸 4.大家一起来"摸文蛤" 5.品尝生蚵,烤文蛤 6.黑面琵鹭生态教学	1.4D立体影片教学 2.天摇地动地震屋 3.高空横渡VS天降神兵 4.消防灭火体验 5.访开台第一街——走入时光隧道 6.百年古厝与斜墙、安平剑 7.单伸手民宅、百年榕树欣赏

十三、七大森林博览园昆虫生态	十四、客家田园野趣之旅	
1.国际魔幻主题秀 2.可爱动物喂食区 3.桃花心木森林区 4.机械游乐区 5.昆虫生态教学 6.鱼类生态教学 7.百花森林留影	1.彩绘葫芦DIY 2.客家擂茶、洗爱玉 3.趣味钓螃蟹、大家玩泡泡 4.趣味童玩体验 5.溪旁寻田螺、可爱动物 6.供应客家板条午餐 ☆视时间回程可参观钟理和作家纪念馆	—

续表

十五、其他热门户外研学景点		
1. 鳄鱼的巢穴——不一样的农场 2. 凌云壮志——冈山空军基地 3. 台湾文化起源——小林平埔族群文物馆 4. 爱丽丝梦游仙境——南元农场 5. 蜂蜜故乡——楠梓台糖花卉园区 6. 怀旧铁道——台糖乌树林（古早糖DIY）	7. 吃冰的好地方——旗山糖厂 8. 蕃薯寮传说——旗山老街 9. 原生植物园 10. 科学工艺博物馆 11. 高雄历史博物馆	12. 养鸭人家——台南鸭庄 13. 米的故乡——姑山仓库 14. 古早味农村曲——埔里镇 15. 美浓传说——美浓湖、东门楼、美浓老街 16. 客家历史——土地伯公、伙房、敬字亭

表5-10 低年级研学项目参考

一、寿山动物园体验之旅	二、趣味牛蛙生态与植物体验	三、桥头糖厂、五分车体验行
1. 爬虫类动物介绍 2. 自然鸟类园区介绍与认识 3. 草食性动物简介 4. 肉食性动物简介 5. 亲水广场戏水	1. 牛蛙生态认识＋趣味钓牛蛙 2. 蝴蝶生态讲解 3. 金钱树DIY 4. 有毒、水生、香草科植物介绍 5. 可爱小白兔 6. 趣味徒手捞鱼乐 7. 可爱的菇菇——蕈类	1. 桥头百年糖厂参观 2. 搭乘五分车游台糖园区 3. 彩绘迷宫大挑战 4. 花卉中心栽培厂 5. 高雄都会公园叶拓、树干拓 6. 冈山空军基地参观战机展示 ☆空军基地、都会公园需视时间调整参观
四、顽皮世界动物大亲近	五、家乡巡礼	
1. 猴子兵团、金刚鹦鹉表演 2. 大象爱美丽表演 3. 山猪赛跑秀 4. 机械游乐区 5. 可爱动物区 6. 爬虫动物馆	1. 搭游览车绕行高雄我家乡 2. 高雄市立美术馆、内惟埤文化园区 3. 高雄科工馆 4. 高雄文化中心 5. 金狮湖中区资源回收厂 6. 高雄都会公园叶拓、树干拓 7. 左营、旗津古迹巡礼 ☆以上景点依学校斟酌排定	

总之，民宿的好服务，除了基本的客房服务、餐饮服务之外，要能增进与客户的黏性，提高重游率、推广性，必须结合导览解说，以及研学体验活动，才能真正提供民宿完整的服务。

  红瓦厝生态教育农场

广州增城慕吉云溪山居民宿

第三节 能感动人的服务

 引言故事

瓦城泰统集团于1990年创立"瓦城泰国料理",历经近十年,建立起"东方炉炒厨房连锁化"系统、"11级厨师臂章制度"与无可挑剔的服务,引领当地人们吃泰国菜的风潮,并稳坐台湾地区泰国菜的龙头地位。它是如何办到的?

1. 8分钟内端出第一道菜

当客人点菜后,8分钟内一定要上第一道菜,并于25分钟内把所有菜上完。瓦城内部训练员工的服务标准流程手册,就有近30本,且仍不断增加,这些严格的服务规定,全出自非常重视细节的天蝎座老板徐承义。他坚信美味就在细节里,因此他全力投入钻研餐厅的每一个细节,从烹调、上菜到服务流程,都制定了一套标准模式,并且所有东西都可以找出最佳标准值。以最多客人点的虾酱空心菜为例,空心菜的长度规定必须是13—17厘米,菜梗直径在0.4—0.7厘米;柠檬清蒸鱼选用的七星鲈鱼,每条重量也必须在8.5—10.5两,太大与太小都不符合规定。

2. 每10天派出"神秘客"突击检查

仿效跆拳道升级制度,自创"臂章制度",把内场厨艺和外场服务分为九个阶层,利用九种不同颜色的臂章,代表员工的位阶高低,规定每个阶段都必须重新学习,并定期接受公司的考评。服务员的笑容必须露出七颗半牙齿的规定,第一线服务人员喊"欢迎光临"时,女店员的音量必须控制在65—75分贝,男店员还得再高5分贝。如此"高标准"的坚持,都是为了符合顾客期待。所有的一切,都必须从客人的期望出发,再来反推设计服务流程,这些基本功可以保证一定的服务水准,也可以让第一线服务人员有自信面对客人。因此,瓦城泰统每10天就安排顾客担任"神秘客",至全台湾分店进行考核与评比,希望站在消费者立场与角度来检视餐厅整体表现,让餐厅服务品质在落实公司标准时,也兼顾与顾客互动的精神与态度。

3. 食材库存差异低于千分之六

瓦城泰统有一项民宿同行难以望其项背的科技管理,那就是每日食材库存差异低于6/1000。例如,以10公斤的空心菜而言,扣除卖出去所使用的9公斤后,存货必须是1公斤;若剩下1.5或0.5公斤,都必须找出误差的原因,因为瓦城泰统每

道菜色除了口味一致外,分量也都有标准,顾客不必担心食材的偷工减料,同时能将食材每一天库存的差异降到正负6/1000以内。这样惊人的数字,在民宿业是杰出的表现,更是能媲美高科技产业。除了用心在厨房管理外,更通过自动叫货系统,掌控食材成本与品质,并严格控管各分店食材库存,如此的控管才能在财务报表上有亮眼的表现。

4.11级厨师臂章制度

让人才厨艺与管理兼备。"在传统的东方厨房中,需经历十多年才能熬成大厨。"传统中餐厨师习惯即兴发挥,只要能够掌握菜肴相关制作的精髓,厨师往往根据自己的经验或者感觉来做菜,每一项功夫都是只能意会,难以言传。瓦城打破传统体制,自创11级臂章厨师人才培育制度,以11种不同颜色臂章和分级,代表厨艺学习和发展的11个阶段,并成立厨艺管理学院,提供厨师人才公平的学习环境,以及晋级的荣誉感与成就感,使厨师可以在学院中不断精进厨艺以及管理才能。

5.训练不藏私

人人都有成为大厨的机会。在瓦城泰统厨艺学院,不会有大厨呵斥小学徒的情节,也不会有老师傅藏私的情况。要养成一位会掌控火候翻锅的炉炒师傅,过去传统大厨经验教授的方式需要至少5年,但瓦城泰统只要13个月,大幅缩短了培训时间;每位厨师通过学科笔试与术科实测,就可以升级,每个阶段约3个月,顺利的话2年内就可以成为餐厅基层主管的绿带师傅,5年可以拿到红带,晋升为厨房经理,获得黑带则可以成为区经理并且升任为公司的服务品质管理阶级。只要认真学,在瓦城泰统人人都有成为大厨的机会。维持高"FEST"值,集合美味菜肴(Food)、舒适环境(Environment)、细致服务(Service)和品牌信赖(Trust),以最完整的FEST抓紧消费者的胃与心。"民以食为天",但如何抓住消费者的胃与心呢?消费者对吃的要求,重视的从来不是"价格"而是"价值"。

·点评:

好服务就是将心比心的过程,服务没有最好只有更好。好的服务绝对不是无上限的退让,好的服务必须靠标准化来维系品质,但过度标准化则缺乏感情。千万记得顾客最主要的需求是什么,随时充实自己的专业能力,满足顾客的需求,同时适时给予惊喜的服务,这才是名副其实的感动服务。

一、全方位的感动服务

"服务"产出"感动"。"满意"已难以造就顾客忠诚,必须"超越顾客期待",做好感动人心的服务,才能真正留住顾客;顾客不但会重复消费,甚至帮你带来更多顾客。许多服务人员只会"开前门",不懂得"关后门"。开前门的意思就是"销售",关后门的意思就是"服务",服务做得好,才会留住顾客,让顾客主动帮忙进行口碑行销。

(一)服务或是款待?

服务(Service),该词的用意自古就已出现在中国,如《论语·为政篇》:"有事,弟子服其劳;有酒食,先生馔。"而在西方,"Service"则为替大众做事,替他人劳动的意思。

服务是提供技术、专业、资讯、知识、设施、空间或时间给顾客,在提供服务的活动或过程中,服务提供者通常在为顾客处理某些事情或从事某些工作,而且服务本身是一种无形的活动或过程。

1. 民宿服务需要用款待的概念做服务(从餐饮服务看民宿)

在美国纽约经营11家餐厅,旗下的联合广场餐厅连续7年荣获"纽约最受欢迎餐厅"美誉的丹尼·梅尔非常懂得款待客人服务品质的技巧,他认为人类具有提供并接受款待的强烈本能需要。款待对象的顺序要从员工开始,依序是顾客、社区邻里、供应厂商以及投资人。这跟传统商业模式恰好相反,他称为"有智慧的殷勤款待"(Enlightened Hospitality)。梅尔认为的"款待"就是事情"专为"你而做,即殷勤款待;如果只是"交差了事",那就不是殷勤。从他看待款待的想法,我们可以归纳出好的服务必备的几个要素。

1) 让客人有归属感

任何餐厅想经营得长久,绝不能只做一次生意,要想办法让客人用餐离开餐厅后产生归属感、信赖感与被肯定感。这样必定能使顾客想再上门,他们也会迫不及待地想跟亲朋好友分享美食经验,以及受尊重、被关爱的感觉。

2) 视情况与顾客建立关系

简单地问顾客"你是哪里人",也许就会产生惊人的威力。而这类问答中不难找出某些连结,可能彼此认识相同的朋友,或喜欢同一家餐馆,也可以聊同一场球。

3) 具有洞察力

例如,研究顾客的面孔,决定服务出现的时机。若看到顾客的视线在餐桌中央交会,表示他们正相谈甚欢,这就不是服务人员出现的适当时机。

4) 精选服务员

餐厅能得到顾客的赞扬,除了供应合口味的美食之外,通常顾客也会根据现场服务人员的服务态度,决定要不要再次上门。所以一间餐厅唯一的成长之道,就是忠于自己的灵魂,而永葆成功的关键,则在于吸引、雇用和留住优秀人才。梅尔认为,若理想服务业员工的得分是100分,专业潜力应占比例是49%,而款待客人所需的天生情绪技巧应占51%,这就是他独创的"51%用人法"。

5) 失误的补救

餐厅是服务业,遭受批评与抱怨是无法避免的,但问题发生时,职责所在的主管必须在24小时内,尽力与客人取得联系。同时马上检讨自身作为,以判断问题所在。更重要的是不管接到哪一类抱怨,餐厅管理者都有双重任务:一是从错误中学习,从学习中获益;二是化危机为转机,设法再次取得顾客信任,取得比未犯错前更有利的地位。

2. 如何重新赢回客户的肯定

牢记有效处理失误的5A守则。

1）察觉（Awareness）

很多错误未能解决是因为从来没被发觉，不知道也就无从着手处理。

2）承认（Acknowledgement）

承认就是勇于承认错误，例如，"我们的侍者不小心出了意外，将尽快为您准备另一份餐点。"

3）致歉（Apology）

例如，"对于发生这种失误，我们非常抱歉。"推托不是解决问题的办法，而找借口。例如，"我们人手不足"既不恰当，也没有用处。

4）行动（Action）

例如，"请先享用这一道，我们很快会重新上您所点的餐。"提出补救办法，并确实做到。

5）额外招待（Additional Generosity）

若错误是服务太慢，可以让员工加送一道免费甜点，感谢顾客不计较。有更严重的错误，则可以免费送一道菜或一整份餐。

因此，民宿的服务也可以参考梅尔的理念，慎选服务员，让客人宾至如归。员工具有良好洞察力，万一有失误，可以马上做补救，以维系跟客户的长期关系。

(二) 打动人心的服务

"感动服务"广泛地被所有服务业使用，各式各样的服务名词也顺势而生，网上搜寻，也能找到数百部相关影片，表示服务业整体的提升与重视，但也发现不少只做表面却本末倒置的服务案例。而且，在满足感动服务的附加值之前，要先把"刚性需求"做好。

有一则故事是，某位顾客在某家头发造型门市消费，当天她选择要将头发烫直，坐下来没多久，设计师便送上了一杯可口的咖啡，惊喜的举动立即掳获了顾客的心，让顾客觉得这里的服务真好。经过数小时的烫发过程，坐到腰酸背痛之后，顾客开心地回家，隔了3天却发现"头发不直了"。第一次洗头后她就发现这个状况，联络过设计师回去补烫，结果还是不满意。顾客来消费的刚性需求是"发型"，饮品、音乐等都是附加价值，是建立在专业服务满意的前提之上，否则所谓的感动服务也不过是表面的形式罢了。

因此，好的服务是将心比心，给客户"真正想要的"，才是最重要的关键，满足这个基本需求，才能打动人心。

二、年轻新世代的服务需求

(一) 新世代的客层崛起

尽管"X世代""Y世代""Z世代"等的定义众说纷纭，但不可否认的是，近年来社会的消费指标已经开始发生改变。随着越来越多的年轻世代的旅行人口崛起，全球住宿行业也开始注意到这群新消费客群的独特需求，重新调整服务运营模式，以迎合未来的消费性需求。

"X世代""Y世代""Z世代"等，尤其处在不同于以往传统家庭结构的模式生活，传统家庭角色不再被看重。这一代无论男性、女性，许多皆投入工作，而主要价值包括工作与生活的平衡、社交与沟通,勇于消费与尝鲜且致力于个人价值的实现。在消费习性上,对于品牌无较多忠诚度,非常愿意尝试新的品牌。这群年轻人共同的特征是非常善用也可以说是高度依赖3C产品,即计算机(Computer)、通信(Communication)和消费电子(Consumer Electronics)三个领域的产品,主要沟通方式是网络社群。

(二)新一代的民宿服务节奏

住宿业开始注意到这个新趋势,也希望以创新服务来赢得这群年轻的国际顾客。例如,某家中型的观光商务型饭店,以全饭店每间客房皆有Ipad设备为号召,企图吸引这群3C重度使用顾客,同时在饭店房间设计许多对3C使用者友善的硬体规划,对于日常生活携带智能手机、笔电旅行的住客,Wi-Fi无线上网的服务为饭店提供的必备服务。此外,客房规划比一般饭店更多的桌上电源插座,让平日就携带多种3C产品的住客可以同时将不同的电器设备充电,不必浪费时间。每间客房皆提供包含Mini USB、Micro USB等五合一的万用充电器,包含苹果产品专用的充电插座等,解决携带3C产品必须也要带各类充电器的烦恼,更可以让万一忘记携带充电器的住客马上解决问题。同时,客房摆设设计新颖电器产品,像无线蓝牙喇叭、摩登的个人式胶囊咖啡机、抱枕式按摩器、可读取USB资料的录影机和电视,让有习惯收集影像档的3C年轻住客将USB连接电视的大荧幕收看自己收藏的影像档等,这些规划都是饭店对于这一新世代顾客的创新服务。

因此,由洞察顾客需求开始,逐步调整民宿运营的策略,对于创新的服务规划有许多做法。例如上述介绍的这家饭店,即以这些3C重度使用者为目标,观察其独特需求,再提供创新服务,以区隔出独特的利基市场,例如机器人服务。民宿经营者也可以依循使用者经验操作的步骤,提供民宿自己的独特创新服务。

三、令人惊喜的服务

柳井正先生说过,"必须让顾客感到惊喜""以超出顾客想象的形式将顾客需要的东西提给顾客"。丽思卡尔顿日本分社原社长高野登,撰书分享丽思卡尔顿酒店的成功之道。《百亿打造的十堂服务课》这本书不仅给饭店业很好的参考,同时也给服务金字塔顶级客层的业务人员检视其所提供的服务是否真正满足客人的机会。丽思员工有一张不离身的名片般大小的卡片,上面写着座右铭与服务三部曲。其意义是希望员工时时将丽思人的行动准则谨记在心,丽思人不是传统观念中"饭店从业人员即为住客的仆人",而应用感性的态度拉近与顾客的距离,才能真正提供顶级住客的需求。因此,丽思的服务理念,在标准化之外,多了令人感动的元素,民宿业者可以参考。

  日本爱知县美山町

(一)用"五感"用心服务客人

主动找乐子,让工作更有乐趣。工作不仅仅是为了面包,也为了发光发亮,要自信地说出自己是民宿人。让住客的口头称赞,化成卡片文字,由柜台人员转交给表现优良的员工;如果员工卡片领得愈多,评价也随之愈高。

别思考,去感觉,使用"五感"去感知客人的需求,姑且不论房间装潢得豪华与否,无形的气氛是饭店的温度与湿度,在客人开口之前,用五种感觉(视觉、听觉、触觉、味觉、嗅觉)用心察觉客人的需求。

当顾客一脸倦容时,有可能是玩得太尽兴,也有可能是遇到了什么麻烦。因此,民宿人要有在客人开口寻求协助之前就能判断其需求的能力。

(二)为顾客提供惊喜,提升服务品质

民宿的服务重点之一,就是制造惊喜与乐趣。客人高兴,民宿人也高兴。例如,帮住客提供求婚场景服务,让住客心爱的女友可以从客房看到"嫁给我,好吗?"的看板,玫瑰花与烛光晚餐更是少不了;但是惊喜没有因"我愿意"而结束,最后还会将撒满在床铺上的玫瑰花瓣做成香袋让客人带走。

民宿人是为了满足客户的感性而存在着,因此,即便是一朵放在桌上的玫瑰花,都不能因为删减预算而被取消,提供贴心服务可以温暖心灵。一朵花只要可以让一位客人有好心情,就应该一直放着。

(三)热情是组织活力最佳来源

热情可以营造许多感人的小故事。例如,某民宿主多年前在代管广州一家民宿时,有一位只有一面之缘曾住过民宿的顾客带家人二次来民宿消费。远远见到顾客,民宿主就跟她打招呼,说"某某女士,我们又碰面啦!欢迎您",从此以后,这位顾客和民宿主就成了好朋友。这位顾客也常会推荐朋友来这家民宿,甚至讨论出游的一些心得,也会请民宿主为她和朋友们推荐各地的民宿。

(四)授权让员工能当下解决顾客的烦恼

例如,丽思员工一天有2000美元的额度,可以帮客人处理疑难杂症。这是丽思给员工一项特别的授权,员工可以不用主管同意,将这笔钱用在帮顾客解决问题上。民宿也是一样,很多民宿主长期不在,靠门店的管家来打理,也要充分授权,才能及时处理客户抱怨跟反馈。

(五)从不满、满足、感动到感谢

由于民宿高端、低端差异很大,许多人认为高端民宿"只提供服务给顶级的人士",而低端民宿提供服务给要求不高的客人,其实并非如此,民宿是"提供客人如同满足顶级人士的感性服务"。选择民宿入住的客人中,即使平常出差都住商务旅馆,但是也会为了舒缓压力或是想要体验民宿生活前来。所以,民宿必须要提供客户出乎意料的服务,让顾客有可能由

原来预期不满变成满足,从满足变成感动,从感动最后到感谢,对民宿提供的这次服务念念不忘。

丽思有一个制造惊喜与提供超越服务瞬间的例子。位于美国佛罗里达州的丽思卡尔顿酒店,有一次,一位负责清洁海滩椅的服务人员被一名男性住客叫住,希望他在晚间能在海滩上留下一张海滩椅,"因为我想和女友求婚",他说。听到后,这位服务人员不仅准备了一张海滩椅,还放了一张海滩桌,铺上白色桌巾,摆上插着玫瑰花的花瓶与香槟,另外还放着毛巾,好让下跪求婚完的男性客人可以擦拭膝盖上的沙砾。一向穿着海滩装的服务人员借来一套燕尾服穿上,挂着开香槟用的布巾在一旁待命。

就以上的故事,我们可以将服务分成几个程度:①假设海滩椅上有沙砾与海水,这是"不满";②如果连海滩椅的椅脚都擦得干干净净,这是"满足";③如果提供客人没有说出,却是需要的要求,例如上例中在海滩提供放着香槟与玫瑰花的服务,这是"感动";④如果这对情侣结婚之后,每年的求婚纪念日由这位清洁海滩椅的服务人员寄上一封感谢信,结婚五周年与十周年时,由饭店负责人寄上招待券,这样不但可以制造常客,也能让这份温馨持续,这就是"感谢"。

因此,从满足开始,提升到感动与感谢的层面,创造一个个超越服务的瞬间,就是服务真正成功的秘诀所在。

四、民宿服务标准化

民宿服务都要先建立自己的标准书,也就是所谓的"SOP",没有标准作为准则,就算有再好的感动服务,都是浪费。

一位民宿主曾经被"番茄来了"PMS邀请在海南三亚做一场对三亚民宿业的演讲,演讲后有一个讨论主题:民宿要标准化还是个性化?当时群英聚集,各有说法,最后没有结论。事后,民宿主跟大家聊天时,提了自己的看法:民宿的设计跟主题定位,一定要个性化,有特色,避免同质化。但是服务质量,必须标准化。把个性化跟标准化结合在一起,才是一个真正能让人接受甚至感动的民宿服务。

如果你只有一家民宿,没有"SOP"也许还能经营,但是如果有两家、三家,都是靠管家、打扫阿姨的协助,一套专业的服务标准书就必须要具备了。

将民宿业需要的标准书做成图文并茂的PPT,新进人员的培训也较容易,因为民宿人员的流动性较大,靠师傅带徒弟的培训模式,往往让民宿的所有流程逐渐因循苟且,必须有个准则来依循。如果民宿主本身实力够,可以自己做标准书;如果实力不够,可以委托专业人士代为设计。

专业操作服务流程标准书有以下步骤:现场调研做项目诊断;制作标准书,包含文本及PPT;按照标准书内容做员工培训,包含学科跟术科考验;不定时"神秘客"暗访;检讨改进,更新流程。

以下仅提供房务服务流程标准书作为参考,民宿主可以根据需要斟酌实际情况进行增减。

(一)房间清洁流程

(1)到达工作岗位后立即换上制服,梳洗整齐。首先查阅各项日报表,了解住客迁进迁出情形,掌握住客的动态,决定打扫顺序。

(2)检查工具,准备各项换洗备品及清洁工具。

(3)进入房门前,应先敲门,打扫房间时,不可将门关住。

(4)将房内所有灯光照亮一下,检查有无损坏后,便即时关灯,同时检查电视画面是否清楚。

(5)记录报表应修理的损坏品。

(6)将窗帘拉开,打开窗户,使房内空气流通。

(7)清理字纸篓、水杯、烟灰缸等。

(8)收集床单、毛巾等,送往洗涤。

(9)为节省时间,将需供应品一次送回房内(补充房内之用品,如烟灰缸均按规定数量补齐)。

(10)清洁浴品(检查马桶排水、洗脸盆的排水情况)。

(11)补充浴室用品。

(12)清洁衣橱抽屉。

(13)整理床铺。

(14)全面擦抹尘埃。

(15)清扫地毯。

(16)最后再检查一遍。

(二)客房内设备之清洁整齐

(1)晨间上班,了解房间住客动态,携带备妥备品的清洁车开始工作。

(2)整理房间按照一般住客房、"空房""请勿打扰"的顺序进行,逐次整理。

(3)进入房间前,务必先轻敲房门,空房亦同,养成习惯。工作中不许大声谈笑,粗举动作尤应禁止,以免打扰住客。

(4)既入房间,应维持房门敞开,磊落工作,有女客的房间,更应遵守。

(5)拉开窗帘,清启窗户,使空气流通。

(6)打开所有灯光,检视音响,然后关闭,如有不灵,则当记录报修。

(7)将食用器皿、餐具、水杯、烟灰缸、垃圾桶等不洁物品,悉数收出。

(8)客人的物品,细心整理,衣物折好或挂妥,续住客人书写之纸条、书报、杂志不得舍弃。

(9)用过之布巾,全部撤换干净,按照规定铺床叠被。

(10)一切就绪后,上下彻底擦抹干净,然后关闭窗户,适度调整窗帘。

(11)补足清洁用品等一切应用物品,并予登账。

(12)浴室的整理。

(13) 经最后的检查,再撤离房间。

(三) 续住房之房间整理

(1) 用过的瓶罐、水杯盛器,予以更换。果皮纸屑彻底清理,维持清洁整齐。
(2) 整理、补充浴室内巾类、肥皂、纸张等。
(3) 不论一天几次,皆应不嫌烦琐,悉心服务整理。

(四) 晚间整理(针对晚饭后客人外出)

(1) 将床罩折妥,摆于指定地点。
(2) 铺好毯被,按规定放置拖鞋、睡衣。
(3) 拉妥窗帘上下检视。
(4) 彻底整理房间,浴室用的脚踏布(布质)置于浴室门前。
(5) 开亮床头灯及进门灯后退出。

(五) 设备保养程序

(1) 木架类:门柜、门、行李架、木墙、柜台、衣橱、木桌椅及化妆台等定期打蜡、擦拭,以防霉朽。
(2) 木器内箱:抽屉、内柜等应随时吸净、铺纸或加防虫剂清理等。
(3) 玻璃陶瓷类:除日常细心洗涤外,定期消毒漂白。
(4) 电器、音响、光照类:灯泡、灯管、插座、电视机座、冰箱底部内外等的擦拭、清理、接触良否、开关堪用、检修等。
(5) 铜器类:所有铜器门锁、铰链、房间号码、指示牌等随时擦亮。
(6) 清理器材:吸尘机、打蜡机、垃圾盛具等,随时维持清洁,收拾妥当。
(7) 各冷气机出风口、浴室回风口、门缝下缘、滤网等的清洁。
(8) 地毯、木板、大理石,分别吸净、清洗打蜡,维持清洁、光亮。
(9) 沙发椅、椅缝四周应注意灰尘,利用刷子将其刷出。
(10) 壁纸、天花板:污点、角落蜘蛛网的清除。

(六) 财产保管程序

(1) 整理房间时,密切注意清查应有物品、用具,遇有缺少、破损,随时报告领班处理。
(2) 同事之间相互鼓励,养成勤俭习惯,养成廉洁、不贪不取的操守。
(3) 注意财产物品之清点与放置,养成廉洁、不贪不取的操守。
(4) 禁止与工作无关的人员进入服务台及储藏室。
(5) 值班时间内禁止亲友来访。
(6) 有必要的物品借用,应立单据备查。
(7) 财产物品的损失与毁坏,除报告赔偿外,并需追究原因去处,以根绝类似事情再度发生。

（七）特别清理（针对长期住客、患病住客、特殊生活习惯者）

（1）除依一般房间整理要领进行外，对于财物设备，更需彻底清理。

（2）使用除臭剂、喷洒消毒剂等。

（3）抹布或不堪再用的物品更换或毁弃。

（八）公共场所的清洁与整理

（1）太平梯维持清洁畅通，并定期洗涤。

（2）所有墙壁，指标之清洁保持堪用。

（3）落地烟缸、客梯前的地毯、盆景、花木走道、转角等的清洁、维护与报修。

（4）走廊、服务台、库房，随时用心整理。

（九）房客入住流程

（1）接过行李，引导客人进入房间，置妥行李（床头灯、化妆灯、台灯、浴室均应开启）。

（2）端送冰（茶）水。

（3）简单自我介绍，并表明随时等候传唤服务，介绍本馆设备位置、房间设备等使用方法。

（十）房客退房流程

（1）除协助提送行李外，迅速检视房间各处，有无客人遗留物品。

（2）冰箱饮料账的结报通知。

（3）房间钥匙的收回提示。

（4）如拾获遗留物品而来不及交还客人时，应立即向领班报告呈交管理单位，严禁占为己有。

（5）检查是否有送洗衣物未取回，所经手的客人欠账单已否全转至柜台出纳。

（十一）房间餐饮服务流程

（1）了解客人所点食品，据以准备，要据实问清楚。如早餐时蛋就可以分为Boiled、Poached、Scrambled、Fried等。

（2）按照所点食品的种类多寡，用活动餐桌或托盘送入房内。

（3）充分准备器皿、调味料。

（4）账须处理，适当时机，请房客签认。

（5）用餐后的整理，适时适宜。

（十二）洗衣服务流程

（1）收受客衣应核对件数、房号、时间及衣服的种类。

（2）检视客衣内有无遗留物品及破损情形。

（3）转达洗衣单位，列簿交代，以明责任，并使服务连贯。

（十三）擦鞋服务流程

（1）不论客人要求或诚意为客人服务，首要条件是不得将房号弄错。

（2）客人需要穿鞋时，应适当把握。

（3）上述关键，皆应小心为之，否则效果适反。

（十四）其他特定服务流程

（1）按摩师或临时保姆、护士需要。

（2）茶水供应。

（3）行李捆绑搬运协助。

（4）设备使用协助。

（十五）晨间叫早服务流程

客人可以与总机联络。但常有顾客直接嘱咐服务员，并且不限于晨间，也有午后小睡需要叫醒情形，服务员需要特别注意，应立即转告总机，并做记录。如在交班以后，应告知接班服务员并记录于交接簿中，不许出半点差错。

  从事民宿服务业的小技巧

（十六）清洁服务中禁止事项

（1）在房间私接电话。

（2）个人私事或旅馆内部事务向客人申诉。

（3）过分与客人表示亲热，主从不分。

（4）阅览客人书报、文件，翻动客人行李、抽屉。

（5）在房间内收听广播、音乐，收看电视。

（6）取用客人的食品、饮料。

（7）住客有访客，切忌服务逗留太久，尤以异性访客来到时为然。

（十七）意外事件的防范

（1）防火：除按照安全手册的要领外，应特别注意在清理房间时，要迅速灭绝一切危险的火种、烟蒂。如房客私用熨斗、电炉等，酒醉客人最易引火，除协助其入睡外，应将其引火器材收出，以防万一，醒后再归还，做好解释。

（2）防盗：机警勤劳，晚间注意各门户是否锁好，应逐一检查，各太平梯自动门有无异状，非住客到达该楼，应予礼貌询问拜访对象，形迹可疑者立即报告主管或安全单位处理。

（3）房卡、总卡的保管：非房客本人拒绝他人开门入房。

（4）服务人员自身安全：上下高处、防滑、废杂利器清除等，应特别小心。

（5）天灾防范：如大雨、台风侵扰等。

(十八)注意工作安全,下述几点是发生意外的主因

(1)没有开灯而进入黑暗的房间。

(2)用手去拾取字纸篓的垃圾。

(3)清洁浴室时没有注意剃刀的刀片。

(4)挂浴室的胶窗时不使用梯形凳而站在浴缸的边缘。

(5)搬动家具时不小心而被钉子或有刺的地方戳到。

(6)插头的电线没有靠墙角,使人绊倒。

(7)不拉门把而用手扶着门的侧缘拉门。

(十九)房务设备清洁检查

房务设备清洁检查如表5-11所示。

表5-11 房务设备清洁检查表

日期(Date):		房间(Room):		
检查者:		复核:		
序号	房间设备检查	是	否	备注
1	门锁情况良好	□	□	
2	灯制开关正常	□	□	
3	门窗玻璃清洁	□	□	
4	窗帘完好、拉展顺利	□	□	
5	冷暖气开关及功能良好	□	□	
6	灯罩清洁及垂直	□	□	
7	椅子椅垫清洁完整	□	□	
8	墙壁清洁无蜘蛛丝	□	□	
9	墙壁完好无裂痕	□	□	
10	行李架稳妥无损	□	□	
11	电话情况良好	□	□	
12	衣柜门开关容易及无声	□	□	
13	男女装衣架各半打	□	□	
14	床罩清洁无渍	□	□	
15	衣柜内已清洁	□	□	
16	梳妆台或书桌台面已清洁	□	□	
17	电视正常及屏幕清洁	□	□	
18	床底及地面清洁	□	□	
19	四个角落处地面清洁	□	□	

续表

序号	房间设备检查	是	否	备注
20	大门背后清洁	☐	☐	
21	浴室胶垫或安全胶条无破损	☐	☐	
22	厕板两面清洁	☐	☐	
23	厕所底部及背部清洁	☐	☐	
24	浴室异味消除	☐	☐	
25	沐浴帐帘或拉门平滑无损	☐	☐	
26	水管不漏水	☐	☐	
27	冲厕系统正常	☐	☐	
28	沐浴帐帘或拉门清洁无水渍	☐	☐	
29	瓷砖干洁无水渍	☐	☐	
30	清洁毛巾充足	☐	☐	
31	电镀水龙头光洁如新	☐	☐	
32	厕所马桶盖安稳无污渍	☐	☐	
33	瓷砖无破裂	☐	☐	
34	厕所镜面无污渍	☐	☐	
35	排风口清洁	☐	☐	
36	请即打扫牌	☐	☐	
37	请勿骚扰牌	☐	☐	
38	备忘卡	☐	☐	
39	民宿服务指南	☐	☐	
40	客房餐饮菜谱	☐	☐	
41	文具	☐	☐	
42	房间资料应用文具齐全	☐	☐	
43	洗衣袋	☐	☐	
44	水杯、搅拌棒	☐	☐	
45	电话指南及期刊	☐	☐	
46	擦鞋纸	☐	☐	
47	厕纸两卷	☐	☐	
48	保安措施告示牌	☐	☐	
49	走火图(逃生图)	☐	☐	

 应用实操题

1. 列举某一家民宿服务存在的问题。
2. 根据一家民宿,制作一份该民宿服务提质改造方案。
3. 制作一份民宿服务标准书。
4. 探讨民宿服务标准化建设。

第六章

社区服务及安全管理

学习目标

1. 理解社区营造加民宿服务与可持续发展的关系。
2. 知道社区引流的作用。
3. 掌握创建社区核心吸引力的方法。
4. 熟悉民宿安全及卫生管理。
5. 掌握民宿服务的突发事件处理。

任务点

1. 阐述当地特色文化资源与民宿可持续发展的关系。
2. 路演社区引流活动。
3. 策划社区核心吸引力打造。
4. 搜集并学习民宿服务安全与突发事件及处理案例。

知识框架

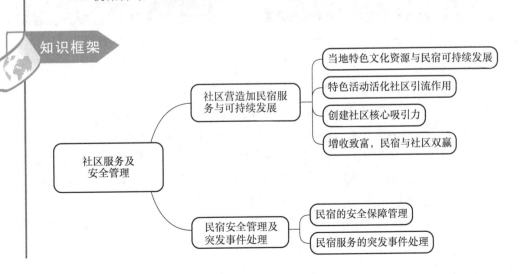

第一节　社区营造加民宿服务与可持续发展

歙县斗山社区：多点发力 绘就古建民宿发展新画卷

"非常棒的入住体验，感觉就像在自己家里一样，非常自在，可以做饭、洗衣服、聊天……作为一名旅游爱好者，这间民宿让我真实感受到了人间烟火味！"走进安徽省黄山市歙县斗山街内的江祥泰民宿，恬静温婉的历史气息扑面而来。据了解，江祥泰于2021年正式营业，周围环绕着古老的石板街道和传统的徽派建筑，处处散发着浓郁的历史韵味。2024年3月，该民宿入选为安徽省首批"皖美金牌民宿"。

近年来，歙县徽城镇斗山社区积极探索民宿产业高质量发展途径，聚焦旅游资源整合，强化精准服务，不断激发古建民宿发展活力。截至2024年3月，斗山社区辖区内已建成古建民宿6家，占地面积约3000平方米，共有客房50余间，设有徽州美食体验馆、茶文化会馆、户外体验房等（见图6-1、图6-2）。

图6-1　江祥泰茶文化会馆

图6-2　茶室

· 点评：

斗山社区积极探索"党建＋民宿"模式，由基层党组织党员带头高效整合，挖掘徽州文化特质，谋划推动民宿产业建设。随着民宿房源和入住人数的增加，也给治安管理、安全生产带来挑战。斗山社区严格落实安全管理主体责任，通过协作联动、上门走访等方式，定期组织志愿者、网格员对辖区民宿进行安全隐患排查。积极鼓励广大先锋党员发挥模范带头作用，动员党员群众积极参与到民宿宣传、发展全域旅游等工作中来，定期组织志愿者对民宿外部环境进行卫生整治，优化民宿整体环境。同时，将综合治理与民宿产业相结合，不间断开展"送法进民宿"活动，向经营者普及法律知识，引导民宿合法诚信经营。

一、当地特色文化资源与民宿可持续发展

如何可持续经营,一直是民宿主面对竞争激烈市场的挑战。早期景区型的民宿经营,通过大量游客曾经带来短期繁荣,而在大批人进入市场,房量增加后,往往在两三年后随即萧条没落。回顾丽江、大理、阳朔以及台湾的花莲、苗栗、南投等地曾经风光一时的早期民宿,被后起之秀追赶后不是逐渐没落就是消失退出市场,这也是民宿区域发展"新陈代谢"的正常现象。

仔细翻阅十年前出版的民宿旅游及美食书籍,查询以前网上流传的网红民宿及餐厅,发现有许多当时广受好评的民宿及美食店家现已停业或转手经营。民宿旅游热门排行榜也常出现"喜新厌旧"的现象。民宿主如何面对区域竞争的挑战,如何持续创新发展且永续经营,值得仔细思考进而掌握趋势,预期能够找到未来方向。

  盘云谷文化创意村

（一）自由行、背包客旅游趋势

青年旅店,这是专门为到处漂泊的"世界青年"提供住宿、食品的小旅馆,在国外流行已久。它是利用现成的公寓建筑改造,客厅以会客厅或咖啡简餐厅呈现,房间则为住宿,以文青方式吸引年轻客群。而国内民宿产业也因为单车客、自由行和微旅行等风气盛行,许多年轻族群、文青旅游,喜欢随兴在乡村风景区与文创区漫游,因此背包客自由行民宿也应运而生。

（二）区域发展激烈竞争

因为前些年民宿热现象出现在全国各个地方,民宿市场如同其他产业一样,快速密集发展且竞争激烈,进而导致部分地方存在恶性竞争,一旦游客量下滑,民宿经营将面临更加严峻的考验。

（三）客房定价两极化的发展

过去,民宿形态多是家庭旅游,后来转变为情侣度假,现在则发展成青年学生度假,甚至个人自由行。从莫干山、大理洱海、桐庐、松阳等各地发展奢华民宿风潮,民宿价格从800元、1800元、2800元、6800元持续往上发展,像金华吴国平的野马岭出现400平方米的老宅,四房房价每晚30000元。

同时,因为青年旅游的需求,发展出过多的背包客民宿,民宿定价一路向低。村落的农家乐,由于设备没能提升,设施老旧或装修简单,也只能用低价揽客。这样来看,同样是民宿经营,定价结构却往两极化发展。

（四）民宿多样化的发展

近年来,民宿一改过去出租家中多余房间的形态而朝向多样化发展,名称有农家乐、非

标住宿、公寓、高端民宿,从乡村民宿、公寓民宿、旅店民宿、亲子民宿、生态民宿、老屋民宿、体验民宿、美食民宿、文创民宿,甚至出现两三栋并连一起的民宿会馆、民宿集群形态等。在营销手法上,也不断发生变化,各种新兴主题民宿推陈出新,从早期的山居岁月民宿,到欧式风格民宿、地中海式民宿、美食民宿、生态民宿、度假民宿等,都能够吸引到不同需求的旅游族群。

(五)民宿与社区或商圈合作共赢

以台湾台东为例,台东铁路局迁站后,旧火车站、铁道调度场和旧铁路宿舍整合成为铁花村文创区,连接500米处的正气路观光夜市,估计有上百家民宿成为台东市区民宿新兴区块。在各个热门商圈景点,可以看到相同的例子,如垦丁大街夜市、罗东夜市等,民宿产业与商圈两者的结合带动了整体发展。

(六)拥抱老龄与单身商机

对老龄化社会的到来(2023年末,全国0—15岁人口为24789万人,占全国人口的17.6%;16—59岁劳动年龄人口为86481万人,占61.3%;60岁及以上人口为29697万人,占21.1%,其中65岁及以上人口为21676万人,占15.4%)。国际上,定义60岁以上人口超过10%,就是到达老龄化社会的标准,老龄产业也是我国未来具有高度发展潜力的市场。随着晚婚、老龄以及之前一孩政策导致少子化的影响,单身经济(Single Oriented Economy)也成为消费市场重要趋势,无论是在消费意愿、自我实现和提升自己的生活品质等方面,单身族群较愿意投入更多消费。

二、特色活动活化社区引流作用

高雄推动"以住代护"(老宅活化居住代替保护)计划以来,黄埔新村展现出老屋活化与社区再生的全新风貌。眷户们以眷村温度、历史深度、文化气度为主轴,特别规划"穿越那个年代,我们在老屋相遇"眷恋相谈所系列分享会,分别从旅游、民宿、青创、社造、军旅、音乐、电影、返乡等不同视角,希望大家走进黄埔新村,更加亲近与了解眷村文化(见图6-3)。

图6-3 眷恋相谈所系列分享会

（一）系列活动内容

1. 主题一：(旅游视角)从老屋出发,探索老派风景

主讲者：Daniel Shen | 跨域行旅者,《换个视角Cool旅行》作者

时间：11月3日 14:00

地点：眷待期休憩所

2. 主题二：(民宿视角)国境之南的民宿练习曲

主讲者：York Kuo | 台南赤崁月楼经营者,新构思创意视觉负责人

时间：11月10日 14:00

地点：思念人之屋

3. 主题三：(青创视角)八年级工读生逆势成为企业执行长——吸引力法则为我带来的七千万

主讲者：Willy | 好伙伴咖啡执行长,八年级创业家

时间：11月17日 14:00

地点：棉花糖

4. 主题四：(社造视角)从林园学到凤山学——我们与在地故事的距离

主讲者：梁峻荣 | 林园梦工厂副厂长,社区营造工作与眷村文化推动者

时间：11月24日 14:00

地点：Soho工房

5. 主题五：(军旅视角)黄埔墙内与墙外的二三事

主讲者：崔元平 | 陆军官校医官退役,声乐与歌唱达人

时间：12月1日 15:00

地点：79号背包客

6. 主题六：(音乐视角)音乐与岁月共谱的疯狂人生

主讲者：胖胖 | 数学老师,散文作家及文创工作者,《吃饱,是你活着的目的吗?》作者

时间：12月8日 15:00

地点：蛋花汤

7. 主题七：(电影视角)寻常百姓家,不寻常的风景

主讲者：Daniel Shen | 跨域行旅者,《换个视角Cool旅行》作者

时间：12月15日 19:00

地点：月光宝盒

8. 主题八：(返乡视角)创业三迁——返乡青年的艺文咖啡馆圆梦路

主讲者：郑丞淯 | 冈山94Cafe负责人

时间：12月22日 14:00

地点：黄埔新村西六巷62号

· 点评：

民宿的客流量，跟社区的活动有很大关系。而社区的活动，不能只有传统的丰收节、水果节这些简单粗暴的操作模式，要植入更多的创意，才能对民宿引流。

民宿不只是民宿，做跨界整合，从旅游视角、民宿视角、青创视角、社造视角、军旅视角、音乐视角等多元化的活动组合，让民宿找到更强的生命力。

（二）"慢步社区 手工海盐"活动

关于恒春半岛，你认识了多少？看山看海之外，你知道这里的生态和文化吗？有那么可爱的一群人，在这里默默地关怀一切，用不同的角度，为这片美丽的土地做出贡献，在土地、文化与生活的巧妙结合之下，以不伤害大地为前提，发展出特别的社区再造环境。屏东社造小旅行恒春一日在地小旅行行程包括参观与游览后湾安家春、民谣文化馆、龙水社区、社顶部落。

1. 第一站：后湾安家春生态休闲农庄

美丽的后湾，就位于屏东海洋生物博物馆附近。得天独厚的地理条件，造就了后湾的盐卤海盐产业特色。在过去，因为取盐不易，所以盐的经济价值高过于黄金，而相对今日的方便，早期的传统煮盐方式则渐渐没落，为了保留这项文化，结合整个社区发展出手工制作体验。来这里，你可以学习如何炒海盐（见图6-4），并且利用盐卤容易凝固的特性，制作出一系列豆制美食，然后品尝自制豆腐、豆花、豆渣饼等（见图6-5）。

图6-4　炒盐过程

图6-5　豆腐、豆花、豆渣饼体验活动

2. 第二站：民谣文化馆

民谣、老歌，朗朗上口。恒春最有名的歌曲莫过于陈达的《思想起》，不论是原曲版的，或快版、改编版的《思想起》，通过月琴独特的音色，可以诠释出不同的意境。本次的民谣文化馆现场，有两位精通月琴弹唱的老师，让大家了解传统月琴的美（见图6-6）。

图 6-6　民谣文化馆

3. 第三站：龙水社区

龙水里古称"龙宣水""龙泉水"，包括龙銮潭，地势平坦、水源充沛，在农业时代是较富裕地区。近年推动有机耕作，在少污染的环境下，在台湾地区南边的有机稻田上，培育出有名的"琅峤米"。由于少农药污染，村里淡水生态丰富，仅在田埂即可进行生态观察（见表6-1）。邻近的龙銮潭自然中心属于国家公园的特别景观区。每年的冬季，更有来自北方寒冬飞越千里迁徙到龙銮潭过冬的雁鸭水鸟，造就了一处欢快的野鸟乐园。

表 6-1　龙水社区生态旅游活动游程

游程	内容	全票	半票
有机稻作区生态之旅	时间：2小时； 成团人数：6人	250元	125元
红龟粿与摸蚬仔体验	时间：2小时； 成团人数：6人	300元	150元
嘿呦、嘿呦拔萝卜	季节限定：12月至来年1月； 时间：2小时； 成团人数：10人	300元	150元
龙水1月插秧农作体验	时间：2小时； 成团人数：10人； 3日前预约，可以来电询问开团	300元	150元
龙水5月割稻农作体验	时间：2小时； 成团人数：10人； 3日前预约，可以来电询问开团	300元	150元
龙水总铺师风味餐	时间：1小时； 3岁以下不收费； 来品尝总铺师的手艺，餐点内容以当季食材为主； 2日前预约，可以来电询问开团	300元	150元

4. 第四站：社顶部落

垦丁社顶部落左拥垦丁国家森林游乐区，右抱社顶自然公园，生态极为丰富，每年9—10月，从北方南下，数以万计的赤腹鹰、灰脸鵟鹰过境南飞，社顶公园的凌霄亭是观赏鹰海、鹰河的最佳地点。社顶部落生态旅游活动游程及具体介绍如表6-2、表6-3所示。

表6-2 社顶部落生态旅游活动游程

游程	内容	全票	半票
日间生态游程	时间：2小时； 成团人数：4人； 集合时间：上午8:30，下午1:30	300元	150元
夜间生态游程	时间：2小时； 成团人数：4人； 集合时间：晚上7:30	300元	150元
日间梅花鹿寻踪	时间：2小时； 成团人数：4人； 集合时间：上午8:30，下午1:30	400元	200元
毛柿林寻幽游程	时间：3.5小时； 成团人数：4人； 集合时间：上午8:30，下午1:30； 3月封山	500元	250元

表6-3 社顶部落游程介绍

日间生态游程
【社顶部落_日间生态游程】 　　由解说员带领游客探索外人无法窥探的原始路径，路线中可以看见蝴蝶群聚的蝴蝶峡谷与赏蝶步道、高耸的珊瑚礁岩、造型奇特的风剪树、不时飞越天际或跳动于树林间的鸟类、猕猴山壁呼啸的猴群、碧海蓝天大草原，以及悠闲漫步其中的梅花鹿和山羊
夜间生态游程
【社顶部落_夜间生态游程】 　　由部落解说员带领游客进入社顶夜间的缤纷世界，去看看有"鬼火"之称的荧光菇、舞动的"暗夜精灵"萤火虫，还有像交响乐团演奏的蛙类。当暑假来到垦丁，夜晚不知去何处时，别忘了参加社顶的夜间体验游程。就在繁华的垦丁大街不远处，静谧的星空、奇妙的生物，绝对让你惊艳
日间梅花鹿寻踪
【社顶部落_日间梅花鹿寻踪】 　　这是目前台湾地区唯一一处复育梅花鹿的社顶工作站。在这个工作站周围，以半圈养的方式来复育梅花鹿，在参观的线路上常能够发现到踪迹。目前这个工作站是属于管制区域，一般人没有经过行前申请是不能进入的。在此周边的树上有些会包上一层麻布，不是怕树木受冻，而是因为雄鹿发情时有摩擦树干的动作，怕树受伤所做的预防措施

续表

毛柿林寻幽游程
【社顶部落_毛柿林寻幽游程】 由社顶部落解说员带领游客重返那片已尘封多年的秘境。在这里,不但可以欣赏占地140公顷的毛柿林、10人环抱的大型雀榕,而且脚踩缤纷落叶,登高眺望碧海蓝天,更有机会看见在野外奔驰的成群梅花鹿,以及排湾族在此生活的历史痕迹

· 点评:

社区活动多元化,对民宿发展有很大的帮助,终极目标不只本村、本社区,还能够拓展到其他社区,联合共同开办活动,让民宿住客除了住宿,还能够有多元化的体验、知识吸收、体能感受,甚至感受亲子同游的乐趣。

三、创建社区核心吸引力

（一）五个星星的核心吸引力——阿里山顶笨仔社区

为何阿里山顶笨仔社区(见图6-7)会如此骄傲地称呼自己为五星级社区？其实原因很简单也很有趣,这就是保护生态的好处,大自然感受到了,就会给这里一个大大的礼物——村里有五个星星。

1. 天上的星星

因为位处山区,又不是在主要公路上,所以光害很少,到了夜晚天气好时天空的星星繁多,这是第一颗星。

图6-7　顶笨仔社区Logo

2. 草上的星星

4月山里的小精灵们苏醒,萤火虫让村子里荧光点点,这是第二颗星(见图6-8)。

3. 地上的星星

到了6月,萤火虫把棒子接力给树林里的荧光菇,小伞开始发起光来,这是第三颗星(见图6-9)。

4. 树上的星星

生态良好的顶笨仔社区栖息了很多的白面鼯鼠(飞鼠的一种),到了夜晚,它们的眼睛会发光,像是树上的星星,这是第四颗星(见图6-10)。

5. 水里的星星

最后,就是村民引以为傲的高山鲴鱼,银白的鳞片在水中会闪闪发光,这是一颗在水里的星星,即这里的第五颗星(见图6-11)。

图 6-8　草上的星星：萤火虫

图 6-9　地上的星星：荧光菇

图 6-10　树上的星星：飞鼠

图 6-11　水里的星星：高山鲴鱼

（二）好美里 3D 海洋世界户外美术馆

位于台湾嘉义布袋镇的好美里，早期称作"魍港"，在历经蚊港、虎尾寮等几番改名，最终定为"好美里"。好美里在云嘉南滨海风景区管理处、艺术家曾进成及在地居民的携手打造下，一幅幅创意有趣的 3D 彩绘（见图 6-12 至图 6-15）串起好美里散步小径，打造为台湾地区独一无二的 3D 立体彩绘渔村。

想要玩遍好美里，建议搭配云嘉南滨海风景区管理处推出的好美里 3D 海洋世界漫步地图，里面详细地标记了 3D 彩绘景点，每幅作品都设计了数种互动拍照画面。例如，地心历险中湍流急下的瀑布，拍照秘诀是侧身站在悬崖边，仿佛就要掉进无底深渊，站到浴火重生的火凤凰上一同驰骋翱翔，循着瀑布而上还有惊险万分的救生圈等，只要发挥巧思，就能拍出你的独家纪念。

图 6-12　虱目鱼 3D 彩绘

图 6-13　魟鱼 3D 彩绘

图6-14 鲸鱼3D彩绘

图6-15 激流3D彩绘

（三）益阳南县罗文村

　　罗文村位于湖南省益阳市南县洞庭湖生态经济创新示范区，藕池河东支从旁边川流而过，自然风光旖旎，更兼有万亩油菜花海的壮美景观，由此便确定了打造以四季花海为主的美丽乡村发展道路。但考虑到文化建设才是乡村和景区长久发展的源泉，于是大胆创新文化元素，在落后僻静的乡村引进了潮流时尚的城市涂鸦文化及3D彩绘，举办了中国首届国际涂鸦艺术节，8个国家的近50位涂鸦艺术大师来此实地创作，也聘请艺术家曾进成，在多处墙面及地面根据当地情况、文化，结合童话主题，创作3D彩绘。当地有养龟、小龙虾，在3D彩绘（见图6-16至图6-19）中把这些本地元素也植入到艺术作品中，让涂鸦村知名度和艺术氛围进一步提升。

图6-16 童话小熊3D彩绘

图6-17 童话3D宠物狗彩绘

图 6-18　乌龟 3D 彩绘

图 6-19　小龙虾 3D 彩绘

而现在,该村沿涂鸦民居一带近 50 户村民,都已回到家乡,90% 以上成为创客,开起了民宿、时尚餐饮店、乡村 KTV、清吧、土特产销售店等乡村新潮店,拓宽了就业创收的渠道,增加了收入。

(四)虎尾顶溪社区——屋顶上的猫主题 3D 彩绘

在台湾云林县虎尾镇,一个平凡无奇的乡下社区,因为流浪猫小咪而引发了一连串的改变。经过社区发展协会和虎尾科技大学的通力合作,改善危险路口、装饰墙面与公园等地,如今顶溪社区在街头巷尾都能看见彩绘猫咪的踪迹,趣味盎然,利用小巧思,让居民可以和彩绘猫咪互动拍照,吸引许多民众前往这充满童趣的彩绘猫村。

顶溪彩绘猫村"画":头顶溪社区里曾有一只流浪猫,名叫小咪,时常跟着协会理事长四处巡视,但小咪后来不幸因车祸过世,便有绘画老师带着学生将小咪与居民互动的故事画成绘本故事。地方决定改造社区时,便以"屋顶上的猫"为主轴,由虎尾科技大学的学生和社区志工一起将小咪呈现在社区大片墙面上,色彩鲜艳且栩栩如生(见图 6-20 至图 6-23)。原本堆放杂物的区域也改造为猫屋公园,成了居民乘凉聊天的好地方。

图 6-20　猫喝咖啡 3D 彩绘

图 6-21　猫睡觉 3D 彩绘

图6-22 逗猫3D彩绘

图6-23 猫握手3D彩绘

四、增收致富，民宿与社区双赢

（一）用创意生活民宿产业吸引乡贤年轻人回乡创业，振兴乡村社区

乡村发展之前没有受到重视，有部分因为是没有很好的乡村发展政策。回乡的人总是遇到一堆的困难和麻烦，还好仍然有许多人回到自己的故乡或是找到新故乡，走出一条不一样的路，开创更好的前景。很多人回乡，不但寻找到了属于自己的幸福生活，更运用产业、文化、生态资源，再造地方魅力。

乡镇其实是实现梦想、发挥文化创意的另一个舞台。乡镇、村落不是没有机会的地方，更不应该是国家和社会的包袱，我们一直没有创造出乡村的价值和竞争力，所以将人口外流、地方没落视为乡镇发展的必然趋势。地方产业凋零、文化快速消失，主要源自人才无法回乡，留在乡下，在很多人的眼中已成为没有前途的代名词。然而，带着梦想和理想回乡的人，证明了乡村蕴藏无限的生机，在没有机会的地方，仍然有人努力打造无数的奇迹。除了勇气与坚持，更重要的是眼光，要具有全球的视野，再结合本地的思维，才能在乡村找出一条通往世界的路。不是乡村没有机会，是因为长期注重城市和产业的发展，造成对于乡村没有足够的重视。如果有好的乡村发展政策和青年返乡政策，乡镇一样会有璀璨的未来。

创意生活产业，用生活的角度，以全球的视野，落地的思维、行动力，将本地资源加上文化创意去面对世界和未来。这些年，许多民宿的兴起，都是因为民宿主除了房间的提供之外，更重要的是加上很多的文化创意，让民宿变得很不一样。因地方资源的不同和民宿主不同的想象与文化创意，而造就了各式各样的民宿特色与风格。

民宿不应该只是提供住宿的地方，民宿其实应该是一种结合文化创意，而且以知识经济为基础、永续发展为目标的创意生活产业。创意民宿其实是推广创意生活的最佳场所，结合文化特色、建筑风格、园艺、室内设计、创作、绘画、雕刻、艺术、工艺、音乐、花艺、灯光、布置、美食、情境塑造、健康、生态园区、活动体验等各式的生活创意，带领大家品味创意生活。

民宿可以是生活创意学苑，每个民宿主都是老师，将他们丰富又在地的生活经验通过文化创意的包装分享给热爱生活的人，共同追求更美好的生活。通过创意，民宿才会丰富而多彩、清新且动人。

民宿是一种创意生活产业,结合了生活工艺、水绿生活和健康休闲。特色风格的民宿必然是结合着民宿主的创意,加上生活工艺而形成民宿的特色与风格。民宿主运用生活工艺的程度已成为民宿特色的指标,运用当地特有的工艺、材料,加上创意和美学,将创造地方独有的魅力,生活工艺将成为地方文化创意的最佳展现。民宿除了绿色建筑的空间外,更要拥有一个自然优美的生态环境,当然兼具水土保持、生态保育、环境绿化美化,甚至结合生态旅游、导览解说。在体验民宿的过程中,人们也对当地的生态环境尽一份心力,因为了解而懂得如何珍惜自然生态资源,进而共同维护优美又具生物多样性的美丽家园。

(二)社区与民宿双赢

日本民宿的发展是源自日本大正末期在伊豆及白马山麓所开始的民宿文化,经过40余年的演进,由原本的单纯提供滑雪者住宿到后来的带入环境保护、风土民情、解说教育、环境共生、有机栽种、自然生态、健康促进、永续经营、节约能源、低度冲击等绿色民宿的概念,让民宿不仅仅是经营一个住宿的点,而且是连结社区再造,进而营造出一个充满魅力的地域且值得一再造访的面。其中,长野县的妻笼宿、广岛的美星町,以及九州的汤布院等,则是令人惊艳的代表地区,有着吸引各国相关领域团体前往考察的绿色民宿。这里的民宿与当地社区资源进行了很好的结合,充分利用社区已有的资源,形成独具特色的民宿。当地的社区资源包括如下几点。

(1)人:指地方意见领袖,有组织、有活力唤起造村运动共识,带领农村建设者以及著名的历史人物、拥有特殊技艺的人有特色地带动地方居民活动,如环境保护、国际交流、节庆祭典等活动。

(2)地:指自然资源,如特殊的温泉、青山、绿水、雪、土壤、植物、梯田、盐田、沙洲、湿地、草原、鸟、鱼、昆虫、野生动物等生态环境。

(3)产:指生产资源,农林渔牧产业、手工艺、饮食、加工品、艺术品等,以及拓展产业机能之观光、休闲、教育、体验农业、市民农园及农业公园等。

(4)景:指自然或人文景观,如森林、云海、湖泊、山川、河流、海岸、夕阳、星星、古迹、地形、峡谷、瀑布、庭院建筑等。

(5)文:指各种文化设施与活动,如寺庙、古街、矿坑、传统工艺、石板屋、童玩,以及有特色的美术馆、博物馆、工艺馆、研究机构、传统文化与习俗活动等。

而绿色民宿指的就是结合以上定义的一种民宿形态。由于向往乡野悠闲情调的乡村生活的绿色生活正逐渐形成风潮,越来越多的人开始以享受悠闲时光和活用大地资源为优先考量,作为其基本生活价值观,选择"移居田园,享受绿色假期"的生活形态为基本生活态度与目标。

因此,民宿经营者认识到,若要提高民宿的住宿率,则要与社区共同努力,创造民宿与社区双赢的关系。民宿业者经由经营整个社区,带动整个社区与自己的民宿发展。在营销上,善用政府的资源协同共创经济。不但要保留古老的文物,也要发展本地特色,并结合当地的人文与工艺,共同努力展现农村社区的软实力,以发展整体社区、农村文化、古老生活美学、创新生活美学搭配组合的一种目标经营民宿与社区。经营者借由提升与带动整个社区的发展促进民宿的住宿,借由整合社区的资源,达到共荣双赢的理想目标。

第二节 民宿安全管理及突发事件处理

一、民宿的安全保障管理

(一)民宿经营乱象需要整治

近年来,以民宿为代表的共享住宿呈现井喷之势,但很多人并不知道,民宿平台提供的民宿可能让客人大跌眼镜。假地址、模糊的房产证、空白的租赁合同,或者完全虚构的"房源",甚至用公厕照片充当房源卫生间等,都能通过民宿平台审核;订的"经济间"居然是一个阳台;不查身份证,没人知道隔壁是否住着逃犯;电视机上可能有针孔摄像头;燃气管道可能存在断、裂、漏等不同状况。

在人们关于民宿的想象里,充满了各种诗意的表达。随着互联网民宿平台扎堆出现,用户怀着对新生事物的好奇进行尝试,期待经济实惠的同时,更期待收获不一样的消费体验,在精神和文化层面寻找"诗和远方"。

然而,民宿市场的乱象刷新了公众对于民宿的看法。少了想象中的文艺气息,多了眼前的苟且,甚至是现实的不堪。民宿房源之"假",入住规则之"坑",隐私安全之"险",可谓从源头信息虚假,到交易公平缺失,再到安全保障都没有,全环节和各方面的重重乱象,叠加呈现于野蛮生长的民宿市场。

民宿从兴起走向繁荣,还隔着太多的消费乱象,所以民宿需要管理,乱象不能任其继续。要依据现有法律法规,加强事中事后监管,强化平台责任,打造一个管理规范、竞争有序、规则公平的民宿市场。

(二)民宿需要合法经营

民宿在各地有不同的管理模式。在某些鼓励民宿的城市,对民宿会有相当的包容性,证件审批较快。但有些城市审批非常严格,是按照酒店旅馆标准审批民宿,所以有些民宿存在无证经营的现象。在这种情况下,不免就产生很多安全上的隐患和管理上的漏洞。

事实上,申请合法民宿认证是必要的。民宿发展较早的地区,如日本,很早就制定了一套全区域的民宿认证法条,也有很好的民宿管理办法,让民宿走上合法经营道路。开设民宿,至少需要三个主要程序。

1. 提交申请

经营农村民宿的农户或经营主体,须向所在村级组织提出书面申请,并填报"农村民宿申请表",经村级组织签署意见后提交乡镇(街道)。

2. 审核审定

由当地乡镇(街道)负责人签署初审意见后上报各区、县(市)主管部门;由主管部门牵头不定期召开部门协调会予以审核,审核同意后各部门按要求办理相关手续。也可以由相关部门单独审核直接办理相关手续。不符合条件的,一次性告知申请人。

3. 证照办理

营业执照先行办理,并办理税务登记等证件,根据验收通过的意见,由相关职能部门办理消防备案及开业前消防安全检查、特种行业经营、餐饮服务等许可证。

另外,还要依照《旅馆业治安管理办法》等相关规定,对民宿行业进行执法。即旅馆经营者需要获得公安部门的特种行业许可证、消防部门的消防安全检查合格证、食品药品监督管理部门的食品经营许可证、工商部门的营业执照和税务部门的税务登记证等证件。在经营用房基本条件上,民宿建筑风格要与村落整体风貌相协调,要注意对风貌、石头厝外观的保护,要提交民宿内部设计图纸以供审核;在消防安全基本条件上,民宿内烟感系统的安装位置要严格遵守国家相关文件要求,灭火器、安全标示标牌、消防应急包都是必备的;易燃材料的使用与控制、楼梯宽度等要参照和符合相关规定;在卫生安全基本条件上,要按照规定设置客房公用物品消毒间、布草间等。

(三)制定并完善客房部安全管理制度

民宿的安全问题需要特别重视,它关系到客人的人身安全、财产安全以及民宿的声誉,还有客人对民宿的忠诚度等。民宿的安全管理工作主要包括防火、防盗、客房内设备安全、客人的人身安全等几个方面的内容。做好民宿的安全管理工作有三个方面,分别是设施环境安全、治安消防安全及食品安全。

1. 设施环境安全

(1)各房间门锁等安全装置完好有效。

(2)供电、供水系统的安全保护装置完好有效。

(3)热水、电气、烹饪设备完好安全有效,应急照明等设备完好安全有效。

(4)配备统一的应急药品箱(可与村卫生所合作)。

(5)配有标准的污水处理池,做到卫生环保。

(6)生活垃圾做到合理处置,不随意倾倒丢弃、遗弃堆放。

(7)客房及浴室应具有良好的通风,能直接采光或有充足光线。

(8)经常维护场所环境清洁及卫生,避免蚊蝇、蟑螂、老鼠及其他妨碍卫生的病媒生物滋生源。

2.治安消防安全

（1）设置住宿登记簿，建立游客住宿登记制度。有效地落实住宿登记，并按要求执行上传措施。

（2）主要从业人员掌握基本安全知识，具有使用安全设施的基本技能，能够在紧急情况下正确应对突发情况。

（3）夜间应有专人值守或巡逻。

（4）醒目地方放置灭火器、水桶等消防器材，并定期检验、维护，保持完好有效。

（5）易燃易爆、易辐射物品的储存和管理符合安全规定。

3.食品安全

（1）食品原材料应保证安全、新鲜，采购食品原材料严格遵守进货验收制度和索证索票制度。

（2）加工存放食品应当做到生熟分开，肉类煮熟、煮透。

（3）农药、鼠药等有毒和有害物品应当远离厨房并妥善保管。

（4）不采购和使用腐败变质、过期食品或霉变、生虫的食品，不要出现病死、毒死或死因不明的禽畜类、水产动物等及其制品，以及食品和安全法规规定禁止生产经营的食品。

（5）不采摘有毒山野菜，包括蘑菇等。不得加工顾客采自山间的野菜等植物。

（6）腌制食品必须做到在使用前进行温水清洗。

（7）饮用水水质应符合饮用水水质标准。

民宿应该在卫生、消防、公安相关方面有相应的法令。目前，各地都出台了民宿管理办法，也相应有很多措施，但是终究需要一套全国性的管理办法，才能保障民宿的安全服务。

二、民宿服务的突发事件处理

（一）顾客出现烧烫伤怎么办

烧烫伤主要是指由高温的液体、火焰、器具或是腐蚀性化学制剂而引起的伤害。

热液烫伤：比如厨房中的热汤、热油、沸水或是大量的蒸汽等引起的伤害。

火焰烧伤：比如厨房中的瓦斯爆炸或火灾等引起的伤害。

接触烧伤：比如接触到热锅等引起的伤害。

腐蚀性化学制剂伤害：比如强酸、强碱等引起的伤害。

电伤：比如高压电、电器用品漏电等引起的伤害。

1.烫伤的急救步骤

一旦有客人或员工被烫伤，就要马上进行紧急处理，先拨打"120"急救电话，在救护人员没到之前，应采取一些急救措施，具体的急救步骤如下。

（1）冲：将被烫的部位用流动的自来水冲洗或是直接浸泡在水中，以便皮肤表面的温度可以迅速降下来。

（2）脱：在被烫伤的部位充分浸湿后，再小心地将烫伤表面的衣物去除，必要时可以利用剪刀剪开,如果衣物已经和皮肤发生粘连现象,可以让衣服暂时保留。此外,还必须注意不可将伤部的水泡弄破。

(3)泡:继续将烫伤的部位浸泡在冷水中,以减轻伤者的疼痛感。但不能泡得太久,应及时去医院,以免延误了治疗的最佳时机。

(4)盖:用干净的布类将伤口覆盖起来,切记千万不可自行涂抹任何药品,以免引起伤口感染和影响医疗人员的判断与处理。

(5)医:尽快送医院治疗。如果伤势过重,最好送到设有整形外科或烧烫伤病科的医院。

2.烧伤的急救步骤

(1)如果顾客身上着火,应该让其立即倒地翻滚让火熄灭,或者立刻拿桌布等大型布料将伤者包住翻滚将火熄灭。

(2)等到火熄灭后,再以烫伤的急救步骤来处理。

3.腐蚀性化学制剂伤害的急救步骤

无论是哪种化学制剂,都应该以大量的清水加以冲洗,而且清洗的时间至少要维持30分钟,才可以冲淡化学制剂的浓度。尤其当眼睛已受到伤害时,更要让伤者立刻睁开眼睛,用大量清水来冲洗,之后将其送到医院治疗。

4.电伤的急救步骤

(1)先切断电源或是用绝缘体将电线等物移开,接着立即检查伤者是否有呼吸和心跳。如果呼吸与心跳停止,应该马上进行人工呼吸救助。

(2)若是电伤的伤害程度较深,应该直接送往医院急救。

(二)顾客丢失财物怎么办

民宿是公共场所,并且进出的人多、复杂,难免发生丢窃现象。在顾客的整个入住过程中,员工应该常提醒顾客注意保管好自己的财物。

(1)顾客丢失财物,服务人员应表现出同情与关心,尽量帮助客人查找,一定要让客人感到服务人员是在尽力诚意地帮助自己。

(2)如果顾客在民宿里丢失财物,一旦没有找到,服务人员应问清客人当时遗失的具体位置、物品的件数和特征等情况,并且当着客人的面登记备查,或是通知有关部门帮助协查寻找。

(3)经过寻找,一时仍无着落的,可以请客人留下联系地址和电话号码等,以便有信息可以及时告知。

(4)有的顾客因丢失物品,难免会对民宿的店长或是服务人员产生怀疑,有时甚至当场说些不客气的话,作为服务人员,应从同情和理解的角度出发,坦诚相待,不急不恼,认真查找,以自己的实际行动来替客人排忧解难。这样,才会化解顾客的愤怒,有助于事情的快速解决。

（三）顾客偷拿房间或公共区域的物品怎么办

当服务人员发现顾客偷拿房间或公共区域的物品时，一定不能大声嚷嚷，也不能生硬地让顾客当场把偷拿的物品交出来。

服务人员若是强行命令顾客或者说话难听，就很容易把事情弄僵，有时甚至会扰乱民宿的正常秩序。遇到此类问题时，服务人员应立即通知管理人员，讲究策略与方法，巧妙地来解决。

（四）顾客突然病倒怎么办

顾客在民宿入住期间，任何意外都有可能发生，突然病倒就是其中一项。遇到客人突然病倒时，服务人员应按照下列四个方面去做。

（1）保持镇静。对于突然发病的客人，服务人员要保持镇静，首先要通知管理人员，并立即打电话通知急救部门，再采取一些可能的抢救措施。

（2）如果客人昏倒或是摔倒，不要随意搬动客人。服务人员还要认真观察客人的病情，帮助客人解开领扣，等待急救医生的到来，并按医生的吩咐，做一些力所能及的事情，协助医生的工作。

（3）对于有些客人在入住过程中，或是退房后尚未离开民宿时，就突然出现肠胃不适等病征，服务人员也要尽量帮助客人。这种时候，服务人员可以帮助客人叫急救车，或是帮助客人去洗手间，或是清扫呕吐物等。

（4）与此同时，服务人员不要急于清理厨房，要保留客人食用过的食品，留待检查化验，以便分清责任。

（五）顾客出言不逊怎么办

一般说来，绝大多数的客人在民宿这个公共场所，都会注意自己的形象。但是，也有少数的客人对服务人员出言无礼，甚至出口伤人。说到原因，也是各种各样。有的客人可能是自身修养问题；有的是受到怠慢，自尊心受到伤害，因而一时不冷静，也会出口伤人。情况不同，对待和处理的方式也不一样。如果是客人是出于受到怠慢而出言不逊，作为服务人员或民宿管理人员，应该立即弥补自己服务上的失误，不要计较客人在言语上的过激与无礼。

总之，遇到出言不逊的顾客，服务人员仍应以礼相待，晓之以理。

（六）如何处理失火事件

火灾可以说是公共场所中非常严重的紧急事件，它所带来的生命财产的损失也最大，因此，各行各业都应该对火灾的紧急处理有一个正确的认识与了解，以防万一。如果民宿遇到火灾，服务人员一定要保持镇静，针对情况采取下列三点措施。

1. 立刻报警

火灾发生后，服务人员应立即通知民宿管理人员，或者直接拨"119"消防电话，与消防部门联系，并详细地说明火灾发生的地点，以便消防人员能迅速赶到现场进行抢救工作。

2. 疏散顾客

及时地疏导顾客远离火灾现场。在疏导客人离开时,民宿人员要沉着、果断、冷静。对于有些行动不便的客人,要立即给予帮助,以保证客人的生命财产安全。

3. 积极自救

服务人员要积极地做一些力所能及的灭火与抢救工作,把损失尽量降到最低。

(七)如何处理客人酒醉闹事

当客人醉酒后回到民宿,在前厅言行失态,大吵大闹,严重影响其他客人休息时,服务人员的处理要点如下。

(1)人员协助:面对醉酒客人,前厅部应第一时间劝告客人回客房休息,并呼叫保安或客房服务人员护送客人至房中。

(2)醒酒服务:送客进房后,调节室内空调温度,在床头摆放温毛巾、温水或解酒茶,床旁摆放垃圾桶,同时打开照明灯帮助客人辨别方位。

(3)做好交接:前台人员联络同行人员代为照顾醉酒客人。如无同行人员,应记好客人房号,与安全部、客房部人员做好交接,随时留心客人房内是否有异响,并定时开房门查看客人是否有呕吐等现象,严重者做好就医准备。

(4)对醉酒客人的纠缠要礼貌应对、机警回避,避免刺激客人的情绪。

(5)服务人员不可单独送客人回房,至少两人同行。

(6)客人有严重的破坏行为,要通知安保人员进行阻止。

(7)醉酒客人损毁物品,应做好记录并在客人醒酒后核对,协商赔偿。

(八)客人意外受伤怎么办

当客人入住期间,在民宿区域内或参加民宿体验活动意外受伤时处理要点如下。

(1)查看伤势:客人受伤后,主管及大堂服务人员应及时到场查看客人伤势并安抚客人的情绪,通知医务人员前来处理。

(2)医疗处理:医务人员到场对客人伤势进行处理并给出合理化建议。伤势较轻由医务人员处理医治;如伤势较重,应帮助客人联系医院,并由专人陪同客人前往医院治疗。

(3)伤势评估:确认伤情后,财务部评估客人伤势,上报店长,并协助客人向保险公司索赔。

(4)跟踪关怀:安排餐饮部为客人配餐送餐、公关部人员探望客人,以表达民宿对客人的关心。

(5)应通过监控或目击者了解事情经过,必要时保留书面材料。

(6)客人提出代买药物需求应婉言拒绝,并推荐客人就医。如客人坚持不愿就医,应请医生诊断并开处方,再由服务人员凭处方到正规药店买药,将发票和药一并交给客人。

(九)民宿无预兆断电怎么办

当营业期间,民宿突然无预兆断电,引起客人不满时处理要点如下。

(1) 启动预案：值班人员应积极应对突然停电事故，关闭电梯总电源，通知工程部启动备用电源，同时排查停电原因。

(2) 客人安抚：服务人员打开应急灯，向客人致歉并发放应急手电照明。如电梯内有客人被困，要保障电梯内人员安全，并安排专人与电梯内客人沟通，缓解客人的紧张情绪。

(3) 人员疏散：服务人员和保安部应在各楼层出入口执勤，开启疏散通道，协助公共区域客人离开民宿。

(4) 致歉赠礼：确认恢复供电时间后，第一时间通知客人，并在事后向客人发放优惠券或小礼物等表达歉意。

(5) 停电时，告诉客人不要在民宿内随意走动，避免发生意外。

(6) 恢复供电后，先为营业区和必要设备供电，以免负荷过大再次出现故障。

(7) 事后对停电原因总结归档，对相关设备、线路进行改造。

总之，民宿服务的安全保障是重要且必要的。民宿是服务业，同时也是住宿业、餐饮业，在安全保障上必须时刻注意。一般只要发生一件重要安全事故，基本民宿可能就要关门停业。所以，在制度建立及员工训练上，一定要多花心思。民宿突发事件很多，包罗万象，处理方法归纳包括：①镇定；②微笑和关心（安抚客人很重要）；③迅速处理及通知相关应急处理单位或人员；④致歉补救；⑤设施检查。

应用实操题

1. 制作一份"你所经历过的民宿服务问题"电子问卷，有效发放并回收，对问卷进行分析研究。

2. 通过考察体验，利用所学知识和方法，衡量你所考察的民宿服务是否达标，并记录民宿服务不达标之处有哪些。

3. 小组讨论如何让无形的服务变成顾客有形的感知，并制作PPT汇报，然后总结整理成一份成果报告。

4. 根据书中提到的"民宿的十大服务面向"，充实、完善一份民宿服务内容表格。

5. 小组讨论民宿如何做服务。

6. 根据民宿服务创新与整合创新所学知识，完成一篇关于民宿服务创新探讨的论文。

7. 制作一份民宿服务标准书，对照标准书内容，实地考察一家民宿服务的第一印象、民宿的入住接待体验、民宿客房服务、民宿的餐饮服务、服务人员的礼仪与沟通技巧方面存在的问题并逐一记录下来。进一步学习教材内容，分析、整理记录的问题，并撰写一份该民宿服务提值改造方案。

8. 为一家熟悉并考察过的民宿设计一项研学活动。

9. 小组讨论如何为民宿提供有灵魂的服务。请整理成果报告。

10. 结合本章第一节内容"社区营造加民宿服务与可持续发展",设计一份民宿群落的文化营造方案。

11. 以小组为单位,整理民宿安全管理及突发事件有哪些,并小组讨论突发事件的处理方案。

第七章

民宿经济与旅游发展

学习目标

1. 掌握民宿经济的本质。
2. 了解民宿行业是文创产业。
3. 掌握民宿经营的互联网思维。
4. 了解隐墅是源于民宿的新业态。

任务点

1. 搜集查阅资料,根据全国民宿年度发展研究报告,撰写一份某景区民宿发展研究报告或者某城市民宿发展研究报告,亦或是某乡村民宿发展研究报告。
2. 思考并回答为什么民宿行业属于文创产业,并进行小组汇报。

知识框架

民宿经济与旅游发展 — 民宿经济的本质
- 共享经济——创造多赢共享的新平台
- 社群经济——志同道合者的群蜂效应
- 族群(粉丝)经济——粉丝和被专注者的经营性创收
- "内容"经济——一家民宿,就是一个旅游产品
- 乡愁经济——乡贤回归的乡愁最佳安放之地

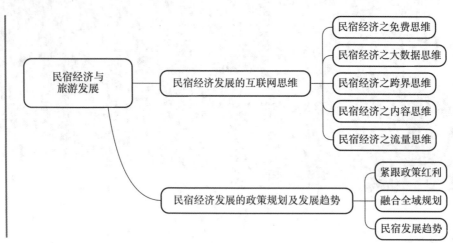

第一节　民宿经济的本质

民宿是一种经济型的活动,但不是单一的经济形式,它有着丰富的内涵、新型的经济思维。

一、共享经济——创造多赢共享的新平台

共享经济的基础是互联网和大数据科技,目的是激活重置闲置资源,充分使用闲置资源并产生利益。共享经济加速了拥有权与使用权的分拆,资产的不断重复使用可以促使传统行业大洗牌。因为所利用的资源属于过剩资源,共享经济在对资源的利用中,通常会表现为三种方式:整合、分割和开放。

随着中国城市化发展速度的加快,农村的不少年轻人选择在城里购房,原来老家的房屋不得不腾空成了闲置房屋,产生不了任何价值,造成了资源浪费。而民宿的开发,是利用村民受众的闲置房屋,为游客提供体验当地自然、文化与生产生活方式的住宿设施。在共享经济中,这些闲置房屋蕴含着无限可能,通过民宿的形式从这些闲置的房屋中去挖掘新的价值,将其重新利用。

以浙江温州大罗山盘云谷村落为例。2015年,隐墅文旅公司对浙江省温州市瓯海区的大罗山古村的闲置农房进行改造时,就以15年的租期租下了其中的57幢农房。事实证明,这种方式的房屋利用比新建一个山庄或是一个别墅的成本要低得多。因为经营者除了山村的整体位置以外,不用再对某一栋单独的房屋选址,而且成本要比选购新材料低得多。并且对其进行执行也只需要花费少量的时间,毕竟不需要再寻找、发现、扩充或是投入大量的资源。从这一点来说,它充分体现了共享经济整合的特性。

在收租到农村的闲置房屋以后,经营者对这些房屋重新分割,将其打造成适宜新主人入住的乡村隐居场所。原有闲置房屋因为较长时间的闲置,加上又是为迎合原主人的居住特

性而建,因此在收租到房屋以后,在不改变原有乡村风情的基础上,再对其进行适合都市人居住的风格设计,城农结合,形成"一田一院一墅"的特色,体现出共享经济中利用过剩产能的分割特性。

还有一点就是开放。当经营者在对房屋做了设计装修以后,将其开放出来,提供给新客入住。例如,大罗山古村的民宿,在设计时在不破坏原有外立面和村落环境的前提下,对民宿隐墅的外立面进行了加固和改建,除了少量保存完好的内装,一些已经被破坏的内装都通过重新装修,达到了现代、休闲、采光充足的要求。整体装修风格也采用了现代人偏爱的简约现代风,使其成为一个与现代都市人群生活相匹配的文化创意村,再加上村落本身所在的大罗山独具特色的自然景观,开放以后,很快就吸引了大批新客入住。

民宿无论从哪一个层面来讲,都是一种共享经济,它发现过剩产能(闲置农房),并将其合理释放,开放资产(房子)、头脑(内容)、数据(粉丝),使其达到"人人共享,人人受益"的状态。

为什么说民宿行业是文创产业

二、社群经济——志同道合者的群蜂效应

在互联网时代,用户渐渐不再只在乎产品的功能,开始聚焦企业口碑、产品文化等精神价值,而当情感体验超过功能诉求时,就产生了信任连接,人们自行组织运转且病毒式循环扩散,社群商业应运而生,内在的兴趣、情感、文化基因,加上外在的科技进步和功能支持,是社群崛起的原动力。

民宿是闲散资产进行再度开发的产物,民宿主不同,民宿特质也不同。民宿主必须要通过深入挖掘产品特质,吸引一群共同品位、追求、价值观的用户抱成团,发生群峰效应,互动交流、协作感染,对产品本身才会产生"反哺"的价值关系。

以情怀和好感度走粉丝文化,利用情景进行营销、实时响应客户的服务在民宿运营中有很好的体现。民宿主会经常利用社群做一些线上线下的活动,用户在社群中可以深入了解民宿品牌,互动活跃紧密,消费者可以和创办者实时沟通,部分忠实的用户或顾客甚至成为民宿经营的管理者。

互联网作为当今社会消费者与品牌之间非常便捷的一个路径,用户能够根据特定的爱好、需求、兴趣在相应平台与志同道合者共同交流、价值贡献、资源共享的群体,在最少的时间得到自己最需要的。而有头脑的人,可以瞬间发现自己的利益输入点,找到卖点,聚集同伴,打开新品牌的大门。如今,乡村振兴战略中也已加入了新型乡村社群生态圈计划,通过开放的社群平台,合理划分农村资源流动,有平台强化诚信担保,更多农产品走向全国,实现更多需求,新型农村将迈向高科技农业之路,可以看出社群经济将持续发展成为主流,而社交等平台也将继续多元而高速地发展。

三、族群(粉丝)经济——粉丝和被专注者的经营性创收

当世界进入互联网时代以来,所有企业都开始在做自己的族群。这里的族群不同于传统的族群概念。族群在民族学中,指的是地理上靠近、语言上相近、血统同源、文化同源的一些民族的集合体。而在现代社会中,在商业领域,族群则可以是指一群对某一类产品有着极大兴趣的一群人,也就是"粉丝";族群经济则是企业对自己粉丝的一种经营。

移动互联网普及开来以后,这种情况越发明显。移动端促销,人们可以利用小小的一个手机屏,像坐在电脑前那般悠然自得地货比多家,看完介绍看评论,看完评论再查售后,然后看一看明星们在用什么,全方位地进行比较。因此,对粉丝的维护成为商家要做的首当其冲的事情。

鉴于粉丝的忠诚度与高黏性,当下的商家学会了以粉丝为核心,努力打造忠诚的粉丝族群,这是让产品畅销的王道。例如,小米手机刚推出时,口号是"为发烧而生",想要聚合的就是"发烧友"这一族群。在寻找自己的族群时,小米团队曾发起过一个"我是手机控"的活动,得出的结论是:"发烧友"喜欢的手机才有可能成为畅销手机。小米创始人认为,"发烧友"是意见领袖,只有他们喜欢,一款手机"才可以真正走向大众"。之所以选择这个群体,是因为他们代表消费的最前沿,对其他消费群体有示范作用,随之带来的是群体的跟风。目标群体的精准定位为小米找到了市场上的空白点,创造了不可思议的奇迹。

记得《逻辑思维》有一句话,"没有粉丝的品牌终将消亡",拥有族群才会拥有自己的品牌。想一想,确实是这么一回事,在这个互联网时代,对粉丝、对族群的经营就是一种商业哲学。

四、"内容"经济——一家民宿,就是一个旅游产品

"内容"这个词很早以前就出现在了人们的生活中,只不过由于时代的不同,其赋予的含义也不尽相同。早期的内容,也许说的就是"文字",或者是图画的文字,例如唐诗宋词,例如绘画岩画。但是到了现在,"内容"发生了极为深刻的变化,尤其是互联网大发展带来的信息革命,视频、问答、语音直播、公众号等都变成了内容,甚至再延展开来,所有经济领域的玩法,都是内容之一。现在的内容,比以前的内容更为多元,而且更具有商品化和资本化。

民宿与酒店的区别,说到底是建立在改造闲置民房上的文化创意、人文关怀、人际交流项目,它不是一个单独的民房或一个村落群体。从某种程度上来说,一家民宿就是一个旅游产品、一个旅游目的地。这个旅游产品或目的地涵盖旅游休闲及传统文化的方方面面,人们大门不出,就可以在民宿里找到自己的兴趣所在,并且乐此不疲。

五、乡愁经济——乡贤回归的乡愁最佳安放之地

乡愁体现的是人与自然的和谐相处,"暖暖远人村,依依墟里烟""狗吠深巷中,鸡鸣桑树颠""采菊东篱下,悠然见南山""开轩面场圃,把酒话桑麻""倚杖柴门外,临风听暮蝉",这些都是城市缺乏但农村独有的资源。人们为一张春运票费尽心思,或许正是惦记家乡的亲情

与风俗以解心头的那一抹乡愁吧。

2013年8月,习近平总书记在全国宣传思想工作会议上提出,要讲清楚中华优秀传统文化是中华民族的突出优势,是我们最深厚的文化软实力。要融入现代元素,更要保护和弘扬传统优秀文化,要"让居民望得见山,看得见水,记得住乡愁",对此,把握好"乡愁""乡风""乡贤"三个关键词就很重要。

自明清起,就有"乡绅共治"之说。比如,明朝的兵部尚书魏骥告老还乡后,在家乡居住20余年,多次向当局提出修水利,还亲自主持修筑麻溪、白露等水闸,解百姓水难之苦。而"新乡贤"是实现快速城乡一体化的中坚力量,各界成功人士带着经验、资源、梦想、财力重归故里,为乡村的稳定繁荣做贡献,净化村风,引领中国农村走向"善治"。

全国各地也积极实行"新乡贤"计划。浙江丽水推出"乡贤回归工程",以乡愁引乡贤,以乡贤兴乡村。根据乡贤们的业务领域,通过挖掘其自身及其周边的资源,有针对性地分组开展招商引资、养老助残、教育事业、法律援助,同时发挥"蝴蝶效应",吸引和带动更多的有识之士投资创业,发展家乡。莲都区老竹畲族镇新陶村党员郑建全原本在上海、杭州等地做生意,收入颇丰,在"乡贤回归工程"的感召下,他毅然回村并成功当选为党支部书记,带头做起生态观光农业项目,取得了显著成果。这些有能力的乡贤的回归,不但带来了资金和项目,也解决了基层干部断层的问题,很有建设意义。

可以看出,未来将不再是单纯从事农业活动及农民居住的传统农村,而是乡贤引领,让乡愁回归的更符合人类生存的现代新农村,生态宜居的乡村将向城市的后花园迈进,而城市的基础设施建设也更多地向乡村延伸,在一定范围内能够为乡村提供像城市里那般便捷的服务,比如公共交通、污水处理、医疗服务以及教育培训等服务。

恒者思远,思者常新。相约故乡,共话桑梓,畅谈发展。为家乡尽自己的一份力量,支持家乡教育,推动家乡经济发展,乡贤回归才是乡愁经济的最佳安放之地。

第二节　民宿经济发展的互联网思维

在互联网渗透到生活点点滴滴的时代,我们所能想象得到的互联网打法,例如免费思维、大数据思维、跨界思维等,都能在民宿管理与经营中找到代表性的体现。

一、民宿经济之免费思维

在互联网中,免费是很多公司都会应用的一种商业策略。免费思维也是很多公司做强做大的一个撒手锏。例如,腾讯做QQ,一开始就是免费的;阿里做淘宝,一开始也是免费的。互联网中的免费思维,当然说的不是一直免费。前期的免费,目的是吸引人气,吸引流量,圈住用户。在互联网中,统一的认识是用户的价值是最高的,企业可以用免费的策略把用户的心留住,获得了用户,也就拥有了占领市场的底线。

聚集起来大量的用户以后,企业就可以引导用户在其他地方进行消费,把用户开发为客

户,并以此来赚取利润,实现费用承担者的转移,让企业的价值链得以延长。这就是常说的互联网中"羊毛出在狗身上"的道理。

免费思维看起来很简单,但要实际运用却并不容易。互联网中的免费思维有两个很重要的核心:第一个核心是在别人收费成为习惯的领域进行免费,这样很容易打破行业的宁静,也很容易累积起大量的用户,例如360就是如此,以前的杀毒软件都是收费的,但是360出来后,采取免费的策略,很快就吸引住了消费者的目光;第二个核心是要在具有黏性的产品中进行免费,也就是你提供给消费者的产品是有黏性的,能让他多次使用,一直使用的产品,例如腾讯的QQ就是这样的产品,在QQ上免费也就吸引了大量的用户。

免费思维是很多企业成功的撒手锏,对于民宿行业经营来说也能借鉴。以隐墅文旅公司为例,隐墅以众筹、共享的方式,让中产阶级成为隐墅的主人,免费享受隐墅及隐墅社群中很多与旅游相关的内容和服务。如果中产阶级愿意自己独立经营一幢隐墅,隐墅文旅公司也会免费提供给客户一幢乡村农房,物业服务、营销推广、设计装修都由隐墅文旅公司代为运营。如果中产都是隐墅的客人,那么他们就享受了一个免费的旅游产品和微度假基地的服务。

总的来看,民宿行业经营的免费思维是契合互联网模式的。隐墅的免费思维,在经营上具有独特性和唯一性。此外,民宿经营中要注重用户黏性,民宿不是让都市人玩过一次就算,而是要让都市人能够长期地来住,长期地来体验,长期地来感受,因此免费就很容易给他们带来黏性,在他们成为隐墅的忠实粉丝以后,再引导消费者进行消费,通过其他产品经营和产业互动来向用户要利润,实现公司的盈利,这也正是互联网中免费思维的精髓所在。

二、民宿经济之大数据思维

毫无疑问,这是一个数据的时代。全球著名咨询公司麦肯锡曾做出这样的论断:"数据,已经渗透到当今每一个行业和业务职能领域,成为重要的生产因素。人们对于海量数据的挖掘和运用,预示着新一波生产率增长和消费者盈余浪潮的到来。"

在商业中运用大数据的实例有很多。比如百度,就是靠用户搜索表征的需求数据和爬虫(一种自动获取网页内容的程序)以及从其他渠道获取的公共Web数据而称霸一方的。又比如,阿里巴巴通过用户交易数据、用户信用数据及通过收购、投资等方式掌握的部分社交数据、移动数据,而在电商市场所向披靡,少有对手。还有小米的电商平台,也演变成了一个大数据平台,这些数据便成了小米手机了解用户需求,定义产品的重要平台。

数据是企业生存的根本,在"互联网+"的时代,如果不懂得运用大数据小数据,不懂得其中的运作原理,就必然会使企业发展滞后,处处受制于人,失去立足之本。现在从各方面得到的数据都显示,人们的乡村旅游已越来越趋个性化,消费者来到乡村,目的绝不仅仅是找到一个可以住宿的地方,而是希望住得舒适、玩得有意义。

互联网时代创造了很多优秀的互联网预订平台,以及民宿主自我管理的平台。这些平台会通过对平台内的数据进行整合分析,来给消费者画像,从而适时调整经营决策和思路。

例如,通过平台的消费分析,可以分析不同年龄段的人群民宿入住的比例、不同民宿类型的偏好。此外,将这些大数据细分开来,我们还能分析出更多有用的东西。例如,什么样的人群喜欢禅意性质的隐墅,什么样的人群喜欢茶道,有多少人群偏爱海景房,有多少人群偏爱高山村落。甚至于消费者对我们装修的偏好,也能从大数据中梳理出来。

要想迎合消费者的这种乡村旅游偏好,就必须善于利用大数据思维,以大数据作为自己各种管理和营销的重要依据,对数据进行精密利用。

三、民宿经济之跨界思维

在互联网的时代,其实各个产业的边界已经变得颇为模糊,跨界的思维正在大行其道。以前我们说"道不同不相为谋",而现在我们要强调的则是"道不同一定为谋"。

跨界思维在商业领域的成功,有很多案例。例如,百度本来是做网络搜索,后来,它不仅做金融,还做汽车。小米也是跨界的高手,除了积极研发智能手机以外,小米还在切入低端市场,推出小米盒子、小米电视等产品。而这些跨界思维的运用,反过来又很好地助推了百度和小米产品的销售量增长,同时也给百度和小米营造了一个较好的生态圈。

互联网时代模糊的边界促进了跨界,跨界显得比以往任何时候都要容易。在这个新的时代背景下,要做好企业,就一定要善用跨界思维。隐墅模式自然也不能例外。

例如,台湾地区的薰衣草庄园,将隐墅民宿打造成了一个以植物为主题的幸福国度。薰衣草庄园开业之初,两个女孩为了梦想来到一片荒凉的山地,开启了她们的梦想之旅。当时,民宿在我国台湾地区正发展得如火如荼,但两个女孩却没有简单地跟风,而是在民宿的基础上跨界做起了香草种植。之后,薰衣草庄园已经开辟了香草铺子、缓慢民宿、桐花村客家料理、咖啡馆"好好"以及婚庆恋爱主题园区"心之芳庭"等品牌,开展住、吃、购、玩等一条龙服务,现在每年的营业额都超过1亿元。

台湾地区的卓也小屋也一样。卓也小屋坐落于苗栗三义,由卓也先生和其太太创建。卓也小屋从创立之初,就不只是为了给客人提供住,而是将吃、购、玩放在了一起,跨界做了很多东西。卓也小屋以农业生产、农村生活为核心,游客在这里游玩,可以很好地享受主人精心烹制的素食养生餐饮,并可以进行蓝染工艺的全流程体验,卓也小屋也提供蓝染布的售卖。现在,卓也小屋也已经成了游客来到苗栗三义的必去景点之一。

由此可以看出,做民宿,就不能只是简单地提供单一的服务,而是要将水平、垂直能延展的服务都充分想到。就算是一个简单的品茶会等形式,就可以让客人们静下心来,畅聊生活,交朋结友,成为民宿吸引游客的关键点。

四、民宿经济之内容思维

未来只有一个产业,那就是内容产业。事实也证明,当前,内容正在变得越来越重要。

内容可以分为两个层面。一是内容的多样性,比如一个旅游区,可以开发出多种游玩的形式,以满足不同的游客需求。欢乐谷号称文化活动最丰富的主题公园,就在于它的主题区众多,阳光港、欢乐时光、上海滩、香格里拉、欢乐海洋等,而每一个主题区中又有形式不一样的玩乐项目,诸如过山车、摩天轮、飞行影院等,这些都是它的内容之一。二是就算只是一件商品,上面也可以呈现出很多的内容。例如,商品的本身、商品关键词、商品站外广告都是内容之一。

不管是哪一个层面的内容,都需要商家用心呈现在消费者面前。例如一个景区,如果不能在自己的特色领域中开发出尽可能多的游玩项目,它也不可能最大化地满足人们的游玩需求。所以,商家一定要想好自己应该给消费者提供一些什么样的内容,要给消费者呈现一些什么样的内容,这对于商家的引流至关重要。

丽水云上平田慢生活体验区,被称为是中国"最后的江南秘境"。在这里,28幢隐墅熠熠生辉,而每一幢隐墅的背后都站着一位设计大咖,有清华大学的原建筑系主任许懋彦,有香港大学原建筑系主任王维仁等。房间的每一个设计也都别出心裁,精致的内容自然地流露出来,和谐而又完美。木草堂是质朴精致的山野院子,一草一木,一砖一瓦,不显多也不显少,视觉冲击和心灵冲击都恰到好处。

在云上平田慢生活体验区,有的不仅是别具一格的隐墅,还有很多贴切的功能区,例如农耕博物馆、乡村酒吧、垂钓区等,这些功能区恰到好处地将传统农耕文化与城市的现代生活理念结合了起来,既保护了村内的古建筑,也带动了村内民宿业的发展。

五、民宿经济之流量思维

在互联网时代,谁掌握了流量,也就等于谁掌握了金钱。不管是多好的产品,在消费者面前,都需要用强大的流量来做支撑。可以说,流量俨然已经成了一个企业的生命,没有流量的企业是不可能跟别人斗下去的。

例如,在微信中随便连接一个游戏,基本上这个游戏开发商都能赚到很多钱。但是,如果将这个游戏放到别的平台上,它可能瞬间就会变得一文不值。原因在于微信有着庞大的流量入口,而别的平台流量过低,自然也带不来可观的效益。

因此,流量对于企业来讲至关重要。流量入口的大小,直接决定了企业效益的大小。而要运用好流量思维,最好的方式就是给予消费者免费的体验,免费能够获取常规的流量。

以隐墅为例。隐墅文旅公司通过举办隐墅博览会和隐墅时光沙龙,通过免费使之成为吸引流量的入口。通过免费来吸引流量。因为免费可以争取用户,获得用户的认可及黏性以后通过增值服务或有偿服务来确保赢利。在这样的活动中,用户感知到了隐墅的美好,感受到了乡村美学的精妙,自然而然地就会激发他们对隐墅的兴趣,吸引他们前来游玩。还有就是隐墅带来的口碑,高满意率很自然又转化成消费者的口碑,而口碑是很容易扩展开来的,口碑效应也能成为流量的强大入口之一。

当然,民宿主也懂得利用好旅游类预订平台,如在携程、去哪儿、蚂蚁、途家上面上线民宿产品,从这些网站上进行引流,扩大消费者群体,吸引消费者的参与。无论承认不承认,现在民宿行业的绝大部分流量入口还是在这几大网站上,把握这些网站,呈现好的内容,也就成了隐墅必须要做的一步。

隐墅文旅公司还会通过联系自媒体和媒体来进行报道,将一些隐墅打造成网红隐墅,也就是在网络中有着超高人气的热点的隐墅。甚至现在流行的视频平台、直播平台,也是很好的引流、宣传推广的良好渠道。现在是网红经济的时代，如果能用爆点和趣点引发网络中人们的广泛参与，那对于流量的引入就是水到渠成的事情了。

  民宿发展新模式——隐墅案例解析

第三节　民宿经济发展的政策规划及发展趋势

一、紧跟政策红利

随着政策和红利与乡愁思潮的兴起，民宿逐渐"火热"，民宿除了解决最基本的住宿外，还隐含着体验当地生活的功能，游客们渴望感受、体验、交流和回归。如今，民宿已经成为承载张弛有度、放松身心、自由洒脱、绿色健康生活方式的载体。国家信息中心发布的《2019中国共享住宿发展报告》显示：未来几年，我国共享住宿市场规模将继续保持50%左右的增长速度；一线/准一线城市是主要市场；乡村民宿成为新热点；人们对共享住宿的需求也将从早期阶段的经济型消费转向舒适型、品质型的中高端消费，中高端民宿将成为平台企业竞争焦点。

中国民宿发展进入了政府、市场双主导时代，出现了很多民宿发展的后发型新高地。政府对民宿的支持力度不仅加大，而且力度加大的表现形式由虚入实。过去几年，中国的民宿产业发展进入了政府和市场双主导的时代。2020年9月12日，文化和旅游部在甘肃省兰州市召开了2020年全国乡村旅游与民宿工作现场会；9月17日，首届太行民宿产业发展（武安）会议在河北武安召开；9月20日，由中国旅游协会民宿客栈与精品酒店分会主办的首届红色民宿发展研讨会在遵义召开。这些标志着文化和旅游部对乡村民宿的重视是空前的，对民宿的促进也是空前的。这些发展更多是以务虚的形式，随着政府主导的不断深入，民宿企业的营商环境、民宿企业的法律保障、民宿企业的发展机遇也是空前的。

二、融合全域规划

（一）全域定位，实施民宿发展新方略

民宿产业作为一种深度休闲度假式的旅游业态，在深化推动产业融合发展、促进脱贫攻坚等方面具有重要作用。坚持把民宿产业作为精准扶贫的着力点，发展旅游民宿是推进产业扶贫、拓宽增收渠道的重要抓手，是加快精准扶贫、精准脱贫的有效途径。

围绕建设"红色革命旅游目的地"的目标，以高等级景点作红花，以美丽乡村建设点作绿叶，以"畅安舒美"交通网作主干，秉承"吃、住、行、游、购、娱、康养体验、红色最关键"的宗旨，

打造一个集多功能于一身的红色革命"博物馆"。寒舍集团将根据现有资源进行规划开发，使全县每一片田园、每一处河流、每一个村落、每一家农户、每一种手艺都成为游客观光体验的好项目。利用山、水、田、园、村等自然和红色文化为载体，发展旅游带扶贫的创新模式。

双方合作模式以全县的全域旅游规划、县域资源整合、项目咨询、项目运营管理、品牌引入为主，前期从全域旅游策划和初步村落打造开始合作，后期逐步开展对全县村落的改造提升，已达到全域旅游发展的最终目的。

 引言故事

寒舍集团深度挖掘运营民宿

寒舍集团在2018年对河北省保定市阜平县骆驼湾村、顾家台村的项目进行深度挖掘与运营，针对习近平总书记2012年12月30日来阜平山区调研的现场讲话，采用旅游带扶贫的设想，来解决深度贫困地区的经济发展，带领村民脱贫致富。在对阜平县进行了深度的调研与考察后发现，交通不便、自然资源匮乏、深度贫困，这些劣势条件限制了阜平县的旅游发展。但是作为革命老区他自带红色属性，寒舍集团调查发现在抗日战争时期，阜平县9万人民养育了9万的红军，阜平人民将鲜血献给了祖国的解放事业，这种红色旅游资源尤为关键。

从设计之初既秉承"吃、住、行、游、购、娱、康养体验、红色最关键"的理念，为阜平旅游扶贫做出顶层设计，除了打造精品民宿、特色美食、农业体验等常规业态外，更注重红色教育、脱贫攻坚教育市场，在骆驼湾村建立脱贫攻坚实践课堂，通过产业基地参观、群众现身说法、导师现场授课、农产品展销等内容，充分展现当地脱贫攻坚的实践经验和成果。

脱贫攻坚实践课堂让学员现场感受当地脱贫攻坚的艰辛历程，展望乡村振兴的美好前景。

该课堂通过场景打造、游客体验、群众讲述、专家授课、集中观摩等方式，让每名学员在参观学习中拓宽脱贫思路，学习创业技能和经验，增强脱贫致富奔小康的信心。

乡村振兴战略强调要按照产业兴旺、生态宜居、乡风文明、治理有效、生活富裕的总要求，建立健全城乡融合发展体制机制和政策体系，加快推进农业农村现代化。我们要充分发挥民宿在推动乡村发展中的特殊功能，积极创造优良环境，打造一批有民族风情、有情怀、有特色的精品民宿，以旅游民宿带动农村产业发展，释放民宿在促进传统村落保护、传统社区再造和美丽乡村建设等方面的社会功能，加快乡村振兴，推动城乡一体发展，坚持把民宿产业作为全域旅游的引爆点。

(二)全域布局,探索民宿发展新模式

坚持推进旅游供给侧结构性改革为主线,紧紧围绕市场需求、游客需求,坚持全域布局、多点发力,探索创新了5种民宿发展模式,走出一条具有当地特色的民宿发展新路子。

1. 核心景区带动型

核心景区带动型——景区周边民宿群。以核心景区为支撑,以发展景区相配套的吃、住、游要素为重点,辐射带动景区周边民宿群发展。

2. 高山休闲避暑型

高山休闲避暑型——休闲度假民宿点。充分利用高山气候环境和良好的生态优势,大力发展养生度假民宿。

3. 城市旅游创新型

城市旅游创新型——城市风情客栈区。以发挥集散功能、凸显民族特色、集聚旅游要素为核心,不断创新城市旅游模式,大力发展城中心的民宿综合体。

4. 城镇功能辐射型

城镇功能辐射型——城郊旅游民宿带。坚持依托城镇、辐射郊区,借力城镇的人气和财气,弥补城镇的短板和弱项,大力发展城郊旅游民宿带,催生本地人的周旅游潮,给外地游客提供了"上山下乡"新去处。

5. 乡村旅游依托型

乡村旅游依托型——特色旅游民宿村。以美丽乡村为发展平台,紧扣游客远离喧嚣、回归乡村、亲近自然的旅游需求。

三、民宿发展趋势

民宿起初作为旅游景区的住宿配套,在经历了以独立个人房屋市场化租赁、依托资源景观改造的旅馆的民宿模式后,进入了以集团化小规模村落集中化存在的模式化,当前民宿逐渐向嵌入群落化、区域集群化的模式演进。

(一)群落化

单体民宿难以独立市场化生存,所以民宿要抱团取暖,利用地域集中化与单体特色化优势,聚众阻击周边城市的客户群分层,并与景区、度假区(村)等合纵连横,形成营销合力。比如北京房山黄山店村民宿集群、北京延庆姚官岭村民宿集群、四川雅安雨城民宿集群等,河北省张家口市张北县小二台镇德胜村,也正在打造全新民宿集群,以实现京北民宿旅游第一村的战略目标。

(二)连锁化

单体民宿的痛,相信其经营者深有感触。为实现低成本高效率快速发展,民宿品牌连锁化是必经之路。虽然这脱离了"真正"的民宿定义,但规模化第一向来是互联网的基础思维之一,民宿企业要想获得更多流量、政策、金融等支持就必须在可控的情况下快速发展规模。

所以有人说国内民宿只是披了个民宿的外衣,走的是乡村精品酒店的路子。

连锁化没什么问题,毕竟企业是以盈利为目的,做民宿不只是乡愁的田园情怀。只有连锁化后,才能更好地服务于用户,服务于地方经济,更好拿融资,也更方便与诸如分时度假类的大渠道商合作。

(三)托管化

托管化的缘由是专业的人干专业的事。而品牌连锁民宿也正在从重到轻,转向轻资产管理运营模式,一拍两即合,托管代运营业务应运而生。

近期隐居乡里凭借北方网红民宿的先发优势,几年来,积攒了大量客户,自身无法完全消纳,所以提出了"隐居乡里同行者计划",招募优质民宿源,分享其溢出客源。所以接下来,被托客将成为上不上下不下的单体及小体量民宿主的较佳选择。

同连锁经营模式不同,专业化发展趋势是指国内民宿产业链中将诞生专业的民宿管理服务团队,服务于大小民宿主,从民宿设计、营销推广、管理运营等方面为民宿主提供专业化的服务,如同酒店聘请专业的酒店管理团队进行托管一般。专业化的发展趋势有利于民宿行业朝着管理规范化、服务标准化的方向推进。

(四)并购化

说到并购,大家熟悉的是2018年中国头部民宿品牌花间堂卖给了中国领先的多品牌酒店集团华住,创始人们套现退出。酒店集团传统业务版块近几年发展速度减缓停滞甚至有些倒退,所以需要新的利润增长点和资本故事点,而收购连锁民宿品牌是最快的方式。但要想被头部酒店集团收购,首先也是达到一定的体量,最好是已经连锁化完成,若因此被收购,是创始团队比托管更好的退出方式。

(五)标准化

经历了2017年洱海民宿一刀切后,以非标为标签的民宿发展业内发生了争论,非标与标准如何和谐统一,非标就一定要与别人完全不一样吗?之前我曾写过民宿的基础功能是住宿,所以与安全等相关部分必须标准化,才能合法合规,避免后期损失。

为了规范促进民宿发展,我国公布《旅游民宿基本要求与评价》。业内人士评价:标准的出台明确告诉业界,民宿也应该有标准。一味地野蛮生长不能带来行业的健康持续发展,在发展个性化的同时,民宿业需要一个基本的要求与规范。据介绍,标准提出了传递生活美学、追求产品创新、弘扬地方文化、引导绿色环保、实现共生共赢五大评价原则,提出了民宿的基本要求,并对民宿的安全、环境和设施、卫生和服务做出了规定。

(六)自治化

这个非常有意义,相关法律法规及标准不可能事无巨细,所以自律和自治很重要。2018年2月3日,莫干山民宿行业协会年会上,其所属会员民宿都签署了《莫干山民宿行业自治公约》,这也是全国第一个民宿行业自治公约。2019年8月,北京市怀柔区渤海镇正式发布《渤海镇民宿行业自治公约(试行)》,以规范渤海镇乡村民宿经营行为,提升管理和服务水平,助力渤海民宿长足发展,树立民宿品牌。这是一个很好的开端,未来会有更多的民宿社团倡议公约自治,律己律人。以市场化为基准,用生态文明、健康规范、共享互利的原则,避免恶性竞争品质下滑口碑负面等不利因素出现,维护当地民宿品牌声誉,提升当地民宿知名度与美誉度。

（七）酒店化

民宿在精品化的发展过程中,不断转型成为精品度假酒店,如花间堂、寒舍、松赞、千里走单骑、诗莉莉等。民宿的特点是小而美,房间数量为几间或者十几间,但是以民宿起家的住宿业不断扩张民宿房间数量至几十间甚至上百间,花间堂曾被誉为国内第一民宿品牌,但实质上早已从民宿领域转为酒店领域,致力于开发精品酒店和度假村。民宿的品牌输出,打造了诸如杭州西溪花间堂,至今已经拥有100间客房的奢华度假酒店。

（八）综合化

民宿的发展过程中,走向了打造以民宿集聚为核心产业和旅游特色的乡村旅游综合体的道路。典型的案例是千里走单骑,千里走单骑已经从民宿发展成为一个文旅集团,走出了一条"从民宿、民宿群落到文旅小镇"的发展道路。2016年,千里走单骑开始联合国内外20个民宿品牌,共同打造民宿群落。2018年,千里走单骑选择了北京延庆的一个"空心村",利用村内20世纪40年代至80年代的老建筑,打造了延庆百里画廊度假文旅小镇,一起打造了100栋建筑,约20家民宿,文旅小镇配套功能齐全,规划了36种旅游业态,有果园、水吧、禅修、日料,以及儿童滑雪场、越野赛道、骑行长廊等项目。民宿已经从单一的旅宿功能演进成了集休闲、娱乐、旅游为一体的旅游综合体。

（九）海外化

民宿的海外化是随着民宿品牌出现海外扩张的趋势而发展的,个别民宿品牌看好海外旅游市场,已经开始试水进行海外扩张和品牌输出。例如,游多多客栈,已经将品牌扩展到泰国,在泰国开发了两家民宿,分别是清迈的花满楼游多多客栈、拜县的泰美庄游多多客栈。

（十）高质量化

以京郊5000家民宿为例,经过十余年的迅猛发展,京郊的民宿市场已进入红海竞争阶段。加之疫情期间造成的消费者基础和信息双下降的现实场景,赚快钱的红利期已过,原来丰厚的利润变薄,民宿竞争已经重现当年农家院竞争态势。

当前民宿主应对措施主要是调整价格,即降价,以增强自身的竞争力,吸引消费者。降价是一种简单粗暴的揽客手段,在目前应对消费者双降是非常管用的,但也是临时性的。当民宿都开始降价,内卷起来,降无可降的时候,这种手段就失灵了。因此,从高质量发展角度来解决民宿未来健康发展问题,当然,最后取决于民宿主的决策和市场的走向。

民宿高质量发展,需要跳脱出原有低水平重复性竞争,开辟新赛道、新蓝海,积极融入"互联网＋"数字经济;应对消费侧高质量要求的供给侧高质量生产,基于全国统一大市场框架下消费趋势碎片化潮流的应对是非常必要的。

消费者需求的碎片化与需求的千人千面,那种类似酒店的"泛民宿"将首先面临冲击,没有特色,没有差异性,只是套个民宿的壳子实则和酒店并无区别的那种,降价是其首选或不得不以降价方式来吸引客源。

1. 民宿的主题化与主题化民宿

消费者分级分层的加剧,势必促成更多主题民宿的诞生或转变。应对精准人群的亲子民宿、摄影民宿、写生民宿、军迷民宿、观星民宿、非遗民宿、康养民宿等,将以其某方面的主题特色为竞争抓手,吸引精准客户前来消费,对被定义为小型住宿设施的民宿已足够。民宿主题化,即差异化、细分化、个性化与垂直化。

2. 民宿的露营化与露营化民宿

疫情期间,"精致露营"概念兴起并火过一段时间,之后虽不怎么提了,但露营的精致化发展趋向明显。露营与民宿也有天然结合的血脉,从空间角度来看,是住宿方式的室内与户外。从社交角度来看,从静下来与动起来的结合。从餐饮角度来看,是传统温馨与户外洋派或狂野的叠加。露营与民宿,互为场景,可拍摄,可体验,可串联,可互通。

3. 民宿的数字化与数字化民宿

数字化角度,打通各线上平台销售渠道及PMS。例如,丽水莲都的"健康民宿",扫码即可行布草的洗换信息,解决了城里人"洁癖"问题。比如,增设小度音箱、聊天机器人、语音控制等,将消费者在家里或酒店能够体验到或者是习惯的方式在民宿内实现。

技术终归是服务于人的,单纯的炫技是没有意义的。民宿的品牌宣传与销售引流应受到更多重视,要思考流量平台的选用。例如,以年轻人为客户,以小红书、B站去宣传渠道为主,以亲子为主,以混亲子社区、妈妈群及育婴频道。

应用实操题

1. 思考为什么说民宿行业是文创产业?请小组讨论并制作PPT汇报。

2. 从下面三个题目中选择完成一项:

(1)搜集查阅资料,根据全国民宿年度发展研究报告,撰写一份某景区民宿发展研究报告;

(2)搜集查阅资料,根据全国民宿年度发展研究报告,撰写某城市民宿发展研究报告;

(3)搜集查阅资料,根据全国民宿年度发展研究报告,撰写某乡村民宿发展研究报告。

参考文献

[1] 中国旅游协会民宿客栈与精品酒店分会.2019全国民宿产业发展研究报告[M].北京:中国旅游出版社,2020.

[2] 张光琪.民宿经营与管理[M].北京:科学出版社,2017.

[3] 洪涛,苏炜.民宿运营与管理[M].北京:旅游教育出版社,2019.

[4] 张琰,侯新冬.民宿服务与管理[M].上海:上海交通大学出版社,2019.

[5] 江美亮.民宿客栈怎么做[M].北京:化学工业出版社,2020.

[6] 闫雪.乡村民宿管理经营[M].北京:北京邮电大学出版社,2020.

[7] 严风林,赵立臣.民宿创办指南:从0到1开民宿[M].武汉:华中科技大学出版社,2019.

[8] 美化家庭编辑部.淘间老房开民宿[M].武汉:华中科技大学出版社,2017.

[9] 玛利亚·夏齐斯塔夫鲁.世界民宿地图[M].潘潇潇,译.桂林:广西师范大学出版社,2018.

[10] 张德欣.中国文旅产业创新创业评论(一)[M].北京:旅游教育出版社,2021.

[11] 郑向敏.中国古代旅馆流变[M].北京:旅游教育出版社,2000.

[12] 郑向敏.酒店管理[M].4版.北京:清华大学出版社,2019.

[13] 丁林.酒店管理概论[M].2版.北京:机械工业出版社,2020.

[14] 梁戈.政府招待所改制存在的问题及对策研究[D].湘潭:湘潭大学,2008.

[15] 陈雪琼.谈中国旅游涉外饭店发展中出现的问题及对策[J].华侨大学学报(哲学社会科学版),1995(4).

[16] 房家梁.文化和旅游部:2019年底全国共有五星级饭店845家[N/OL].(2020-08-17).https://baijiahao.baidu.com/s?id=1675283914845746524&wfr=spider&for=pc.

教学支持说明

高等院校应用型人才培养"十四五"规划旅游管理类系列教材系华中科技大学出版社"十四五"规划重点教材。

为了改善教学效果,提高教材的使用效率,满足高校授课教师的教学需求,本套教材备有与纸质教材配套的教学课件(PPT电子教案)和拓展资源(案例库、习题库视频等)。

为保证本教学课件及相关教学资料仅为教材使用者所得,我们将向使用本套教材的高校授课教师免费赠送教学课件或者相关教学资料,烦请授课教师通过邮件或加入旅游专家俱乐部QQ群等方式与我们联系,获取"电子资源申请表"文档并认真准确填写后发给我们,我们的联系方式如下:

地址:湖北省武汉市东湖新技术开发区华工科技园华工园六路

邮编:430223

E-mail:lyzjjlb@163.com

旅游专家俱乐部QQ群号:758712998

旅游专家俱乐部QQ群二维码:

群名称:旅游专家俱乐部5群
群　号:758712998